Kursbuch + Arbeitsbuch

Cristóbal González Salgado
Marina Hernández Zárate
Luz Emilia Minera Reyna
Alexis Soto Ferrera
Esther Douterelo Fernández

eñe B1.2
Der Spanischkurs

Hueber Verlag

eñe B1.2, Der Spanischkurs

Von Cristóbal González Salgado, Marina Hernández Zárate, Dr. Luz Emilia Minera Reyna, Alexis Soto Ferrera, Dr. Esther Douterelo Fernández

Beratung
- ◆ Cristóbal González Salgado, Munich International School, Starnberg
- ◆ Luisa Gómez, Spanisch-Dozentin, Hochschule München
- ◆ Carlos Sanz Oberberger, Spanisch-Dozent, Cervantes-Institut, München

3. 2. 1.   Die letzten Ziffern
2016 15 14 13 12   bezeichnen Zahl und Jahr des Druckes.
Alle Drucke dieser Auflage können, da unverändert, nebeneinander benutzt werden.
1. Auflage
© 2012 Hueber Verlag GmbH & Co. KG, 85737 Ismaning, Deutschland
Zeichnungen: Virginia Azañedo, München
Verlagsredaktion: Raquel Muñoz Martínez, Beate Dorner, Hueber Verlag, Ismaning
Herstellung, Satz und Gestaltung: Sieveking print & digital, München
Reproarbeiten: Reproline mediateam, Unterföhring
Druck und Bindung: Firmengruppe APPL, aprinta Druck GmbH, Wemding
Printed in Germany
ISBN 978–3–19–004294–4

VORWORT

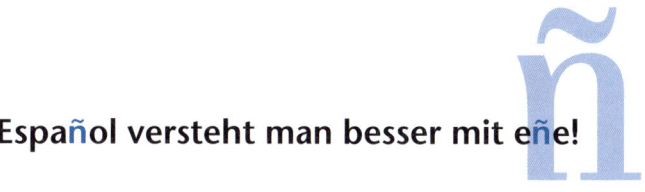

Liebe Lernerin, lieber Lerner,

soñar, mañana, señal, diseñar… in diesem Spanisch-kurs **eñe B1.2** können Sie auf diese und viele weitere bekannte und neue Wörter mit dem spanischen Buchstaben **eñe** treffen. Er hat diesem Buch seinen Namen gegeben, denn er steht als Symbol für die spanische Sprache und die Verbundenheit der spanischsprachigen Länder.

Was ist **eñe B1.2**?

Sie haben das Niveaus B1 des Gemeinsamen Europäischen Referenzrahmens erreicht und somit die „Stufe der selbständigen Verwendung der Sprache". Auf Basis Ihrer Kenntnisse aus **eñe A1, eñe A2** und **eñe B1.1** trainieren Sie nun auch, längere Gespräche zu führen und sich in einem breiteren Spektrum von Situationen auszudrücken. Auch hier geschieht dies wieder anhand von aktuellen Inhalten, wirklichkeitsnahen Aktivitäten und im lebendigen Austausch mit den anderen Kursteilnehmerinnen und -kursteilnehmern.

Die Niveaustufe B1 ist in zwei Teilbände – **eñe B1.1** und den vorliegenden Band **eñe B1.2** – unterteilt, die die Inhalte von B1 in jeweils sechs *Unidades* abdecken. Nach Bearbeitung der beiden Teilbände dieser Niveaustufe können Sie die *telc*-Prüfung des deutschen Volkshochschulverbandes oder die *DELE*-Prüfung *Nivel B1* des *Cervantes-Instituts* ablegen.

Wie sind die Einheiten aufgebaut?

Jede thematische *Unidad* des Kursbuchteils ist auf zehn Seiten klar und übersichtlich dargestellt:
~ **Seite 1:** *Einstieg*
   Die Einstiegsseite führt in das Thema ein und nennt die kommunikativen Ziele der *Unidad*.
~ **Seite 2 bis 7:** *En primer lugar* und
   A continuación
   Entsprechend dem höheren Sprachniveau werden die neuen Lerninhalte nun auf je drei Seiten vorgestellt: in zahlreichen Aktivitäten im Kurs, jeweils abgerundet durch eine unterhaltsame Projektarbeit im Team unter dem Stichwort *¡A la tarea!*
~ **Seite 8:** *Entre culturas*
   Hier erhalten Sie eine Einblick in ausgewählte Themen der Alltagskultur spanischsprachiger

Länder. Sie lernen sie besser kennen und damit auch besser verstehen: in ihren Gemeinsamkeiten und Unterschieden sowie im Vergleich zu den eigenen kulturellen Werten und Gepflogenheiten.
~ **Seite 9:** *Recursos*
   Wichtige Strukturen und Wendungen sind auf der vorletzten Seite übersichtlich zusammengefasst.
~ **Seite 10:** *¡Ya lo sabes!*
   Auf der letzten Seite jeder *Unidad* können Sie Ihre Lernfortschritte überprüfen, eine Schreibaufgabe für das Dossier Ihres Portfolios lösen und einen Lerntipp bearbeiten, der auf eine Aktivität der *Unidad* Bezug nimmt.

Weitere Gelegenheiten Ihre Lernerfolge zu überprüfen, bieten Ihnen die beiden *Otras vueltas* nach den *Unidades 9* und *12:* sei es anhand von literarischen Texten, sei es mit Spielen oder beim Hören und Mitsingen von spanischsprachigen Liedern.

Wie lerne ich außerhalb des Kurses?

Dabei unterstützt das in diesen Band integrierte Arbeitsbuch, das ab Seite 76 zu jeder *Unidad* passende Übungen für das eigenständige Lernen zu Hause bietet. Übungen zur Aussprache und Informationen zur Orthografie sind wieder auf der letzten Seite jeder Arbeitsbuch-*Unidad* zu finden. Zwei Multiple-Choice-Tests und Checklisten bieten in den *Otras vueltas* die Möglichkeit zur eigenen Einschätzung und Bewertung des Lernens.
Ergänzt wird **eñe B1.2** durch eine systematische Übersicht über die Grammatikinhalte der Stufe B1, durch den Lektionswortschatz, durch ein alphabetisches Wörterverzeichnis, sowie durch den Lösungsschlüssel zu den Übungen des Arbeitsbuches.
Akustisch abgerundet wird das Angebot durch die eingelegte CD mit dem kompletten Hörmaterial zum Kursbuch und Arbeitsbuch.
Darüber hinaus finden Sie weitere Anregungen und Materialien in unserem ausführlichen Lehrwerkservice zu **eñe** im Internet unter www.hueber.de/ene

Wir wünschen Ihnen nun weiterhin viel Spaß und Erfolg beim Spanischlernen!

Ihr eñe-Team

ÍNDICE

Symbole

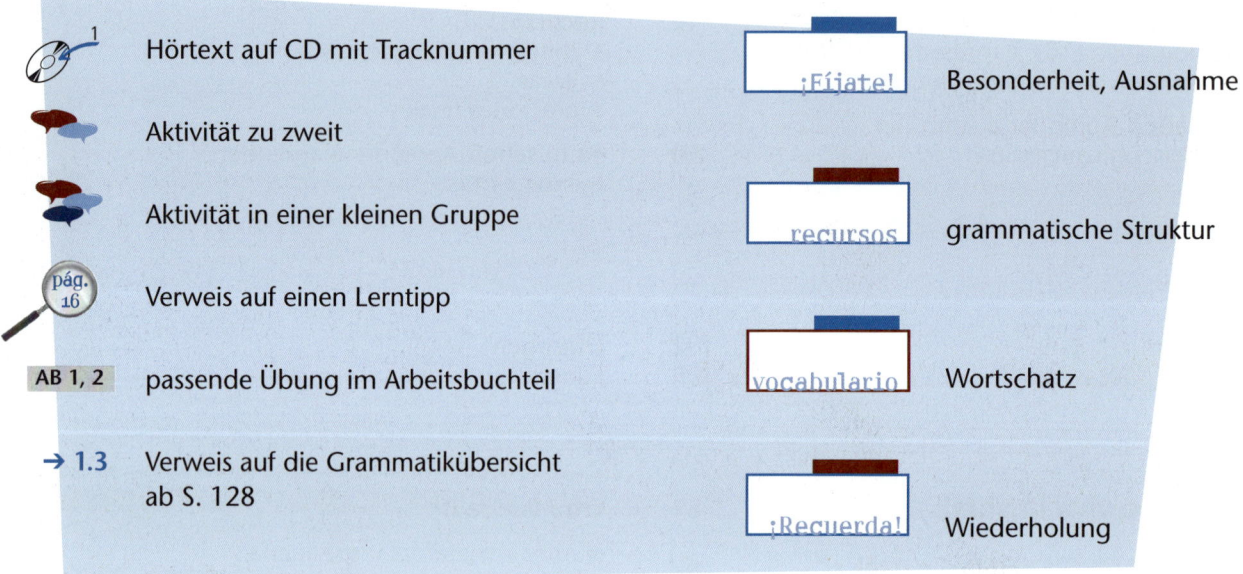

Hörtext auf CD mit Tracknummer

Aktivität zu zweit

Aktivität in einer kleinen Gruppe

pág. 16 Verweis auf einen Lerntipp

AB 1, 2 passende Übung im Arbeitsbuchteil

→ 1.3 Verweis auf die Grammatikübersicht ab S. 128

¡Fíjate! Besonderheit, Ausnahme

recursos grammatische Struktur

vocabulario Wortschatz

¡Recuerda! Wiederholung

1 **galicismo**
1. m. Empleo de vocablos o giros de la lengua francesa en distintos idiomas.

2 **anglicismo**
1. m. Empleo de vocablos o giros ingleses en distintos idiomas.

3 **americanismo**
1. m. Vocablo, giro, rasgo fonético, gramatical o semántico que pertenece a alguna lengua indígena de América o proviene de ella.
2. m. Vocablo, giro, rasgo fonético, gramatical o semántico peculiar o procedente del español hablado en algún país de América.

Diccionario de la Real Academia Española (RAE)

.... bar

.... menú

Lee las definiciones del diccionario y ordena las palabras según su origen (1, 2 o 3). Luego compara con tu compañero/-a.

¿Cuáles de estos americanismos, anglicismos o galicismos existen en tu lengua materna? ¿Conoces otros ejemplos en español? Elabora una lista con tu compañero/-a.

.... chocolate

.... telenovela

.... chófer

.... jersey

.... chile

.... film(e)

.... chévere

.... bistec

.... carné

.... canoa

Hablando se entiende la gente

EN ESTA UNIDAD VAS A APRENDER A:

- obtener estrategias para consultar diccionarios
- definir palabras
- reconocer falsos amigos
- reconocer datos sobre la historia del idioma español
- valorar el propio aprendizaje de otras lenguas
- diferenciar el español de algunos países hispanohablantes

1. Cada usuario tiene su diccionario

a ¿Quién de la clase…? Pregunta a tus compañeros/-as y anota el nombre de los que responden afirmativamente.

¿Quién...	Nombre
1. consulta diccionarios en Internet?	....
2. tiene un diccionario enciclopédico impreso?	....
3. usa un diccionario etimológico con frecuencia?	....
4. consulta diccionarios especializados en el trabajo?	....
5. prefiere usar un diccionario electrónico?	....
6. tiene más de tres diccionarios bilingües en casa?	....
7. ha consultado un diccionario de sinónimos y antónimos?	....
8. tuvo un diccionario ilustrado cuando iba a la escuela?	....

b Lee la descripción de los diccionarios. ¿Cuáles de ellos podrían utilizar estas personas? Marca la información que te ha ayudado a tomar tu decisión.

1. Thomas está interesado en conocer más variantes del español de América.
2. Gisela no sabe cómo se pronuncia la palabra "payaso".
3. Pedro estudia alemán y necesita saber cómo se dice "Schneeflocke" en español.
4. Silvia quiere saber si "México" se puede escribir también "Méjico".

Diccionario Consultor Espasa

- Más de 35.000 entradas y 100.000 definiciones del español
- Familias de palabras y ejemplos
- Sinónimos y antónimos
- Americanismos, extranjerismos y neologismos
- Normativa del diccionario de la Real Academia Española de la Lengua y lenguaje coloquial
- Variantes léxicas y distintas acepciones de una misma palabra

Diccionario para la enseñanza de la lengua española

- 22.000 entradas y más de 45.000 significados
- Información ortográfica, fonética, gramatical, semántica y pragmática
- Abundante fraseología
- Transcripción fonética y separación silábica de las entradas
- Apéndice gramatical

Diccionario panhispánico de dudas

- 7.000 entradas dedicadas a las dudas más comunes
- Tratamiento de extranjerismos, topónimos, variedades lingüísticas
- Análisis y corrección de numerosas equivocaciones léxicas
- Citas textuales de publicaciones de España e Hispanoamérica
- Contenido avalado por las veintidós Academias de la Lengua Española
- Artículos temáticos

Diccionario básico español-alemán

- 30.000 entradas y 50.000 acepciones
- Ortografía del alemán adaptada a la nueva normativa
- Términos de Austria y Suiza
- Transcripción fonética de las voces alemanas
- Neologismos, tecnicismos y lenguaje coloquial
- Voces del español de América
- Contextos de uso y precisiones semánticas en español

c ¿Cuál de los diccionarios de 1b utilizarías tú? ¿Por qué?

AB 1–2

2. ¿Monolingüe o bilingüe?

a Lee las entradas de los dos diccionarios y marca las abreviaturas. ¿Qué significan?

1 empatar [empa'tar]
I. (Spiel) unentschieden ausgehen
II. 1. (Am) miteinander verbinden
2. (Ven) belästigen

2 ñam-ñam [ɲam-ɲam] interj.
Lecker!

3 sabiduría [sabidu'ria] f Weisheit f;
Wissen n; Kenntnis f; Können n.

4 objetivo [oβxe'tiβo] m. 1. Ziel n;
tener como~ zum Ziel haben
2. (foto) Objektiv

5 a·jon·jo·lí (pl. ajonjolíes, ajonjolís) s.m. árab. al-*ŷulŷulān* 1. Planta herbácea de flores acampanadas, cuyo fruto contiene numerosas semillas amarillentas muy usadas como alimento y para la obtención de aceite. □SIN. Sésamo. 2. Semilla de esta planta: harina de ajonjolí.

6 ca·cha·co adj./s. 1. Amér. Que tiene buenos modales o que es educado: Es un joven cachaco y muy agradable. 2. Amér. col. desp. Elegante y bien vestido: En el carro iban dos cachacos de la capital.

7 en·ma·ra·ñar v. Enredar o convertir en una maraña: Cuando se me enmaraña el pelo, puedo tardar horas en desenredarlo. □ANT. Desenmarañar. 2. Hacer más confuso o complicado: Tantas intrigas enmarañan la situación. □Conjug. → HABLAR (4)

b ¿En qué entradas encuentras la información de la tabla? Escribe los números correspondientes.

	diccionario bilingüe	diccionario monolingüe
género		
número		
pronunciación		
entonación (sílaba tónica)		
número de sílabas		
conjugación de los verbos		
etimología (origen)		
ejemplos de uso		

c Elige tres criterios de la tabla que para ti son los más importantes cuando utilizas un diccionario de español.

d En dos grupos. Cada grupo elige un diccionario (bilingüe o monolingüe) y busca argumentos a su favor. Después debate con el otro grupo y defiende su postura.

~ *En mi opinión, la consulta en el bilingüe es más rápida.*
~ *Pues yo no comparto tu opinión. No estoy de acuerdo con que...*

3. La pequeña gran diferencia

a ¿Qué sabes acerca de la letra eñe? Marca qué frases te parecen verdaderas (V) o falsas (F).

1. La "ñ" surgió como error ortográfico.
2. La "ñ" es, como muchas otras letras, de origen greco-romano.
3. Esta letra también se usa en otras lenguas.
4. Hace más de diez siglos que la "ñ" apareció en las copias de manuscritos.
5. La "ñ" ha estado ya un par de veces en peligro de extinción.
6. Todavía no es posible crear un dominio con "ñ" en sitios web.
7. Esta letra es un rasgo inequívoco de la lengua española.

expresar acuerdo y desacuerdo

Expresar acuerdo
(Yo) Pienso lo mismo.
(Yo) Comparto tu opinión.
(Yo) Estoy de acuerdo contigo / con eso.
Sí, es verdad.
Es verdad / cierto que + **indicativo**

Expresar desacuerdo
(Yo) No pienso lo mismo.
(Yo) No comparto tu opinión.
(Yo) No estoy de acuerdo contigo / con eso.
No, no es verdad / cierto que + **subjuntivo**
Yo no estoy de acuerdo con que + **subjuntivo**

¡Fíjate!

AB 3–8

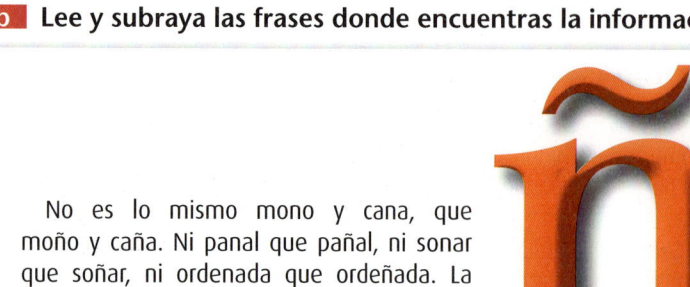

b Lee y subraya las frases donde encuentras la información de 3a.

LETRA eñe
La virgulilla de españolidad

No es lo mismo mono y cana, que moño y caña. Ni panal que pañal, ni sonar que soñar, ni ordenada que ordeñada. La propia palabra España lleva la letra "eñe" que nació precisamente para condensar el sonido de dos letras, nn, ny, gn con la tilde. De hecho fueron los copistas quienes para ahorrar tiempo comenzaron a sustituir las letras dobladas con la tilde superior, así Espanna acabó siendo España, es decir, primero llegó la pronunciación y luego su grafía diferenciadora, de ahí el poder innovador de esta letra.

No es una letra de origen romano sino hispano, y sólo la usamos en castellano, gallego y tagalo (Filipinas). Es la decimoséptima letra de nuestro alfabeto y hay unas 2.500 palabras y términos que la contienen, pero apenas una decena que empiezan con ella; la más conocida, ñoño. Se comenzó a usar en las copias de manuscritos del siglo X, pero comenzó a ser de uso frecuente a partir del siglo XV.

Curiosamente, hace pocos años estuvo a punto de ser condenada al ostracismo, cuando al implantarse el ordenador los teclados evitaban esta letra. Incluso la Comunidad Europea autorizó la fabricación y venta de teclados sin "ñ", aduciendo que era una traba para la libre competencia. Pero afortunadamente se supo reaccionar y demostrar que es precisamente una excepción cultural y un rasgo inequívoco de personalidad y que, además, escriben más de 500 millones de personas en todo el mundo. Otro momento de peligro para la eñe fue la llegada de Internet, donde tampoco había en un principio cabida para esta letra. Hasta que en 2008 se aceptó, y en la actualidad hay sitios web con esta letra en el dominio.es.

Precisamente, el Instituto Cervantes eligió esa letra para confeccionar su logotipo, y a su vez Ñ es el suplemento cultural del diario argentino Clarín, cuyo gobierno también ha incorporado la eñe en Internet.

c Escribe una definición de una de las palabras que aparecen en la columna de la derecha del texto. Después lee tu definición en el curso. Tus compañeros/-as tratan de adivinar de qué palabra se trata.

d ¿Cuál es la letra más representativa de tu idioma? ¿Conoces el origen?

¡A LA TAREA!   **A**   UN DICCIONARIO ESPECIAL

4. Vamos a elaborar un diccionario diferente

a Piensa en el vocabulario que has aprendido en cursos anteriores. Si has elaborado tarjetas o listas de palabras, revísalas y clasifica 10 de ellas en las siguientes categorías.

1 las que contienen "ñ": ....

2 las más útiles: ....

3 las más difíciles por su fonética o por su ortografía: ....

4 las más curiosas: ....

5 las más bonitas: ....

6 las más feas: ....

b Comparen con sus compañeros/-as y elijan las 20 mejores para elaborar el diccionario del grupo.

c Incluyan las entradas del diccionario para cada una de las palabras. Para ello pueden utilizar como modelo una de las entradas que han visto en esta unidad.

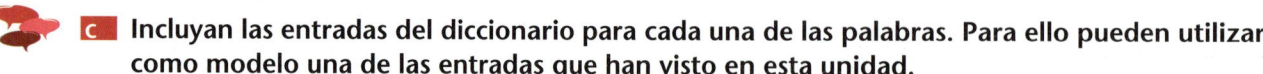
d Presenten a sus compañeros/-as las entradas que han elaborado. Ordénenlas después en orden alfabético y elaboren el diccionario de la clase.

5. ¿De dónde viene el idioma español?

a Lee el texto y relaciona las informaciones con las épocas representadas en las fotos.

1　　　　2　　　　3　　　　4

La trayectoria de la lengua española

En la actualidad, el español es la lengua materna de más de 400 millones de personas y una de las lenguas oficiales de España, Guinea Ecuatorial y 19 países de América. Esta es la cronología de los sucesos más importantes de la historia del idioma español hasta el siglo XXI.

5　Antes de la llegada de los romanos vivían en la Península Ibérica diferentes pueblos (íberos y celtas), así como colonias de griegos y fenicios que se habían establecido principalmente en lugares costeros.

10　Hacia el año 200 a.C. los romanos conquistan el territorio ibérico al cual llaman Hispania. Con los romanos llega su idioma, el latín vulgar. La evolución del latín, que tiene contacto en Hispania y otras regiones del Mediterráneo con las lenguas autóctonas, da lugar a las actualmente llamadas lenguas

15　romances, entre ellas el español o castellano.

En el siglo V d.C. los visigodos, un pueblo germánico, atraviesa los Pirineos y funda su capital del reino en Toledo. De esta forma muchas palabras de origen germánico entran a formar parte del caste-

20　llano, por ejemplo, *ganar, rico, espía* o *ganso*.

En el siglo VIII los árabes invaden la Península Ibérica, destruyen el reino visigodo y se quedan por ocho siglos. Su lengua influye mucho en la evolución del español, especialmente en el vocabulario:

25　*alcalde, almacén, alguacil, aceite, quilate, arroba, albañil, alcantarilla, azotea* y *otros*.

b Lee la segunda parte y selecciona la información más interesante.
Busca a un/a compañero/-a que haya elegido la misma.

En el siglo X se escriben en el Monasterio de Silos y de San Millán de la Cogolla los primeros textos en

30　castellano.

En el siglo XIII, el Rey Alfonso X impone el castellano como la lengua oficial del reino de Castilla y León – el predominante de la península – y ordena componer en esa lengua romance – y no en latín – las

35　obras legales, históricas y astronómicas del reino.

En 1492 Antonio de Nebrija publica la *Primera Gramática Castellana*, dicha obra marca el inicio del castellano moderno. Ese mismo año Colón llega a América impulsado por los Reyes Católicos Fernando de Aragón e Isabel de Castilla, de esta forma

40

se incorporan nuevas palabras procedentes de las lenguas indígenas al castellano, así por ejemplo, canoa, tabaco, barbacoa, maíz, chocolate, tomate,

45　hamaca o tiburón.

En el siglo XVIII, con la llegada de los Borbones franceses y el uso del francés como lengua de la diplomacia, se incorporan al castellano palabras como complot, carnet, menú, chófer o jardín.

50　En diciembre de 2009 la Real Academia de la Lengua Española (RAE) y la Asociación de Academias de la Lengua Española en 19 países latinoamericanos elaboran en común *La Nueva Gramática de la Lengua Española*.

c En parejas formula cuatro preguntas de elección múltiple sobre los textos de 5a y b. Después intercambia tu test con otra pareja y contesta las preguntas.

> **hablar de hechos históricos**
>
> A veces en lugar del pretérito indefinido, el hablante prefiere usar el presente de indicativo para referirse a un acontecimiento del pasado. De esta forma lo hace más interesante y cercano en el tiempo.

¡Fíjate!

6. Influencia de otras lenguas sobre el español

a ¿Cual crees que es el origen de estas palabras en español? Completa.

> ópera ▌ drama ▌ vals ▌ aceituna ▌ ultimátum ▌ zanahoria ▌ tragedia ▌ kínder
> taza ▌ azúcar ▌ visión ▌ espagueti ▌ programa ▌ ~~telegrama~~

del árabe (arabismos)	del italiano (italianismos)	del alemán (germanismos)	del latín (latinismos)	del griego (helenismos)
aceituna *zanahoria* *taza* *azúcar*	*ópera* *espagueti*	*vals* *kínder*	*ultimátum* *visión*	*telegrama* *drama* *programa*

b Escucha a tres alumnos de la escuela secundaria que están resolviendo la actividad. ¿Coinciden sus respuestas con las tuyas?

c ¿Qué palabras hay en tu lengua que proceden de otras lenguas? Elabora una lista con tu compañero/-a.

AB 11–12

7. Falsos amigos

a Lee los diálogos. ¿Por qué ha surgido un malentendido entre estas personas?

1 ■ ¡Qué frío tengo!
   ● ¿Por qué no te pones *el mantel*?
   ■ ¿El *mantel*?

2 ▲ ¿Y Miguelito ya sabe leer?
   ◆ Sí, es muy inteligente, seguro que va a sacar buenas notas en el *gimnasio*.
   ▲ ¿En el gimnasio?

mantel "Tischdecke"

b Completa la tabla sobre los falsos amigos y compara con un/a compañero/-a.

inglés	falso amigo	español	alemán	falso amigo	español
exit	éxito	salida	brav	bravo	bueno
embarrassed	*embarasado*	embarazoso	sortieren	*Sortias*	clasificar
carpet	*carpeta*		Demonstration	*demonstrar*	*manifestación*

~ *Creo que la palabra "bravo" significa en español "wild".*
~ *Ah, ¿sí? Yo no lo sabía. Pensaba que significa "brav".*

pág. 16

c Elige un "falso amigo" de la lista e inventa un diálogo. Léeselo a tus compañeros/-as. ¿Quién ha creado la confusión más divertida?

AB 13

> **uso del pretérito imperfecto**
>
> Para expresar desconocimiento de una información nueva se usa el imperfecto.
> *No sabía que "bravo" significa "wild."*
>
> ¡Fíjate!

8. Esto me suena a chino

a ¿Qué asocias con la lengua española? Compara con tus compañeros/-as.

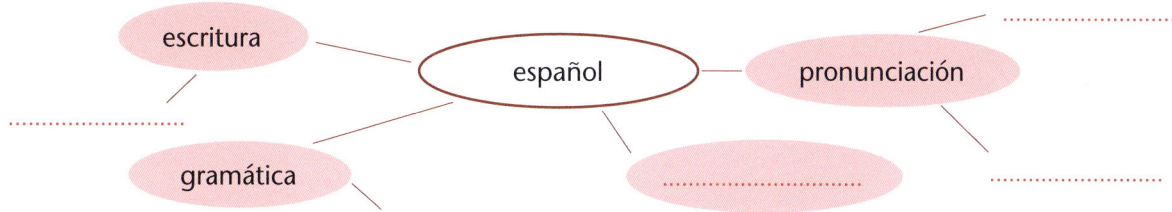

escritura

español

pronunciación

gramática

b Escucha a Marina, de México, que nos cuenta su experiencia con una lengua muy diferente. ¿De qué país se trata? ¿Por qué lo has identificado?

c Escucha de nuevo: ¿Qué le gusta? ¿Qué es difícil? ¿Qué es fácil? ¿Qué es diferente?

> **lo / lo que**
> **Lo** (más) <u>fácil</u> es hablar.
> **Lo que** más me gusta <u>es leer</u>.
> ¡Fíjate!

d ¿Cuáles son tus experiencias con el español? Completa la tabla.

Lo que más me gusta...	Lo más fácil...	Lo más difícil...	Lo que es muy diferente...

e Intercambia tus experiencias con tu compañero/-a.

~ *Para mí es fácil entender a la gente, aunque tengo dificultades para hablar.*
~ *Pues para mí no es difícil hablar, sino entender la gramática.*

> **contrastar**
> Si el hablante quiere introducir una información que contrasta con la anterior o la limita, utiliza *pero* o *aunque*.
> Si el hablante quiere negar una información y sustituirla por otra, utiliza *sino* (+ infinitivo).
> ¡Fíjate!

AB 14–15

¡A LA TAREA! B CATÁLOGO DE LAS LENGUAS DEL CURSO

9. Vamos a hacer un catálogo de las lenguas del curso.

a ¿Qué lenguas extranjeras hablas o conoces? Hagan entre todos una lista del grupo. Cada uno elige una lengua.

b Pregunta a un/a compañero/-a experto/-a en esa lengua y recoge el mayor número de información sobre ella: alfabeto, sonidos, gramática, vocabulario, falsos amigos, similitudes con la lengua materna, etc.

c Cuéntales a tus compañeros/-as lo que sabes ahora de la lengua elegida.

d Comparen las lenguas del grupo y decidan cuál es la lengua más...

fácil   difícil   exótica   diferente a su lengua materna

e Presenten su selección a los/las compañeros/-as del curso.

El español, una lengua rica en diversidad

a Escucha cómo se presentan las personas. Marca con una cruz los que tutean.

3

.... Montserrat Dalmau, de Barcelona

.... Juan Soto, de La Habana

.... Lilia Zárate, de México D.F.

.... Sandra Quispe, de Cusco

.... Isabel Sepúlveda, de Valparaíso

4 **b** Escucha la conversación entre diferentes hispano-hablantes. ¿Cuáles de estas afirmaciones se mencionan?

En México ☐ Se tutea en situaciones de confianza y a personas de la misma edad o más jóvenes.
☐ Sobre todo en el D.F. se está poniendo de moda tutearse.
☐ No se puede tutear a personas que ocupan un cargo superior.

En Perú ☐ El tuteo se reserva para situaciones de confianza, es decir con la familia o los amigos.
☐ No se puede tutear a personas que poseen una mayor autoridad.
☐ El tuteo puede servir a veces para marcar la jerarquía social.

En Chile ☐ Nunca se tutea a desconocidos.
☐ Existe un uso de usted para expresar cercanía y cariño.
☐ En el mundo de los negocios es bastante usual tutearse para ganarse la confianza de la otra persona.

En Cuba ☐ Se suele tutear al jefe.
☐ No se puede tutear a la policía ni a los funcionarios públicos.
☐ A los empleados de comercio y servicios (camareros, conductores de autobuses) normalmente se les trata de usted.

c ¿Cuándo se tutea y cuándo se trata de usted en tu país?

d Lee el siguiente diálogo telefónico entre dos amigos mexicanos. ¿Qué significan las palabras en negrita? Reescribe el diálogo con tu compañero/-a usando sinónimos que conozcas.

■ ¡Bueno!
● Hola... soy yooo.
■ ¡**Quiubo**! ¿Dónde **andas**?
● Aquí saliendo de la oficina.
■ ¿A esta hora? Ay, qué **flojera**... ¿por qué tan tarde?
● Ni te cuento... con este proyecto tenemos un **chorro** de **chamba** y siempre salgo tarde. ¿Y tú, **qué onda**?
■ Pues aquí **platicando** con una amiga. Estamos decidiendo a dónde ir a cenar. ¿Vienes?

● Depende... si no es a un lugar muy caro... es que no traigo mucha **lana**.
■ No... vamos aquí, cerca del **tianguis** donde compro los sábados. Ya sabes que yo no perdono los antojitos de Don Coatl. Esos sopes y taquitos con aguacate y **jitomate**...
● ¡**Órale**! **Ahorita** estoy ahí.
■ ¡**Sale**, te esperamos!

¿Sabías que...?

⟳ Aunque existen variantes o diferencias lingüísticas, el español conserva una considerable homogeneidad. Las principales diferencias son de origen fonético y léxico, aunque se estima que un 90% del vocabulario es compartido. Existen pocas diferencias gramaticales, las más importantes se refieren al uso de los pasados (en los países americanos se usa más el indefinido que el perfecto) y al uso de los pronombres tú, usted y vosotros.

⟳ En Latinoamérica y en las islas Canarias se utiliza en vez de la forma *vosotros*, la forma *ustedes*, tanto si el tratamiento es informal como si es formal. Para acostumbrarse a este uso, hemos optado por utilizar en las instrucciones de eñe B1.2 la forma de tratamiento de *ustedes*, como equivalente plural del tuteo.

⟳ En Argentina, Uruguay y algunas otras regiones de América se usa el pronombre *vos* en lugar de *tú* en situaciones informales.

⟳ Como *español estándar* se define a la variedad lingüística común de la lengua hablada y escrita por los hispanohablantes de los diferentes países con un nivel educativo alto. Es la forma elaborada por la *Asociación de Academias de la Lengua Española* (22 países).

AB 16

El uso del subjuntivo (5): negar una opinión

Si se quiere negar o cuestionar una opinión o declaración, se usa el subjuntivo.
No creo que / no estoy de acuerdo con que sea difícil aprender vocabulario.
No es verdad / no es cierto que tengas que pensar siempre en las reglas de gramática. → 1.7.2.4

El presente histórico

Se utiliza el presente para referirse a acciones pasadas que se quieren situar en una perspectiva más cercana al momento en que se habla. Este uso también se denomina presente histórico.
*Cristóbal Colón **llega** a las costas de América en 1492.*
*Después de tres siglos **acaba** la Colonia y **comienza** la lucha de Independencia en 1810.* → 1.2

El uso del pretérito imperfecto (3)

Se usa el pretérito imperfecto para expresar desconocimiento de una nueva información o una opinión errónea.
***No sabía que** chocolate en náhuatl significa "bebida de los dioses".*
***Desconocía** esta parte de la historia española.*
***Pensaba que** "horror" se escribe sin hache.* → 1.3

Artículo neutro *lo*

El artículo neutro *lo* convierte un adjetivo o un participio en sustantivo.
***Lo bueno** de aprender idiomas es que puedes conocer a más gente.*
***Lo** más **eficaz** es trabajar en grupo.*
*Los juegos son **lo mejor** de la clase de español.*
*No puedo acordarme de **lo aprendido**.*

Oraciones de relativo (2): *lo que*

El pronombre neutro *lo* seguido de la conjunción *que* se usa para hacer referencia a una frase anterior o posterior.
***Lo que** me ayuda más es <u>hacer tarjetas de vocabulario</u>.*
*<u>Hacer tarjetas</u> **es lo que** más me ayuda.* → 2.1

Oraciones adversativas

Las oraciones adversativas son frases coordinadas que expresan la contraposición entre dos ideas.
*Todavía no domino el uso del modo subjuntivo, **aunque** / **pero** conozco las reglas.*
*A mí no me resulta difícil comprender español **sino** hablarlo.*
*A Claudia le gusta escuchar canciones **mientras que** yo prefiero ver películas.*
*A Karin le encanta la música cubana, **en cambio** yo prefiero el rock argentino.*
*Hablar italiano te ayuda a aprender español, **sin embargo**, hay que tener cuidado con los falsos amigos.* → 2.2

LENGUA

Dar una opinión

- ■ En mi opinión, hablar varios idiomas, hoy en día, es muy importante.
- ● Sí, desde mi punto de vista también.

Expresar conocimiento y desconocimiento

- ■ ¿Sabías que en pocos años más del 15% de la población mundial no hispanohablante, hablará español?
- ● No, no lo sabía.

Expresar acuerdo y desacuerdo

- ■ ¡Mira! Dicen que este diccionario es muy bueno.
- ● Sí, estoy totalmente de acuerdo con eso. Yo lo uso siempre.
- ▲ Pues, yo no comparto esa opinión. Uno electrónico es mucho mejor.

Contrastar información

- ■ Yo creo que el español es una lengua fácil, aunque la gramática a veces es complicada.
- ● Sí, especialmente el subjuntivo, sin embargo, la pronunciación no lo es tanto.

COMUNICACIÓN

Ya soy capaz de...

Soy capaz de...   😃   🙂   🙁   → Unidad 7

consultar diferentes tipos de diccionarios *Si necesito saber el significado de "Schnee" consulto un*	☐	☐	☐	A1
expresar acuerdo y desacuerdo *Comparto* .... *No estoy de acuerdo*	☐	☐	☐	A2
escribir una definición de diccionario *El ajonjolí es una planta*	☐	☐	☐	A3
contar información importante de la historia del español *En 1492 Nebrija*	☐	☐	☐	B5
identificar el origen de algunas palabras en español *"Chocolate" tiene origen*	☐	☐	☐	B6
detectar algunos falsos amigos *"Realizar" significa en español*	☐	☐	☐	B7
valorar mi aprendizaje del español y de otras lenguas *Lo que más me gusta es*	☐	☐	☐	B8
reconocer diferencias importantes del español en algunos países *En Cuba se usa*	☐	☐	☐	C

Mi dossier

Quieres convencer a los alumnos de un colegio de la importancia de aprender español. Haz una lista de las ventajas y elabora un cartel con los argumentos más motivadores.

Aprender a aprender

consejo 7

Aprender de los errores

Es muy útil que lleves en un cuaderno un inventario de tus errores más frecuentes o importantes. Escribe el error en una tabla, corrígelo, clasifícalo y añade –si es necesario– una explicación. Si repasas la lista regularmente, reducirás la cuota de errores.

Error	Forma correcta	Tipo de error	Explicaciones
Desayuno pan con <u>burro</u> y café.	*Desayuno pan con <u>mantequilla</u> y café.*	*Falso amigo del italiano.*	*"Burro" en español significa "Esel".*
....	....	....	....
....	....	....	....
....	....	....	....

Decide con qué frecuencia completas y revisas tu inventario personal de errores.
Ponte de acuerdo con un/a compañero/-a para intercambiar los cuadernos.

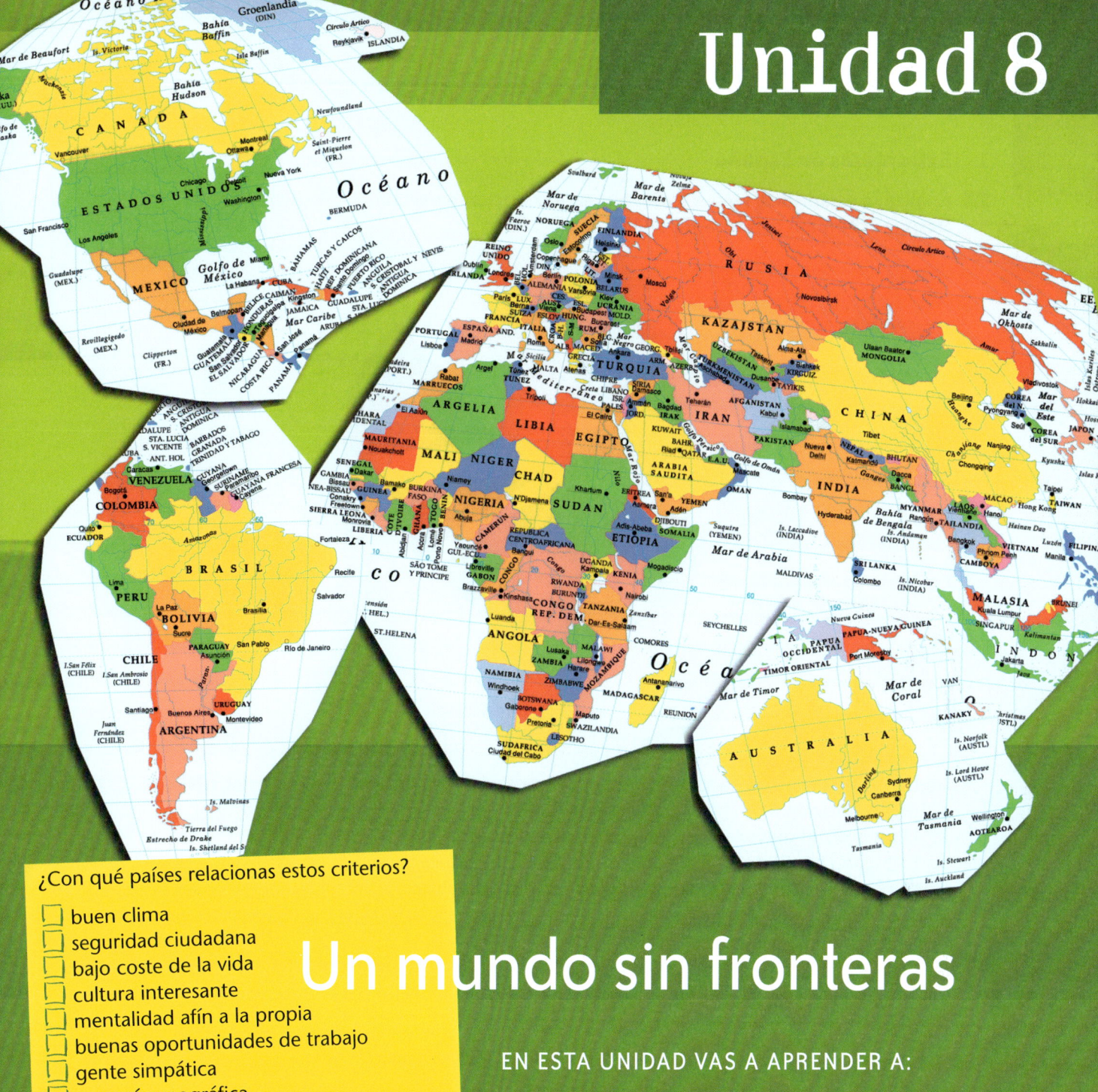

¿Con qué países relacionas estos criterios?

☐ buen clima
☐ seguridad ciudadana
☐ bajo coste de la vida
☐ cultura interesante
☐ mentalidad afín a la propia
☐ buenas oportunidades de trabajo
☐ gente simpática
☐ cercanía geográfica
☐ idioma fácil de aprender

En el caso de irte a vivir a otro país, ¿cuáles de los criterios anteriores son decisivos para ti? Ordénalos según tu prioridad.
(1 = más importante, 9 = menos importante).

Elige un país para irte a vivir. Busca compañeros/-as que hayan elegido el mismo continente. Compara la valoración de tus criterios con tus compañeros/-as. ¿Hay coincidencias? ¿Cuáles?

Un mundo sin fronteras

EN ESTA UNIDAD VAS A APRENDER A:

■ hablar sobre criterios importantes para irse a vivir a otro país

■ comentar datos estadísticos

■ expresar deseos

■ consultar guías para residentes extranjeros

■ analizar ofertas inmobiliarias

■ escribir anuncios para buscar y ofrecer viviendas

■ diseñar una guía para nuevos residentes extranjeros en tu país

1. Extranjeros en España

a Analiza la estadística, lee las frases y marca la opción correcta.
Después compara con tu compañero/-a.

cantidades

el doble/el triple
1/2   la mitad de...
1/3   el tercio de...
1/4   el cuarto de...
1/5   el quinto de...

vocabulario

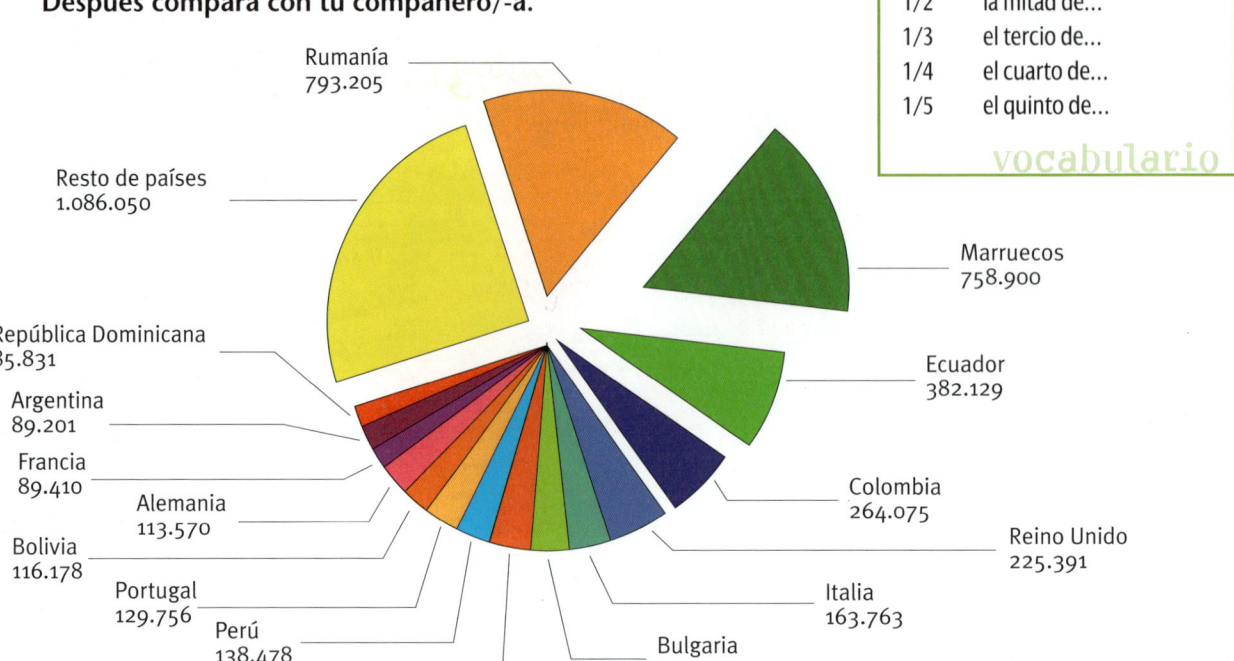

Rumanía
793.205

Resto de países
1.086.050

República Dominicana
85.831

Argentina
89.201

Francia
89.410

Alemania
113.570

Bolivia
116.178

Portugal
129.756

Perú
138.478

China
152.853

Bulgaria
154.353

Italia
163.763

Reino Unido
225.391

Colombia
264.075

Ecuador
382.129

Marruecos
758.900

Población extranjera (2010): 4.743.143 habitantes
españa: 46,7 Mio.

1. Los extranjeros registrados en España representan **(un) poco más** / **menos del 10%** de la población total.
2. **El menor** / **el mayor porcentaje de** inmigrantes es de Rumanía.
3. En España hay **el doble** / **el triple de** ingleses que de alemanes.
4. La población dominicana equivale **a un quinto** / **un tercio de** la colombiana.
5. Existen **casi tantos** / **muchos menos** residentes de Bulgaria **como** / **que** de China.

b ¿Qué criterio de la página anterior piensas que siguió principalmente cada uno de estos grupos para irse a vivir a España? Pónganse de acuerdo en un criterio para cada nacionalidad y hagan una estadística de los resultados.

AB 1

~ Creemos que un tercio de los extranjeros ha elegido España por... *el tiempo bueno y la mentalidad.*
answählen
los chinos - el aire limpio
alemanes - tiempo, mentalidad, estilo de vida (sin estrés); latinos: por Europa
(dinero, posibilidades) pero lengua española
→ estudios

2. ¡Que tengan mucha suerte!

a Estas personas son residentes extranjeros en España. ¿Qué te gustaría saber de ellos? Hazle dos preguntas a cada personaje.

Khalid, 37 años, marroquí
¿Como venéas a España?

Mario e Irina, 32 y 38 años, rumanos
tienes trabajo?
de qué vives; de donde está tu dinero?

Derek, 69 años, inglés
tienes una finca?

Melva, 27 años, ecuatoriana
estudias aqui?
quieres quedaste en españa?

b **Relaciona la información con los personajes de 2a.**

> escribir artículos periodísticos I trabajar en el sector servicios I llegar en patera I
> recolectar aceitunas I tener licenciatura en Filología Inglesa I trabajar en un banco I
> profesor de inglés I trabajar de camarero/-a I trabajar de sol a sol I
> ser crítico/-a de restaurantes y hoteles I trabajar en el servicio doméstico I
> tener licenciatura en Economía I ser autor/a de guías turísticas I ser encargado/-a de un bar

c **Elige a un personaje y lee el texto correspondiente. Comprueba si tus preguntas e hipótesis se han contestado.**

Khalid Chakrane, marroquí

La vida de Khalid Chakrane se aleja de los tópicos. Este inmigrante marroquí ni llegó en patera, ni trabaja en la construcción, ni chapurrea el español. Khalid alcanzó las costas españolas en barco, estudió Filología Inglesa y ahora trabaja en el banco marroquí Wafa Bank, que cuenta con dos sedes en Madrid.

No por ello sus comienzos fueron fáciles. Ha hecho de todo: desde trabajar como camarero hasta de profesor de inglés, de mediador social e incluso figurante de películas. Su gran oportunidad llegó cuando lo contrató el Consulado de Marruecos por sus buenas relaciones con la colonia de inmigrantes marroquíes que vive en España y de ahí, logró dar el salto a la banca privada donde trabaja actualmente. Aunque no tuvo dificultades para regularizar su situación, reconoce que, en ocasiones, ha tenido que vencer los prejuicios de los españoles.

Derek Workman, inglés

Derek Workman, natural de Newcastle, en el norte de Inglaterra, no vino a España "en busca de sol y vino barato". Aterrizó hace 11 años en tierras alicantinas atraído por los encantos de una mujer española y, en apenas cuatro meses, ubicó su residencia en la capital del Turia, maravillado por los encantos de una ciudad y un país en el que había descubierto "mucho más que la costa".

Derek, de 69 años, es un guiri atípico. Rechaza los "guetos" en los que, según él, viven muchos de sus compatriotas y disfruta cada día con la aventura de descubrir un país en el que, a su juicio, se es bastante tolerante con los inmigrantes. Destaca la mezcla de culturas y la convivencia en Ruzafa, el barrio en el que vive, en pleno corazón de Valencia. Recorre la urbe en bicicleta y se gana la vida como crítico de restaurantes y hoteles, autor de guías turísticas y colaborador en revistas especializadas británicas.

Irina y Mario, rumanos

Irina y Mario son rumanos. La vida, después de varios años de rumbo errático por España, los llevó a Lebrija, un pueblo limítrofe entre las provincias de Sevilla y Cádiz. A pesar de las dificultades, se consideran unos afortunados. Viven de forma austera, pero están satisfechos con lo que han conseguido. La licenciatura en Economía le ha servido poco a Irina, de 38 años. Ahora trabaja junto a su marido en la recolección de aceitunas de mesa en Hinojos, Huelva. Ella no se avergüenza. "¿Qué puedo hacer?", pregunta resignada. "Para tener dinero tengo que hacer lo que sea", confirma. El campo exige importantes sacrificios. Mario, a sus 32 años, trabaja de sol a sol. Lejos está el tiempo en el que la construcción garantizaba un sueldo fijo. Como él, muchos españoles viven las dificultades de la crisis.

Irina, Mario y su hija de 18 años, Larissa, viven felices en Lebrija. El Ayuntamiento les ha facilitado una casa de renta baja por 130 euros al mes. Pero saben que los problemas volverán. "La lucha no debe parar nunca", advierten. "Nuestro caso tiene un final feliz". La vuelta a Rumanía sólo se plantea si es para visitar a la familia, pero siempre con billete de vuelta.

Melva, ecuatoriana

Melva Castillo es una luchadora nata. Desde que llegó a España en el año 2001, no sabe lo que es estar en paro. Ha pasado por todas las etapas de la escala social por las que suele atravesar una inmigrante: comenzó en el servicio doméstico limpiando casas y cuidando niños, luego dio el salto al sector de servicios trabajando de camarera y de cajera, y, ahora, es la encargada de un bar en el madrileño barrio de la Alameda de Osuna.

Para su madre, Antonia, la cosa no fue tan fácil. Dejó atrás a cinco hijos y le costó mucho adaptarse: "A la pequeña nunca la había dejado sola. Se quedó con mi hermana. Allá, en Ecuador, la vida es difícil. Eso es lo que nos empuja a emigrar".

d **Busca a tres compañeros/-as que hayan leído los otros textos. Con la información que tienen, ¿pueden contestar tus otras preguntas?**

AB 2–4

e **Lee las frases de los personajes de 2a. ¿Quién ha dicho qué? Después escucha y comprueba.**

1. "Quiero ver a mis nietos."
2. "Esperamos que la situación mejore."
3. "Deseo que mi familia goce de buena salud."
4. "Ojalá se enamoren también, como yo."
5. "Yo deseo encontrar un chico trabajador."
6. "Deseamos que ella pueda desarrollarse bien aquí."

f Lee las frases de 2e otra vez y completa la tabla.

g Los personajes de la actividad 2a tienen más deseos para el futuro. Completa las frases y añade dos más. Luego compáralas con las de tu compañero/-a.

> Para expresar deseos se usan verbos como
> *querer*, ……*tengas*……, ……*esperar*……
> Si se desea algo para sí mismo, se expresa con infinitivo.
> Si se desea algo para otra(s) persona(s), se expresa con *que* + subjuntivo.
>
> También con la expresión *ojalá (que)*
> + ……*subjuntivo*…… se puede expresar un deseo.
>
> En frases como *¡Que tengas suerte! ¡Que tenga buen viaje!* el hablante también expresa un deseo.
>
> ¡Fíjate!

1. Khalid desea que sus hijos ……*estudien*……… (estudiar) en la Universidad.
2. Irina y Mario esperan ……*encontren*…… (ellos, encontrar) un trabajo más estable.
3. Derek quiere……*visite*……… (él, visitar) con más frecuencia a su familia en Inglaterra.
4. Melva desea que sus hermanos ……*tengan*…… (tener) mejores oportunidades en su país.

h Juega al tablero con tus compañeros/-as. Tira el dado y formula un deseo siguiendo las indicaciones de la casilla y para la persona indicada por el número del dado: 1 = a mí, 2 = a ti, 3 = a él/ella, etc. Avanza una casilla si sale número par y dos si sale número impar.

≫ próximas vacaciones	familia	lugar de residencia	≪ amistades
cambio de trabajo ≫	vida amorosa	¡Deseo especial para ti!	tiempo libre
salida ≫	un viaje lejano	jubilación	año 2027 ≪

AB 5–7

¡A LA TAREA!   **A**   LA ENTREVISTA

3. **Vamos a hacer una entrevista a un hispanohablante para el programa televisivo "Hispanohablantes en nuestro país."**

a Elijan a uno de los siguientes personajes y formen grupos según el personaje escogido.

Un personaje famoso que te interese.

Carlos, español, 34 años, cocinero. Piensa abrir un restaurante español. Habla bien alemán. Recién casado y está esperando su primer bebé. Sueña con tener éxito con su restaurante.

Mariela, guatemalteca, 25 años, estudiante de Medicina. Piensa hacer un máster en la Universidad de Heidelberg. Habla un poco de alemán. Soltera. Sus padres la ayudan a financiar sus estudios.

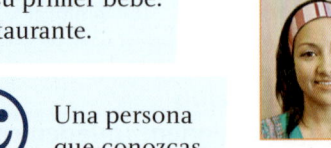
Una persona que conozcas.

b Preparen las preguntas para entrevistar al personaje sobre su biografía, motivos para vivir en su país, situación personal y planes para el futuro.

c Repartan los roles: unos son los entrevistados y otros los entrevistadores.

d Escenifiquen la entrevista en el curso. ¿A quién te gustaría conocer? ¿Qué le deseas?

4. Guía para extranjeros

a Lee las palabras. ¿A qué apartado de la guía pertenecen? Después completa.

contratos laborales ▎ cuenta ▎ alquiler ▎ salud ▎ nacionalidad ▎ permiso de residencia ▎
tarjeta de crédito ▎ propiedad ▎ gastos ▎ anuncio ▎ transferencias

Ausgabe *überweisung*
Eigentum
alojamiento – Unterkunft

¿Vives, estudias o trabajas en México? Vive bien te ayudará en tu día a día. Nuestra guía aborda temas como visas, alojamiento, empleo y finanzas.

1. Documentación: Visas, permisos, empadronamiento y otros trámites legales.
Antes de planear venir a México, debes tener clara tu situación legal. Dependiendo de tu _nacionalidad_ y del propósito de tu viaje podrás necesitar una visa de entrada, un _permiso de residencia_ y/o permiso de trabajo.

2. Empleo: salarios, contratos y condiciones laborales
Encontrar trabajo en México puede ser todo un reto, especialmente para extranjeros. Nuestra guía te provee de información sobre la búsqueda de empleo, _contratos laborales_ y condiciones de trabajo. Busca en los clasificados plazas vacantes y/o <u>coloca</u> un _anuncio_ con tu perfil.
colocar – legen/stellen

3. Finanzas: bancos, transferencias y cambio de divisas.
Si te quedas más de tres meses en México, probablemente necesitarás una _cuenta_ bancaria en el país. Aprende cómo abrir una cuenta, <u>obtener</u> una _tarjeta de crédito_, realizar _transferencias_ bancarias internacionales y a cambiar divisas. Manejar bien tus finanzas te será muy fácil siguiendo paso a paso nuestra guía.
obtener – erhalten / bekommen

4. Sanidad: Seguros sanitarios, médicos, hospitales y urgencias.
Los problemas de _salud_ pueden surgir cuando uno menos los espera. Te recomendamos tener una <u>amplia</u> cobertura de _gastos_ médicos en el extranjero, o bien, pagar por un buen seguro durante tu estancia en México. Esta sección te facilita toda la información sobre el sistema de salud mexicano, médicos, hospitales y tratamientos. Las cosas no siempre funcionan igual que en tu país. Infórmate para los casos de enfermedad y accidente.
Erweiterung

5. Inmobiliaria: venta y _alquiler_ de casas, apartamentos, terrenos, mudanzas, etc.
Encontrar la casa de tus sueños o el lugar adecuado para vivir es difícil en donde quiera que estés y en México no es diferente. Rentar a precio módico no es fácil en las grandes ciudades y comprar una _propiedad_ puede ser una decisión difícil de tomar. Lee nuestra guía para rentar un apartamento o una habitación, para comprar un apartamento o residencia junto al mar, o bien, para compartir e intercambiar tu vivienda.

b Escucha el programa radiofónico "Bienvenido al Nuevo Mundo". ¿Sobre qué temas de la guía de 4a se habla?

§ ....   ✚ ....

c Escucha otra vez y marca los problemas y/o asuntos que tuvieron que resolver.

1. ☐ Buscar un lugar donde vivir.
2. ☐ Ir a un hospital o clínica de salud.
3. ☐ Solicitar una tarjeta de crédito.
4. ☐ Encontrar trabajo en la ciudad.
5. ☐ Firmar un contrato laboral.
6. ☐ Obtener un permiso de residencia.

d Elige una de las situaciones y busca a un compañero/-a que haya la elegido la misma que tú. Haz una lista con los trámites que tienes que solucionar antes de salir y al llegar al país.

1. Pasas un año de estudios en la Universidad de México (UNAM).
2. Decides tomar un año sabático y eliges México para viajar.
3. Quieres trabajar un año en México para mejorar tu español.

AB 8–9

8

B NOS TRASLADAMOS

5. Busco departamento que sea…

a Escucha el diálogo entre un cliente y una empleado de la inmobiliaria "Dulce hogar". Corrige la nota que la empleada deja a su colega.

> **frases relativas**
>
> Las frases relativas se usan con el indicativo cuando se habla de algo o alguien **que se sabe que existe**.
> *La oferta que me enviaron no es la que busco.*
>
> Las frases relativas se usan con el subjuntivo cuando se habla de algo o alguien **que no se está seguro si existe**.
> *Busco un apartamento que tenga tres habitaciones.*
>
> **¡Fíjate!**

Hola Ricardo:
La Sra. Dannecker ha llamado:
– el departamento de la oferta no le sirve, está en el centro y es muy caro
– busca un departamento que se encuentre en una zona tranquila pero que esté bien comunicado
– prefiere una vivienda con una habitación que tenga balcón
– te pide otras ofertas que no superen los 8500 pesos
Llámala lo antes posible.
Lucía

b Busca entre las ofertas de la inmobiliaria la vivienda más adecuada para la Sra. Dannecker.

INMOBILIARIA DULCE HOGAR

Encontrar la casa de los sueños o un lugar adecuado donde vivir siempre es complicado. Comprar o alquilar una casa no es fácil. Nosotros te ayudamos a encontrar tu casa ideal en la Ciudad de México. Hablamos inglés, alemán y francés.

Renta Departamento Desarrollo Santa Fe, Cuajimalpa, Ciudad México D.F.
Excelente departamento a 5 minutos del centro comercial Santa Fe, 2 recámaras, 1 baño, sala comedor, cocina, área de lavado, 2 lugares de estacionamiento independientes. El edificio cuenta con conserje, puertas automáticas y áreas verdes. La cuota de mantenimiento (Mtto.) es de $700.00 (EUR 47.-) con uso de alberca cubierta y sauna $1,000.00 (EUR 67.-)
Código: 0003668-05 | Precio: M $ 9,400.00 (EUR 630.-)

Muy cerca de Av. Universidad y de los Viveros de Coyoacán. Departamento de 95 m², 2 recámaras, 2 baños, cocina integral, 2 estacionamientos, patio de lavado y tendido, balcón, pisos de madera y alfombra, clósets amplios. Cerca del metro.
Precio: M$ 9,500.00 (EUR 630.-), incluye Mtto. | Código: 0003515-05A

DEPARTAMENTO TEPEPAN TLALPAN, NUEVO, 2 RECS, BAÑO COMPLETO, SALA COMEDOR, COCINA CON BARRA PARA DESAYUNAR, EN 1ER PISO, 1 ESTACIONAMIENTO, CALLE PRIVADA, ZONA TRANQUILA Y SEGURA, CON JARDÍN COMÚN, CERCA CLUB DE TENIS, 70M2, SE ACEPTA MASCOTA EDUCADA.
Precio: M $ 9,000.00, + 500.00 Mtto. (EUR 600.- + EUR 35.-) | Código: 0002395-11

c Habla con tu compañero/-a sobre tu elección. ¿Están de acuerdo?

~ *Creo que el departamento de Av. Universidad es una oferta adecuada para ella porque…*
~ *Sí, es posible. Pero también el de Tepepan me parece bien para…*

d Qué palabras conoces para designar estas expresiones de los anuncios? Después añade 5 palabras más que te parezcan útiles sobre el tema de inmobiliaria. Compáralas con las de tu compañero/-a y argumenta por qué te parecen útiles las palabras escogidas.

pág. 26

departamento = ...Wohnung...   alberca = ...Herberge...
recámara = ...Schlafzimmer...   estacionamiento = ...Parkplatz...
clóset = ...Badezimmer...

e Elige una de las situaciones.
Después escribe un anuncio buscando casa.

Cancún (México)

1. Vas a pasar un año de estudios universitarios en una de estas ciudades.
2. Decides tomar un año sabático y eliges uno de estos lugares para pasarlo.
3. Quieres trabajar un año en una de estas ciudades para mejorar tu español.

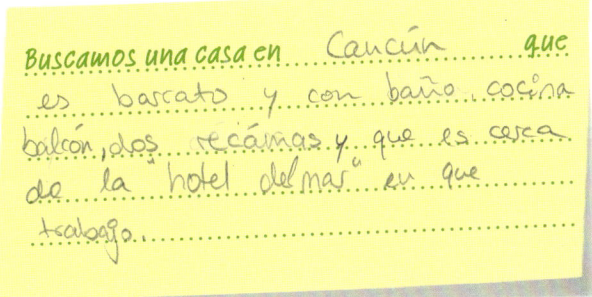

Buscamos una casa en Cancún que es barcato y con baño, cocina, balcón, dos recámas y que es cerca de la "hotel del mar" en que trabajo.

Quetzaltenango (Guatemala)

f Busca a un/a compañero/-a que haya elegido la misma ciudad que tú y anota en qué coinciden.

Toledo (España)

AB 10–13

¡A LA TAREA! B GUÍA PARA HISPANOHABLANTES EN TU CIUDAD

6. Vamos a diseñar una guía para hispanohablantes que quieren instalarse en tu ciudad.

a Elige a un personaje y busca a un/a compañero/-a con la misma preferencia.

E
Jaime, compositor argentino, quiere trabajar en una universidad. No sabe cuánto tiempo, tal vez 10 años, hasta que se jubile.

C
Eugenia, de México, trabaja para un instituto de investigación. Su estancia será de 3 años.

A
Gabriela, de Perú, quiere hacer su doctorado. Sus estudios van a durar unos 5 años.

B
Pablo, de España, quiere aprender alemán por un año.

D
Leonardo, de Venezuela, se acaba de casar con su novia alemana y piensa quedarse para siempre.

b ¿Qué aspectos necesitará conocer o resolver la persona elegida? Pónganse de acuerdo y hagan una lista.

~ *Yo creo que, primero, tiene que aprender muy bien alemán.*
~ *Sí, claro. Además tiene que tener un buen seguro médico y encontrar una vivienda adecuada.*

c Piensen en los contenidos de cada uno de los puntos de la lista y elaboren la guía para la persona elegida.

d Presenten su guía en clase. ¿Qué información añadirían a las guías presentadas? ¿Cuál es la más completa?

¿Realmente te quieres ir?

a Hazle el test a tu compañero/-a.

Un test para irse a vivir a otro país

Dejar el país de origen para comenzar una nueva vida en el extranjero es una decisión muy seria. Este test te ayudará a saber si realmente estás dispuesto al cambio.

1. ¿Cuál de estos cambios de vida o de entorno has experimentado?
a. Te fuiste a tu propia casa tan pronto te independizaste económicamente.
b. Nunca has dejado tu casa, ni tu ciudad por más de un mes.
c. Has dejado tu casa por más de dos meses seguidos.

2. ¿Cuál es la razón principal por la cual pensarías dejar tu país?
a. Inconformidad con lo que te rodea.
b. Bajos ingresos económicos / desempleo.
c. Crecimiento académico, mejoras profesionales.

3. ¿Cómo reaccionaría tu familia ante tu posible partida?
a. Van contigo adonde tú vayas.
b. Te harán mucha falta, pero se quedan aquí.
c. Te apoyan y confían en tu decisión.

4. ¿Cuál de estos tipos de emigrante se parece más a ti?
a. Tratas de planificar y de tomar todas las previsiones.
b. Con «mochila al hombro», si hace falta e improvisando cada día.
c. Con mucha precaución ante lo desconocido y con boleto en mano para regresarte en cualquier momento.

5. Ya estás ubicado en otro país y estás comenzando a consolidarte. Tus familiares te llaman para decirte que un pariente muy querido está gravemente enfermo. **¿Qué haces?**
a. Llamas constantemente, ya que si empeora te regresas.
b. Te regresas inmediatamente a tu país.
c. Aunque te preocupa su salud, jamás te planteas la posibilidad de regresar.

6. Estás en plena etapa de comienzo y sólo consigues ofertas de empleo con muy baja remuneración. ¿Qué haces?
a. Jamás aceptarás un trabajo en condiciones inferiores a las que tenías en tu país.
b. Aceptas, pero sólo mientras consigues una mejor oferta.
c. Aceptas inmediatamente.

7. Acabas de llegar a un nuevo país y te está costando hacer amigos. Sientes rechazo por tu condición de extranjero, ¿cómo reaccionas?
a. Haces todo lo posible por ser aceptado, mejoras el manejo del idioma del país y tratas de socializarte.
b. Te rodeas solo de gente de tu país para sentirte a gusto.
c. Te aíslas del mundo y te deprimes.

8. ¿Desde cuándo estás pensando en la posibilidad de irte?
a. Menos de 6 meses.
b. Un año.
c. Más de dos años.

* Resultados del test:
3 puntos: (1a, 2a, 3c, 4b, 5c, 6c, 7a, 8c)
2 puntos: (1c, 2c, 3b, 4a, 5a, 6b, 7b, 8b)
1 punto: (1b, 2b, 3a, 4c, 5b, 6a, 7c, 8a)

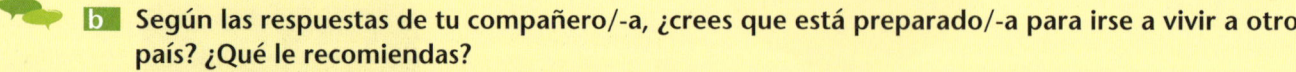

b Según las respuestas de tu compañero/-a, ¿crees que está preparado/-a para irse a vivir a otro país? ¿Qué le recomiendas?

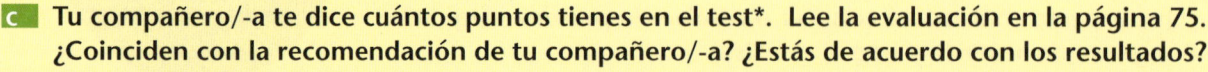

c Tu compañero/-a te dice cuántos puntos tienes en el test*. Lee la evaluación en la página 75. ¿Coinciden con la recomendación de tu compañero/-a? ¿Estás de acuerdo con los resultados?

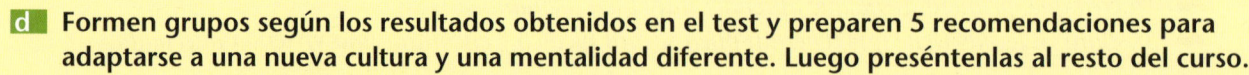

d Formen grupos según los resultados obtenidos en el test y preparen 5 recomendaciones para adaptarse a una nueva cultura y una mentalidad diferente. Luego preséntenlas al resto del curso.

e ¿Qué movimientos migratorios se han producido en tu país a lo largo de la historia? ¿Cuáles eran los motivos? ¿Cómo se reflejan estos movimientos en la vida cotidiana de hoy?

AB 14

El uso del subjuntivo (6): expresar deseos

Se usa el subjuntivo si se quiere expresar un deseo.
*Espero que Melva **encuentre** un buen trabajo.*
*Daniel quiere que su familia lo **visite** con más frecuencia.*
*Irina tiene la esperanza de que su hija **venga** a vivir a España.*

! Si se refiere al mismo sujeto en ambas frases, se usa el infinitivo en la frase subordinada.
*Espero **encontrar** un buen trabajo.*

La expresión *¡Ojalá (que)...!* también introduce un deseo y por tanto se usa con subjuntivo.
*¡Ojalá (que) **tengan** suerte!*

La estructura *¡Que + presente de subjuntivo!* le sirve al hablante para expresar deseos en situaciones de comunicación ya estandarizadas.
*¡Que **tengas** buen viaje!*
*¡Que te lo **pases** bien!*
*¡Que **aproveche**!*

→ 1.7.2.6

El uso del subjuntivo (7): en oraciones de relativo

Se usa el subjuntivo en las oraciones relativas para indicar que no se está seguro de que la cosa, persona o hecho del que se habla existe.
*Quiero una casa que **tenga** jardín.*
*Vamos a alquilar el apartamento que más nos **guste**.*
*Busco una casa que **esté** cerca de la playa.*

! Se usa el indicativo en las frases relativas para indicar que se está seguro de que la cosa, persona o hecho del que se habla existe.
*Quiero una casa que **tiene** jardín y **está** al lado de la parada del autobús .* (= La conozco, es la casa que está junto a la parada.)
*Vamos a alquilar el apartamento que más nos **gusta**: el que cuesta 1200 €.* (= Lo identifico por el precio).
*Busco una casa que **está** cerca de la playa y **es** de color azul.* (= La identifico por el color azul).

→ 2.1.1

LENGUA

Comentar datos estadísticos

■ Casi la mitad de la población extranjera en España procede de América Latina.
● Sí, y el grupo más grande de población extranjera procede de Rumanía.

Describir la vivienda que se busca

■ ¿Qué tipo de vivienda busca?
● Pues, busco una que tenga jardín y que esté cerca de una estación de metro.
■ Mire, aquí tengo una que está al lado del metro pero no tiene jardín.

Expresar deseos

■ ¿Has encontrado casa?
● Todavía no. Quiero poner un anuncio.
■ Pues espero que encuentres pronto una.

■ He decidido irme a Chile.
● ¿Ah, sí? Pues que tengas suerte.
■ Sí. ¡Ojalá encuentre trabajo pronto!

COMUNICACIÓN

¡YA LO SABES!

Soy capaz de…	😊	🙂	☹️	Unidad 8
hablar sobre criterios para irse a vivir al extranjero *Lo más importante para mí es*	☐	☐	☐	página inicial, A1
comentar datos estadísticos *Un cuarto de la población*	☐	☐	☐	A1
expresar deseos *Te deseo que*	☐	☐	☐	A2
planificar una estancia en el extranjero *Tenemos que solicitar*	☐	☐	☐	B4
describir una vivienda *Busco una casa que* .... *A cambio ofrezco un piso que*	☐	☐	☐	B5
elaborar una lista con consejos para nuevos residentes en mi ciudad *Primero tiene que*	☐	☐	☐	B6

Un amigo tuyo va a mudarse a tu ciudad y te escribe pidiéndote información y consejos sobre en qué parte de la ciudad vivir y cómo conseguir una vivienda. Responde a su correo explicándole todo lo que debe tener en cuenta al buscar su nuevo hogar y antes de firmar el contrato de alquiler (características de la vivienda).

consejo 8

Variantes del español

En el ámbito de la vida cotidiana (alimentación, ropa, vivienda…) existen diferencias de vocabulario dependiendo de la región o país. Algunas de estas palabras proceden de otras lenguas (del inglés por ejemplo), son de origen indígena o tienen en el español peninsular otro significado. Para comprender este nuevo vocabulario es útil aplicar diferentes estrategias: por ejemplo, se puede deducir por el contexto o por el parecido con otras lenguas.

Trata de deducir el significado de las palabras marcadas en negrita.

Yo no quiero arroz, prefiero **papas**. ....
La casa tiene una **alberca** para los niños. ....
El helado de **frutillas** me gusta más que el de **banana**. ....
¿Podrías **checar** si la puerta está cerrada? ....
Ponte el **suéter** de lana. Hace frío. ....
Desde hace un año tengo la **licencia** para **manejar**. ....
El **carro** se ha roto.

| plátano | comprobar | piscina | conducir | coche | jersey | patata | fresa | carné |

¿Qué estrategia has aplicado? Compara con tu compañero/-a.

.... microondas

.... celular

.... reproductor de música MP3

.... tableta electrónica

1 lavaplatos

.... nevera

.... computadora

.... navegador

.... aspirador

.... lavadora

.... impresora

.... libro electrónico

¿Dónde se utilizan los aparatos? Relaciona.
1. en el hogar
2. en el trabajo
3. en el tiempo libre

Explícales a tus compañeros/-as sin cuál de ellos no podrías vivir y por qué. Luego decidan cuál es el más importante para el grupo.

.... televisor plasma

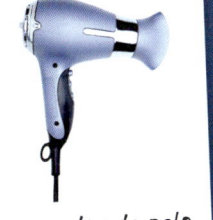

.... secador de pelo

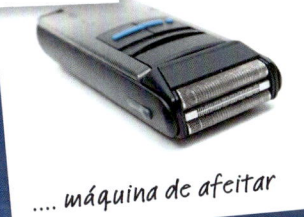

.... máquina de afeitar

La máquina del futuro

EN ESTA UNIDAD VAS A APRENDER A:

- describir objetos
- entender y dar instrucciones de aparatos
- explicar un problema técnico
- entender soluciones a los problemas
- expresar duda y escepticismo
- expresar probabilidad
- hacer hipótesis

1. Cafeteras para todos los gustos

a Mira las fotos y lee los textos. ¿Qué cafeteras se describen?

cafetera monodosis

cafetera de émbolo

cafetera turca

cafetera italiana

cafetera de filtro o goteo

A Esta cafetera, generalmente de metal o plástico, es muy fácil de utilizar: lo único que hay que hacer es colocar la cápsula dentro de la cafetera y apretar un botón.

B Esta cafetera es generalmente de aluminio (aunque está disponible en acero inoxidable) y tiene un diseño octogonal muy característico. Está compuesta de 2 piezas principales: en la parte superior de la cafetera se guarda el café y en la parte inferior se encuentra el depósito de agua y el filtro para el café.

C Esta cafetera está fabricada generalmente en cristal y plástico. Funciona con un filtro donde el agua pasa a través del café y así va cayendo hacia el recipiente. Para su funcionamiento necesita estar conectada a la corriente eléctrica.

b Vuelve a leer los textos y marca en cada uno una palabra que no conozcas. Pregunta a tu compañero/-a por su significado.

c Piensa en un objeto y descríbelo (forma de utilización, material, tamaño, forma, etc.). Tus compañeros/-as adivinan después de cuál se trata.

AB 1–2

2. ¿Y cómo funciona?

a Lee la instrucción y completa la imagen con el nombre de las partes que faltan.

(1) _la tapa_ del contendedor de café

(2) _botón_ de encendido /
(4) ....

(3) _pantalla_ del panel de mandos

(6) _mando_ de agua caliente / vapor

(5) _tubo_ de vapor

1. Antes de poner en funcionamiento la cafetera, llene el contenedor de café y cierre la tapa.
2. Coloque una taza o dos tazas debajo de la salida de café.
3. Después de llenar el depósito de agua, pulse el botón de encendido.
4. Una vez que la máquina esté lista para funcionar, aparecerá el símbolo de "la taza y los granos de café" en la pantalla del panel de mandos.
5. Esta máquina de café le permite seleccionar el aroma (suave, medio o fuerte) y el tipo de café (corto o largo). Para ello tiene que pulsar los botones correspondientes en el panel de mandos.
6. Cuando la máquina termine la preparación, el café empezará a salir. El suministro de café se interrumpirá automáticamente cuando esté ya listo.
7. Pulse el botón de apagado siempre que termine de usar la cafetera.

Elaboración de un capuchino: coloque un recipiente bajo el tubo de vapor y gire el mando de agua caliente hacia la izquierda hasta que salga vapor. Después llene una taza con 1/3 de leche fría, gire de nuevo el mando hacia la izquierda y caliente la leche hasta que haga espuma.

b ¿Puedes ayudar a Raquel? Busca y subraya la respuesta de su pregunta en la nota.

¿Tengo que escoger el café antes o después de encender la cafetera?

> Buenos días, Raquel:
> Te dejo la cafetera preparada. Cuando la
> enciendas, solo tienes que escoger el café
> que quieras pulsando los botones de aroma y
> de café largo o corto. No te olvides de apagar
> la cafetera después de hacer el café.

el subjuntivo en oraciones temporales

Si se tiene la intención de expresar una acción futura, se usa "cuando" + *subjuntivo*.
*Ya me contarás qué tal tu día **cuando vuelva** del trabajo.*

¡Fíjate!

antes de (que) / después de (que)

Con **antes de (que)** y **después de (que)** se usa infinitivo o subjuntivo dependiendo de si los sujetos son iguales o diferentes.
***Después de enchufar** el cable, aprieta el botón.*
*Pon una taza, **antes de que salga** el café.*

¡Fíjate!

c Subraya en las instrucciones de la cafetera de 2a las expresiones temporales. ¿Cuáles se pueden sustituir por "cuando"?

d Un juego. Tira el dado y el compañero/-a de tu derecha tiene que hacer lo que le ordenas.

abrir la puerta   escribir en la pizarra   bailar
saltar   cantar   subirse en la silla
ponerse una chaqueta   actuar como un animal
saludar al/ a la profesor/a

⚀ cuando   ⚅ después de
⚁ tan pronto como   ⚄ antes de
⚂ una vez que   ⚅ hasta que

~ ⚀ *Cuando abras la puerta, grita.*
~ ⚁ *Tan pronto como abras el diccionario, levántate de la silla.*

e Elabora con tu compañero/-a una lista con las instrucciones para el buen funcionamiento en la clase de uno de los siguientes objetos.

equipo de sonido ▮ retroproyector ▮ computadora ▮ diccionario electrónico

AB 3–4

3. Problemas técnicos. ¡Esto no funciona!

problemas técnicos

a ¿Te ha pasado alguna vez alguno de estos problemas? ¿Cuál/-es te molesta/-n más? ¿Por qué? Coméntalo con tu compañero/-a.

estropearse / romperse / averiarse
quedarse colgado / en blanco / vacío...
perderse la conexión / la línea telefónica
apagarse / irse la luz

vocabulario

1. Se ha estropeado la plancha.
2. Se pierde la conexión de Internet.
3. Se ha roto el celular.
4. El aire acondicionado está defectuoso.
5. La lavadora se ha roto.
6. La cafetera no va.
7. La calefacción gotea.
8. La computadora se queda colgada.

b Escucha los diálogos. ¿Qué problemas de 3a se mencionan?

11–13

c El objeto que acabas de comprar hace una semana se ha averiado y llamas a la tienda para quejarte. Realiza el diálogo con tu compañero/-a. El dependiente de la tienda rellena la ficha.

Nombre del cliente:
....
Artículo:
....
Fecha de compra:
....
Características del producto:
....
Problemas con el producto:
....

AB 5

4. Los mejores inventos del año

a Mira las fotos y formula hipótesis. ¿Qué es? ¿Para qué sirve? ¿De qué está hecho?

Los mejores inventos del año

 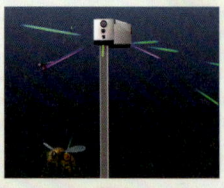   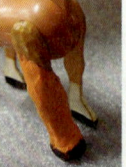 

Entre los elegidos en el ámbito de las nuevas tecnologías destaca la **video cámara auricular Looxcie**, que puede grabar clips de 30 segundos de nuestra vida y compartirlos a través de las redes sociales al instante. En la lista también figuran el **robot-salvavidas EMILY** que funciona por control remoto y el **dispositivo láser para cazar mosquitos** desarrollado por Nathan Myhrvold e Intellectual Ventures, tan específico que no daña a ningún otro insecto o ser vivo.

Además del **Terrafugia Transition**, un avión de hélice biplaza, con alas plegables, considerado el primer vehículo que puede circular por carretera y también volar. También se menciona la invención de **Plastiki,** un barco fabricado con miles de botellas de plástico PET e incluso a **Sugru,** un increíble material elaborado a partir de silicona que nos permite no sólo reparar o mejorar nuestros objetos sino personalizarlos y hasta crear otros nuevos.

b Lee el artículo para comprobar tus hipótesis.

c Lee otra vez y completa la información de los inventos.

Nombre	Utilidad	Material	Importancia
....	....	....	....

d Ordena los inventos según la importancia o utilidad para tu vida cotidiana y compara con tus compañeros/-as.

¡A LA TAREA! A UNA PATENTE PARA MI PRODUCTO

5. Vamos a inventar un objeto para presentarlo a la Oficina de patentes.

a Piensen en un objeto que podría resultar útil, innovador u original. Puede ser algo que ya existe pero que recibe un nuevo uso.

b Decidan qué características debe tener el invento (tamaño, forma, material, partes).

c Escriban un manual para los nuevos usuarios. Después presenten su invento.

6. Usa bien la energía, saldrás ganando.

a Lee los consejos de la campaña de ahorro de energía, busca las cinco informaciones falsas y corrígelas. Después compara con tu compañero/-a. ¿Cuáles de estos consejos sigues tú?

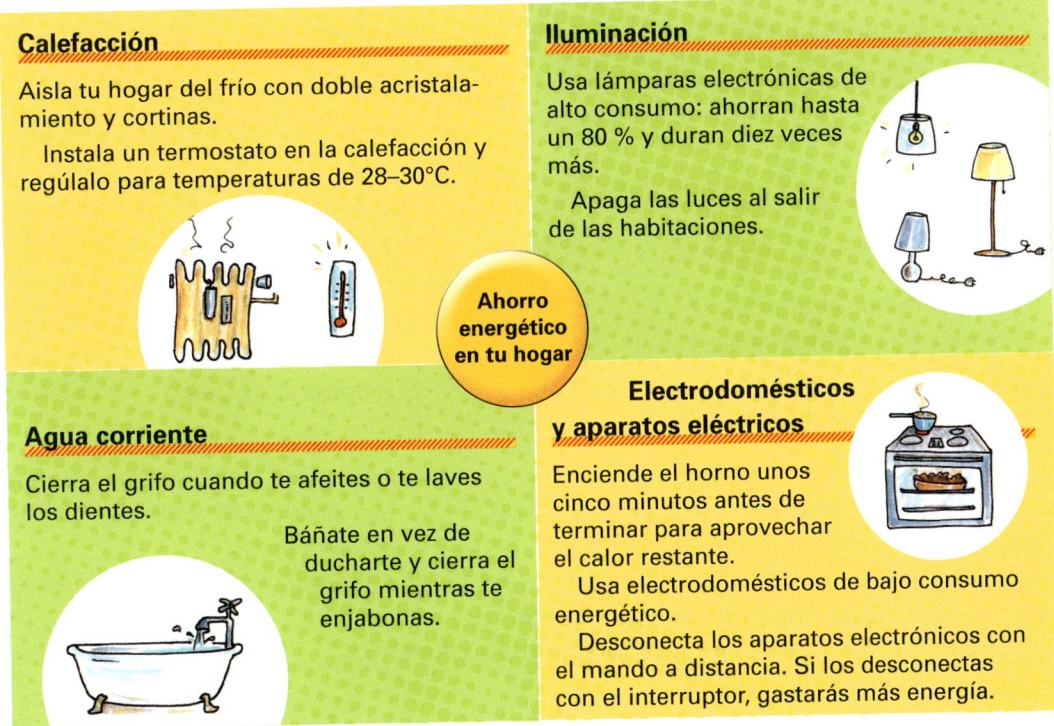

Calefacción

Aisla tu hogar del frío con doble acristalamiento y cortinas.

Instala un termostato en la calefacción y regúlalo para temperaturas de 28–30°C.

Iluminación

Usa lámparas electrónicas de alto consumo: ahorran hasta un 80 % y duran diez veces más.

Apaga las luces al salir de las habitaciones.

Ahorro energético en tu hogar

Agua corriente

Cierra el grifo cuando te afeites o te laves los dientes.

Báñate en vez de ducharte y cierra el grifo mientras te enjabonas.

Electrodomésticos y aparatos eléctricos

Enciende el horno unos cinco minutos antes de terminar para aprovechar el calor restante.

Usa electrodomésticos de bajo consumo energético.

Desconecta los aparatos electrónicos con el mando a distancia. Si los desconectas con el interruptor, gastarás más energía.

pág. 36

b ¿Tienes más consejos? En grupo completa la lista de la campaña de ahorro de energía.

c 14 Ahora escucha los consejos de ahorro energético en la radio. ¿Qué consejos nuevos aparecen? AB 6

7. ¿Eres convencional o te renuevas?

a Relaciona cada foto con su titular. ¿Cuáles de estas fuentes de energía existen en tu país? ¿Cuáles proceden de otros países?

...... **Inauguración del parque de energía solar capaz de suministrar energía eléctrica para todos sus vecinos**

4

...... Déficit de energía eléctrica en embalses de Chile llega a 50%

5

1

3

...... **Costa Rica: nuevos proyectos eólicos en desarrollo**

...... PROTESTA EN CENTRAL NUCLEAR DE LAGUNA VERDE EN MÉXICO

...... **PDVSA concluyó primera plataforma petrolera sobre tierra construida en Venezuela**

2

b ¿Con cuáles de estas afirmaciones te identificas y con cuáles no? En grupo elijan dos opiniones con las que estén de acuerdo y dos con las que no. Busquen argumentos que apoyen su opinión.

☐ "No estoy seguro de que la energía eólica sea la solución: afea el paisaje y además causa la muerte de muchas aves."

☐ "Dudo de que las energías alternativas puedan abastecer de energía a la industria."

☐ "No está claro que la energía eólica sea la más barata."

☐ "Puede que la energía solar sea la más limpia."

☐ "Está claro que el petróleo genera puestos de trabajo y riqueza."

☐ "Es evidente que la instalación de paneles solares no es rentable en el centro de Europa."

☐ "Está demostrado que la energía nuclear es necesaria porque es la más rentable de todas."

---

dar una opinión personal

expresar duda o escepticismo
Cuando se tiene la intención de valorar o cuestionar una opinión de otra persona, se usa el subjuntivo.

No estoy seguro de que la biomasa **sea** la mejor energía.
Dudo de que no **produzca** contaminación.
No está claro que la energía eólica **sea** efectiva.

Pero cuando la opinión es propia y se quiere expresar certeza y evidencia, se usa el **indicativo**.
Está claro / Es evidente que / Está demostrado que la energía solar **es** limpia.

expresar probabilidad
Puede que.../Es probable que + subjuntivo
Es probable que la energía eólica **funcione** mejor en el futuro.
Puede que la energía nuclear **desaparezca**.

¡Fíjate!

---

c A debatir. ¿Estás de acuerdo con lo que opinan tus compañeros/-as de los otros grupos? Utiliza tus argumentos.

15 **d** Escucha estas noticias de la radio. ¿A cuáles de las fotos de 7a se refieren? Da después tu opinión personal sobre una de las noticias.

Noticia 1: ....   Noticia 2: ....

AB 7–9

Noticia 3: ....

8. Predicciones hasta 2030...

a Lee las predicciones que se hicieron hasta hoy y subraya aquellas que sabes o piensas que se han cumplido. Después compara con tu compañero/-a.

eRENOVABLE.com
Blog de energías renovables

Publicado por Martín | 07/05/2007 01:28 31 comentarios

Hoy haremos un repaso de de lo que puede llegar a ser el futuro que nos espera en los próximos 30 años:

2007–09: Las lámparas fluorescentes y las LED comenzarán a reemplazar a las incandescentes en todo el mundo, y para el 2010 una casa típica se ahorrará 100 dólares en costos de electricidad por año.

2009–10: Tesla Motors lanzará un vehículo totalmente eléctrico de 4 puertas. Simultáneamente se lanzarán automóviles híbridos en diversas compañías automotores. Los vehículos híbridos representarán el 5% del total de vehículos vendidos en Estados Unidos.

2011: El 25 % de la electricidad europea derivará de la energía eólica.

2014: Los paneles solares serán lo suficientemente baratos como para que cualquier familia de clase media pueda comprarlos.

2015: Ya estarán disponibles coches eléctricos de 4 puertas con motores de 240 caballos de fuerza a 35 mil dólares.

2016: Se habrán construido inmensas granjas solares en diversos desiertos del mundo. El 10% de las demandas de energía mundiales estarán cubiertas por la energía solar.

2020: La gasolina sólo será utilizada por un tercio de los automóviles de Estados Unidos, los otros dos tercios serán cubiertos por los eléctricos y los de combustibles de biomasa.

2025–30: Para esta época casi todos los coches de pasajeros de Estados Unidos serán alimentados por electricidad limpia proveniente de energías renovables.

El 75% de la electricidad mundial procederá de la energía eólica, solar u otras energías renovables.
¿Será muy optimista esta línea de tiempo? Según un estudio de Clean Edge la energía solar crecerá un 15% por año hasta el 2016. Esperemos que se cumpla todo y mucho más.

> Elvis dice: 26/09/2009   15:12
> Me parece muy interesante esta cronología, espero que la misma
> pueda superar lo planteado y que realmente estemos más avanzados para el 2030.

b ¿Cuáles de las otras predicciones crees que se cumplirán y cuáles no? ¿Por qué? Haz hipótesis con tu compañero/-a.

> **hacer hipótesis**
>
> Seguramente/ A lo mejor + **indicativo**
> **A lo mejor** el biocombustible sustituirá al petróleo.
>
> ¡Fíjate!

c ¿Qué consecuencias tendrán estos cambios para la vida en el futuro? Haz un dibujo donde se vean estos cambios. Otro grupo lo describe.

~ *Habrá más pájaros en la ciudad.*
~ *Los coches serán más pequeños.*

AB 10–14

¡A LA TAREA!   B   BLOGUEANDO SOBRE LA ENERGÍA

9. Vamos a hacer un blog.

a Elijan una de las imágenes y hagan hipótesis.

1

2

3

4

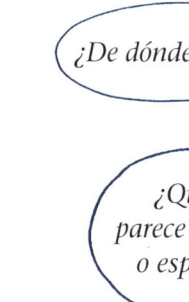

¿Qué pasará?

¿De dónde serán?

¿Qué te parece extraño o especial?

¿Qué representarán?

b Elaboren un texto relacionado con la foto para poner en su blog.

c Elijan uno de los blogs de la clase y escriban un comentario. ¿Cuál ha sido el blog más visitado?

ENTRE CULTURAS

Pero, ¿podemos vivir sin Internet?

a Lee los titulares de prensa. ¿Son noticias positivas o negativas? Discute con tus compañeros/-as.

MUJERES INDÍGENAS SE CAPACITAN EN NUEVAS TECNOLOGÍAS DE COMUNICACIÓN EN LIMA

Cada vez más empresas españolas forman a sus trabajadores a través de Internet

Los jóvenes españoles no son conscientes de los riesgos de la privacidad en las redes sociales

Se dispara uso de redes sociales en México

Cibernautas mexicanos confían en Internet para influir en políticos

La compañía de películas de alquiler Netflix llega a Latinoamérica por Internet

Realizan a través de la red 70% de búsquedas de empleo en México

Los argentinos usan cada vez más la red para no ir al banco

b Un periódico te ha encargado un artículo sobre el uso de Internet en tu país. Escribe un titular.

c ¿Cuáles de estas actividades has realizado alguna vez en Internet?
¿Qué ventajas ofrecen estos servicios?

- [ ] búsqueda de datos
- [ ] uso de correo electrónico
- [ ] uso de las redes sociales (facebook, twitter...)
- [ ] compras y ventas
- [ ] cursos online
- [ ] ver la televisión
- [ ] telebanking

d Lee los testimonios de jóvenes indígenas de Argentina. ¿Usan Internet de la misma manera que tú? ¿Cuáles son las diferencias?

Gabriela Olivero

Yo tengo 32 años y soy de la comunidad Mbya guaraní de la provincia de Misiones. Una página web no sólo nos puede servir para difundir nuestra cultura, sino también puede ser útil como recurso económico. Por ejemplo, la comunidad guaraní se dedica mucho a la cestería y podría mostrar sus productos en la página para poder vender en negocios de Buenos Aires. Nosotros ya hacemos eso pero no en la web, estamos en la feria en San Telmo.

Patricia Molina

Yo soy toba y vivo en comunidad en Berazategui. Mucha gente piensa, cuando uno dice que es aborigen, que vivimos en la selva, y la realidad es que hay muchos pueblos originarios viviendo acá en Buenos Aires. A mis cincuenta años mis conocimientos de la computadora son básicos, pero a mis hijos – que también vienen al curso – les van a servir mucho las nuevas tecnologías para ayudar a nuestra gente. No sólo a la que vive acá, sino también a la que está en el interior, para conectarnos con ellos y para que ellos sigan nuestro camino, porque hoy en día sin saber de Internet y las nuevas tecnologías es imposible ni siquiera conseguir un trabajo.

Conectores temporales

Para relacionar dos hechos temporalmente se utilizan *cuando..., hasta que..., tan pronto como..., siempre que..., una vez que..., antes de (que)... o después de (que)...*

→ 2.2

El uso del subjuntivo (8): oraciones temporales

Se usa el *subjuntivo* en las oraciones subordinadas introducidas por los conectores anteriores cuando se quiere expresar una acción futura.
*Pon el café <u>cuando</u> el agua **esté** caliente. (= el agua todavía no está caliente)*
*Sirve el café <u>antes de que</u> se **enfríe**. (= el café aún no se ha enfriado)*

! Con *antes de* y *después de* se usa *infinitivo* cuando los sujetos que realizan las dos acciones son iguales.
Antes de servir el café, pon la mesa. (= tú sirves el café, tú pones la mesa)
Después de enchufar la máquina, esperó cinco minutos. (= él/ella enchufó la máquina, él/ella esperó)

! Se usa el *indicativo* en las frases temporales cuando se quiere expresar una acción que transcurre en el pasado o se refiere a un presente habitual.
*Cuando se **fue** la luz, me asusté.*
*Cuando **aprietas** el botón, se enciende la luz roja.*

→ 2.2

El uso del subjuntivo (9): poner en cuestión una información u opinión

Se usa el subjuntivo en las oraciones subordinadas cuando se quiere expresar duda o escepticismo. Para ello se utilizan expresiones como *no estoy seguro/-a de que..., dudo de que...* o *no está claro que...*
*<u>Dudo de que</u> la energía solar **pueda** abastecer de energía en invierno.*

! Cuando se desea dar una opinión propia y se quiere expresar certeza y evidencia, se usa el indicativo.
*Bueno, <u>es evidente que</u> **tenemos que** ahorrar más energía.*

→ 1.7.2.4

Se usa el subjuntivo en las oraciones subordinadas cuando se quiere expresar probabilidad. Para ello se utilizan expresiones como *puede que...* o *es probable que.*
*<u>Puede que</u> en un futuro cercano los coches se **muevan** con energía eléctrica.*

! Con las expresiones *a lo mejor, seguramente, seguro que* se usa el indicativo.
*En el futuro <u>seguramente</u> los coches **serán** más limpios.*

→ 1.7.2.5

Hablar de problemas técnicos

■ Buenos días, necesito que me ayude. Verá mi computadora no funciona, se ha quedado colgada.
● Sí, claro.

Hacer hipótesis

■ Seguramente en el norte de África se construirán granjas solares.
● Sí, ¿pero cómo van a transportar la energía?

Dar soluciones

■ ¿Cómo activo los tonos de mi celular?
● Tienes que bajarlos de Internet. Después de registrarte en la página web, eliges el tono que quieras.

■ A lo mejor los coches eléctricos estarán disponibles en el año 2015.
● No lo sé. Yo dudo de que la industria quiera sustituir el coche tradicional por los coches eléctricos.

LENGUA

COMUNICACIÓN

¡YA LO SABES!

Ya soy capaz de...

Soy capaz de...	😃	🙂	🙁	→ Unidad 9
describir objetos *Es de .... y sirve ....*	☐	☐	☐	A1, A4
entender y dar instrucciones de aparatos *Enchufa el ....*	☐	☐	☐	A2
explicar un problema técnico *La computadora ....*	☐	☐	☐	A3
dar consejos sobre el ahorro de energía *Para ahorrar ....*	☐	☐	☐	B6
expresar duda y escepticismo *No estoy segura de que ....*	☐	☐	☐	B7
expresar certeza y evidencia *Está claro que ....*	☐	☐	☐	B7
expresar probabilidad *Es probable que ....*	☐	☐	☐	B7
hacer hipótesis *Seguramente ....*	☐	☐	☐	B8

Mi dossier

La cámara de tu portátil no funciona. Escribe la llamada telefónica que haces al servicio técnico, explicándole cuál es el problema y pidiéndoles ayuda.

Bla, bla...

Aprender a aprender

consejo 9

Formación de palabras

Una manera fácil de ampliar vocabulario es agrupar palabras que comparten la misma raíz y que por lo tanto tienen cierta relación de significado. De esta manera, a partir de palabras conocidas podrás deducir muchas palabras nuevas sin necesidad de buscar en el diccionario. Fíjate también en cómo se forman estas palabras derivadas y marca las terminaciones y/o comienzos (sufijos y prefijos).

sol: sol<u>ar</u>, sol<u>eado</u>, la <u>in</u>sola<u>ción</u>, el sol<u>ario</u>

Añade dos palabras más y busca otras palabras derivadas.

– el café: ....

– seco: ....

– lavar: ....

– ....: ....

– ....: ....

Compara con tus compañeros/-as y completa las listas.

Beatriz (la polución)

1 **Lee el comienzo de un fragmento de la novela *Primavera con una esquina rota* de Mario Benedetti. ¿Qué significado le darías a la palabra "imbancable"?**

1 Dijo el tío Rolando que esta ciudad se está
poniendo imbancable de tanta polución
que tiene. Yo no dije nada para no quedar
como burra pero de toda la frase sólo
5 entendí la palabra ciudad (...)

2 **Sigue leyendo y comprueba si el significado es el mismo que le has dado tú.**

1 (...) Después fui al diccionario y busqué la
palabra imbancable y no está. El domingo,
cuando fui a visitar al abuelo le pregunté
qué quería decir imbancable y él se rió y
5 me explicó con buenos modos que quería
decir insoportable. Ahí sí comprendí el
significado porque Graciela, o sea mi
mami, me dice algunas veces, o más bien
casi todos los días, por favor Beatriz por
10 favor a veces te pones verdaderamente

insoportable. Precisamente ese mismo
domingo a la tarde me lo dijo, aunque esta
vez repitió tres veces por favor por favor
por favor Beatriz a veces te pones verda-
15 deramente insoportable, y yo muy serena,
habrás querido decir que estoy imbancable, y a ella le hizo gracia, aunque no
demasiada pero me quitó la penitencia y
eso fue muy importante.

3 **Sigue leyendo. ¿Qué otra palabra le causa problemas a la joven protagonista del cuento? ¿Cuál es el significado real de la palabra en ese contexto? Escribe una definición y luego compara con tu compañero/-a.**

1 La otra palabra, polución, es bastante más
difícil. Esa sí está en el diccionario. Dice,
polución: efusión de semen. Qué será
efusión y qué será semen. Busqué efusión
5 y dice: derramamiento de un líquido.
También me fijé en semen y dice: semilla,
simiente, líquido que sirve para la repro-
ducción. O sea que lo que dijo el tío
Rolando quiere decir esto: esta ciudad se
10 está poniendo insoportable de tanto derramamiento de semen. (...)

de Mario Benedetti, *Primavera con una esquina rota*

4 **¿Te ha ocurrido alguna vez algo similar al buscar una palabra en un diccionario? Cuéntale la anécdota a tus compañeros/-as.**

Mario Benedetti

(Paso de los Toros, (Uruguay), 1920 – Montevideo, 2009). Escribió poesía, novela, cuentos, obras de teatro y ensayos, así como numerosos artículos periodísticos. Estuvo muy comprometido con la época que le tocó vivir. Tras el golpe de Estado de 1973 se exilió en Buenos Aires, luego en Cuba y posteriormente en España. En 1985 cuando se restauró la democracia, Benedetti volvió a Uruguay.

Su vida y su obra se caracterizaron por una defensa firme de los valores cívicos, así como de la libertad y de la igualdad. Un espacio privilegiado de su obra de ficción es Montevideo y sus habitantes.

Recibió numerosos premios, entre ellos el Premio Iberoamericano José Martí en reconocimiento a toda su obra.

Entre sus obras más conocidas se encuentran la colección de cuentos *Montevideanos* o las novelas *La tregua* y *Primavera con una esquina rota*, esta última narra a partir de diferentes personajes de una misma familia los problemas con que se enfrentan apresados y exiliados de la dictadura.

De viaje por el norte y centro de España

SALIDA-META

Galicia

Comunicación

"El origen de la letra ñ está en el portugués."
¿Estás de acuerdo? ¿Por qué? Contesta con *No estoy de acuerdo con que el origen...*

Cultura

¿En qué ciudad gallega se encuentra una catedral muy importante para los peregrinos?

Asturias

Comunicación

Di dos maneras de narrar este hecho pasado: *En 1492 Antonio de Nebrija (publicar) la Primera Gramática Castellana.*

Cultura

De paso por Asturias te sorprende la belleza de su paisaje, ¿cómo se llama el conjunto de montañas que está en esta región?
a. Sierra Morena
b. Los Pirineos
c. Picos de Europa

Castilla y León

Comunicación

Buscas una nueva casa. ¿Cómo tiene que ser? Empieza con *"Busco una casa que..."*

Cultura

Una de estas provincias no están en Castilla y León, ¿cuál es?
Valladolid, Salamanca, Soria, Toledo, Palencia

Madrid

Comunicación

Antonio no ha vuelto a casa. Lo estás esperando porque le tienes que hacer una pregunta. *"Cuando Antonio ...., le haré la pregunta."*

Cultura

En el Madrid de mediados de los 70 y principios de los 80 hubo un movimiento cultural importante llamado...

Objetivo

El objetivo del juego es conseguir el mayor número posible de objetos en una maleta. Gana la pareja que consigue llevarse más objetos después de hacer el recorrido por las Comunidades Autónomas de España.

Número de participantes

Se juega en grupos de cuatro personas. Cada grupo tiene dos parejas.

Material

Cada grupo necesita dos fichas y una moneda.

Instrucciones

Las dos parejas ponen sus fichas en SALIDA-META pero recorren diferentes direcciones. Se juega con una moneda. Se tira la moneda y si se obtiene cruz, se avanza una Comunidad Autónoma. Si se obtiene cara, se avanzan dos Comunidades Autónomas. Entonces se elige una pregunta de las dos y se contesta. Las preguntas son de dos tipos, de comunicación (1 objeto) y de cultura (2 objetos).

Se gana un/dos objeto/s si la pregunta se contesta correctamente. Los/-as compañeros/-as del grupo deciden si las respuestas son correctas o no.

Si se ha contestado correctamente la pregunta, esa pregunta queda eliminada. Si la respuesta no está bien, se puede contestar en otro turno. Se pueden repetir las Comunidades pero no las preguntas que ya están contestadas. El juego termina cuando se llega a SALIDA-META.

Las soluciones se encuentran en la página 75.

Cantabria

Comunicación
Nombra tres falsos amigos en español.

Cultura
¿Qué son las cuevas de Altamira?
a. Unas cuevas donde se celebraban fiestas durante la Edad Media.
b. Unas cuevas prehistóricas donde hay dibujos en las paredes.
c. Unas cuevas que están en lo alto de una montaña muy alta con vistas muy bonitas.

País Vasco

Comunicación
¿Cómo se dice en español „Im Spanischen fällt mir die Grammatik am schwersten"?

Cultura
¿Cuál es el origen de la lengua euskera?
a. no se sabe
b. el latín
c. el hebreo

Navarra

Comunicación
Expresa esta frase de otra manera reemplazando "pero": A mí me gusta mucho aprender palabras nuevas, **pero** a veces es un poco aburrido.

Cultura
¿Qué son los Sanfermines?

La Rioja

Comunicación
¿Cómo crees que será el mundo dentro de treinta años? Haz hipótesis sobre la población, la tecnología y el medio ambiente.

Cultura
En el siglo X se escriben en un monasterio de La Rioja los primeros textos en castellano. ¿Cómo se llama el lugar?
a. El Escorial
b. San Millán de la Cogolla
c. Monasterio de Guadalupe

Cataluña

Comunicación
Deséale algo a uno de tus compañeros/-as.

Cultura
Nombra dos artistas catalanes del siglo XX.

Aragón

Comunicación
¿Cuáles son tus deseos para el próximo año? *Deseo que...*

Cultura
¿Qué es el Ebro?
a. un lago
b. una montaña
c. un río

GUÍA TROTA

FRONTERA. DREXLER, JORGE ABNER (CA). EDICIONES SEA, S.L. (SGAE)

III

O T R A V U E L T A

Frontera

1 ¿Qué relacionas con la palabra "frontera"?

16 2 Escucha la canción y escribe el orden de los objetos que se nombran.

3 Relaciona los versos de la canción con su interpretación.

Yo no sé de dónde soy,
mi casa está en la frontera (bis)
Y las fronteras se mueven,
como las banderas. (bis)

Mi patria es un rinconcito,
el canto de una cigarra. (bis)
Los dos primeros acordes
que yo supe en la guitarra. (bis)

Soy hijo de un forastero
y de una estrella del alba,
y si hay amor, me dijeron,
y si hay amor, me dijeron,
toda distancia se salva.

No tengo muchas verdades,
prefiero no dar consejos. (bis)
Cada cual por su camino,
igual va a aprender de viejo. (bis)

Que el mundo está como está
por causa de las certezas. (bis)
La guerra y la vanidad
comen en la misma mesa. (bis)

Soy hijo de un desterrado
y de una flor de la tierra,
y de chico me enseñaron
las pocas cosas que sé
del amor y de la guerra.

..... No existe una única posibilidad, cada uno tiene que encontrar su forma de vida.
..... Su país lo lleva dentro de sí mismo.
..... El cantante no se identifica con un país determinado.
..... El cantante se basa en su propia experiencia.
..... Las fronteras desaparecen con los sentimientos positivos.
..... Los conflictos existen por la falta de tolerancia a las ideas de otros.

4 ¿Te imaginas un mundo sin fronteras? ¿Qué ventajas e inconvenientes tendría?

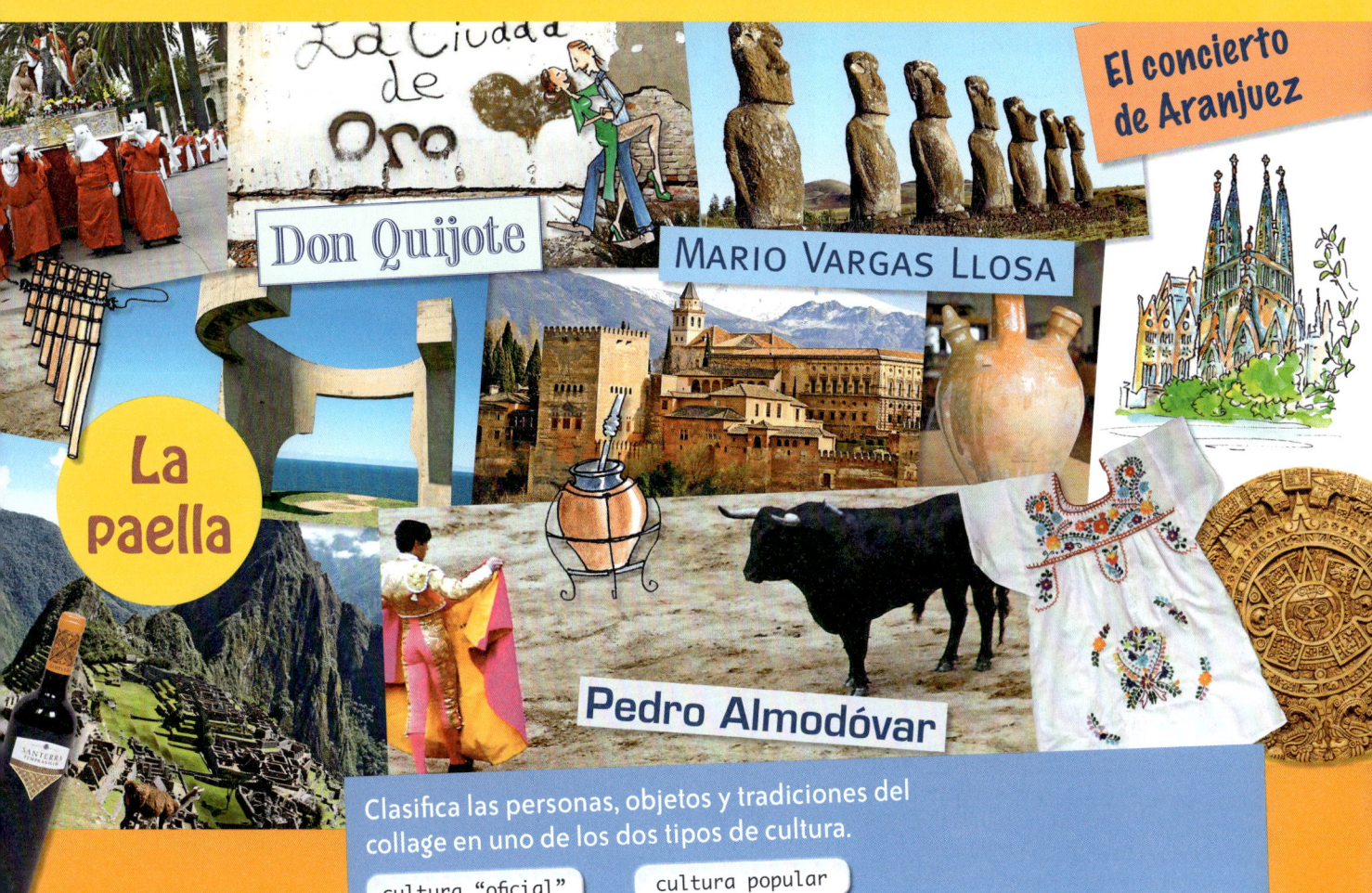

El concierto de Aranjuez

Don Quijote

MARIO VARGAS LLOSA

La paella

Pedro Almodóvar

Clasifica las personas, objetos y tradiciones del collage en uno de los dos tipos de cultura.

cultura "oficial"

cultura popular

cultura
3 f. Conjunto de modos de vida y costumbres, conocimientos y grado de desarrollo artístico, científico, industrial, en una época, grupo social, etc. (RAE)

¿Qué manifestaciones culturales te parecen más representativas del mundo hispano? Elige cinco y comenta tu respuesta. ¿Cuál te gustaría conocer mejor?

¡Es una obra maestra!

EN ESTA UNIDAD VAS A APRENDER A:

- ■ describir y valorar una obra artística
- ■ expresar extrañeza, agrado y desagrado
- ■ proponer y sugerir
- ■ expresar enfado, tristeza, empatía
- ■ consolar
- ■ leer y escribir poemas

David. Miguel Ángel

Muchacha asomada a la ventana. Salvador Dalí

1. ¡Qué maravilla!

a ¿Conoces estas obras de arte? ¿Cuál prefieres? ¿Por qué?

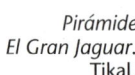

Pirámide El Gran Jaguar. Tikal.

Las dos Fridas. Frida Kahlo

valorar un objeto

☺
Es una maravilla/preciosidad/ obra maestra.
Es realmente precioso/-a.
Es verdaderamente maravilloso/-a.
Es especialmente fantástico/-a.
☹
Es un horror.
Es horroroso/-a.

b Lee el foro del blog y subraya las expresiones que se usan para valorar. ¿Estás de acuerdo con las opiniones?

¡Hola chicos!
Para seguir con el tema de arte, me gustaría saber cuál es su obra de arte favorita y por qué. Cada semana escogeremos una obra para decorar este blog durante 7 días. ¡Anímense a participar! Luis

yrama escribió el 10 de mayo de 2012
La mía es el David de Miguel Ángel. He elegido esta escultura porque la encuentro preciosa. Es sorprendente cómo su mirada y sus brazos transmiten la fuerza y la determinación. A mí me parece que es una obra de escultura única. ¿Y a ustedes?

Luisfr escribió el 12 de mayo de 2012
Yo tengo que decir que la obra pictórica de Salvador Dalí me parece genial. Mi pintura favorita es "Muchacha en la ventana", pintada en 1925. No sé, la encuentro especialmente emotiva. Me gusta la escena con su hermana, es tan simple... pero con gran uniformidad cromática y sencillez. ¿Qué opinan ustedes?

Yaderch escribió el 13 de mayo de 2012
Es difícil elegir una sola obra de arte, pero yo voy a tirar hacia la arquitectura y escojo la pirámide El Gran Jaguar, rodeada por estelas, altares, palacios y selva. Es impresionante cómo la construyeron los antiguos habitantes de Tikal, ¡imagínense que se calcula que es del año 700 d.C! No sé mucho más, pero lo cierto es que la belleza de este lugar te quita el aliento y te transporta en ese tiempo de enigmas de la civilización maya. Me encanta, la encuentro fantástica.

AlejandraMr escribió el 16 de mayo de 2012
Hay muchas que me gustan, pero en especial las pinturas de Frida Kahlo. Es sorprendente la manera en que expresó su propio dolor en cuadros como la pintura "Las Dos Fridas", la encuentro simbólica y poderosa. ¿Les gusta?

Comentario: Escrito por **RocR 12** de mayo
No me sorprende que hayas elegido la escultura de David, realmente es fantástica. Pero también la Piedad y el Moisés de Miguel Ángel son obras maestras.

Comentario: Escrito por **ÓscarR 14** de mayo
Estoy de acuerdo contigo. Es un cuadro muy bello. Lo encuentro relajante por el paisaje y la postura de la chica.

Comentario: Escrito por **KarinaM 15** de mayo
Coincido contigo en que es un lugar mágico, tanto por la arquitectura del templo, como por el enclave en que se encuentra. Es una maravilla.
Luis, tu idea es estupenda, me alegra que hayas creado esta sección en tu blog.

Comentario: Escrito por **EduardoT 17** de mayo
Sí, a mí también me sorprenden las pinturas de Frida. No me extraña que sus pinturas sigan gustando tanto. Aunque sus pinturas son muy personales, es fácil identificarse con su dolor. ¿No les parece?

c Completa la tabla con palabras de los comentarios.

sustantivos	adjetivos	verbos	sustantivos	adjetivos	verbos
la preciosidad	....	apreciar	la fantasía	....	fantasear
la sorpresa	....	sorprender	la magia	....	hacer magia
....	fuerte	esforzarse	....	maravilloso/-a	maravillar
la emoción	....	emocionar(-se)	....	doloroso/-a	doler
....	bello/-a	embellecer	el símbolo	....	simbolizar
la impresión	....	impresionar	la extrañeza	extraño/-a	....

d Elige la obra que más te guste y escribe un texto para el blog de 1b. Después intercambia tu texto con un compañero/-a y escribe un comentario sobre su texto.

El Museo Guggenheim en Bilbao. Frank O. Gehry

El Peine del Viento. Chillida

Maternidad. Botero

Mujeres a la ventana. Murillo

AB 1–3

2. Sentir el arte

a Describe el cuadro *Creación de las aves* en un papel. Incluye tres informaciones falsas. Pásale el papel a un compañero/-a. Corrige la descripción de tu compañero/-a.

Creación de las aves. Remedios Varo, 1957

> **ser / hay / estar**
>
> Para describir una característica inherente a alguien o algo, se usa el verbo *ser. La figura es un pájaro con rasgos de mujer, ¿o es al revés?*
> Para situar o describir una cualidad no inherente a alguien o algo, se usa el verbo *estar. La mujer-pájaro está en un taller. Está muy concentrada en su trabajo.*
> Para indicar alguien o algo desconocido por el interlocutor se usa *hay. Hay un pájaro volando.*

b Observa el cuadro. ¿Con cuáles de estas reacciones te identificas? Marca.

- ☐ ¡Qué raro!
- ☐ ¡Qué alegre!
- ☐ ¡Qué miedo!
- ☐ ¡Qué divertido!
- ☐ ¡Qué aburrimiento!
- ☐ ¡Qué maravilla!
- ☐ ¡Qué feo!
- ☐ ¡Qué asco!
- ☐ ¡Qué original!

17 **c** Escucha y marca qué valoración se hace del cuadro.

	☺	☹
Persona 1	☐	☐
Persona 2	☐	☐
Persona 3	☐	☐

d Mira los cuadros y reacciona.

4

3

1 *¿Sabrá más el discípulo?*

2

> **expresar un sentimiento (1)**
>
> **extrañeza**
> ¡Qué raro! ¡Qué extraño!
> → *Es extraño que Goya **pinte** a un burro leyendo.*
> **agrado**
> ¡Qué bonito! ¡Qué lindo! ¡Qué divertido!
> → *Me parece lindo que los colores **sean** tan brillantes.*
> **desagrado**
> ¡Qué feo! ¡Qué horror! ¡Qué miedo! ¡Qué asco!
> → *Es horroroso / me da miedo que las personas **tengan** esas caras.*

~ *A mí me parece raro que en el cuadro número 1...*
~ *Sí, y además...*

AB 4–6

3. La tienda de arte

a ¿Te han regalado alguna vez alguno de estos objetos? ¿Cuál te gusta más?

tienda PRADO

🛒 vacío

Calendario de sobremesa
Obras Maestras

Camiseta Ángeles.
Pedro Pablo Rubens

Cuaderno
La adoración de
los pastores.
Juan Batista Maíno

Taza de porcelana
María Tudor

Bombones de
chocolate artesanal
negro, con fresa y
con leche

Broche Mariposa.
Diseño exclusivo del
Museo del Prado

18 b Escucha la conversación entre dos amigas y señala qué compran.

c Escoge un regalo de la tienda del museo para el/la profesor/a. Pónganse de acuerdo.

~ *¿Qué te parece si le regalamos unos bombones?, mira estos...*

~ *Uhm, no sé... Yo creo que los dulces no le gustan mucho... Yo casi le compraría...*

AB 7

> **proponer y sugerir**
>
> ¿Te apetece que + subjuntivo presente?
> **¿Te apetece que vayamos** a la tienda para buscar el regalo?
> ¿Qué te parece si + indicativo presente?
> **¿Qué te parece si** le **compramos** un cuaderno?
> ¿Y si + indicativo presente?
> **¿Y si** le **compramos** una taza de porcelana?
> Yo + condicional
> **Yo** le **compraría** un calendario.
>
> ¡Fíjate!

¡A LA TAREA! A EL COLLAGE DEL CURSO

4. Vamos a elaborar un collage con las obras de arte favoritas del curso.

a Elige tus cinco obras de arte favoritas (pintura, escultura, arquitectura, etc.).

b Explica por qué has seleccionado estas obras y defiéndelas en el grupo. Seleccionen de forma conjunta las diez obras que formarán parte del collage del grupo.

c Elaboren el collage de las obras seleccionadas en un póster, añadan un breve comentario y descripción. Después, pónganlo en la pared.

5. Hábitos de lectura

a ¿Quién lee qué? Añade dos preguntas más y entrevista a tu compañero/-a.

1 ¿Cuál fue el último libro que leíste? ¿De qué trataba?
2 Cuando te vas te vacaciones, ¿qué tipo de libros te llevas?
3 ¿Cuántos libros lees al mes?
4 ¿Qué género te gusta más: la novela, el ensayo o la poesía?
5 ¿Quién es tu autor favorito?
6 ....
7 ....

tipos de libros

novela histórica / policíaca
de aventuras
de ciencia ficción
de misterio
de amor
manual de autoayuda
guía de viajes

b Lee los textos y elige un libro para tu compañero/-a, tomando en cuenta sus hábitos de lectura. Convéncelo de que lo tiene que leer el próximo fin de semana.

Pocos libros, y menos aún tratándose de poesía, han alcanzado la difusión de *Veinte poemas de amor y una canción desesperada.* Expresión de sentimientos universales y siempre vivos, de una diversidad de expresiones amorosas, esta obra de Pablo Neruda, pese a haberse convertido con el paso del tiempo en una obra clásica, conserva intacta, su magia secreta, contagiosa y peligrosa.

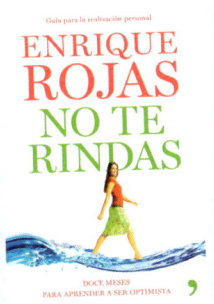

Organizado en doce grandes temas – uno para cada mes del año – que giran en torno al amor, la familia, el trabajo, la cultura y la amistad, este libro compone un original calendario en el que el prestigioso psiquiatra Enrique Rojas nos transmite sus sabios consejos y nos acompaña de manera lúcida y cercana en las batallas que debemos librar en la vida cotidiana para conquistar la felicidad y la realización personal.

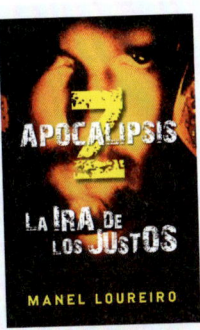

La civilización ya no existe. No hay Internet. No hay televisión. No hay móviles. No hay supermercados, ni colegios. Ya no hay nada que te recuerde que eres un ser humano. En el mundo solo quedan pequeños grupos aislados que quizá sean peores que el peor de los No Muertos. Estate alerta, el Apocalipsis ha empezado. Ahora solo tienes un objetivo: sobrevivir.

El precio de la gasolina se está poniendo por las nubes, tanto es así que se sospecha que el crimen organizado ha creado una red dedicada a robar todo tipo de combustibles, tanto a particulares como en gasolineras. Mortadelo y Filemón son encargados por el superintendente de descubrir a los autores de los robos. Con semejante ayuda; ¡ya podemos ir comprándonos bicicletas!

En una indeterminada ciudad caribeña, en las primeras décadas del siglo veinte, el anciano doctor Juvenal Urbino muere en un accidente doméstico y deja viuda a la también anciana Fermina Daza, que inmediatamente recibe una renovación de declaración de amor de Florentino Ariza, el novio que rechazó a los veinte años, hace más de cinco décadas.

c Escribe un texto sobre un libro que has leído últimamente y preséntalo.

AB 8–11

6. Sentimientos

a Mira los textos. ¿Cuál de ellos es una obra de teatro?

1

PAULA: ¡Ya es de día, Dionisio!
            ¡Tengo ganas de dormir!
DIONISIO: Echa tu cabeza sobre mi hombro...
            Duerme junto a mí...
PAULA: (Lo hace.) Bésame, Dionisio. (Se
            besan.) ¿Tu novia nunca te besa?
DIONISIO: No.
PAULA: ¿Por qué?
DIONISIO: No puede hasta que se case...
PAULA: Pero, ¿ni una vez siquiera?
DIONISIO: No, no. Ni una vez siquiera.
            Dice que no puede.
PAULA: Pobre muchacha, ¿verdad? Por eso
            tiene los ojos tan tristes... (Pausa.)
            ¡Bésame otra vez, Dionisio...!
DIONISIO: (La besa nuevamente.) ¡Paula, yo no
            me quiero casar! ¡Es una tontería!
            ¡Ya nunca sería feliz! Unas horas
            solamente todo me lo han cambiado...

Miguel Mihura:
Tres sombreros de copa

– Fermina -le dijo- : he esperado esta ocasión durante más que medio siglo, para repetirlo una vez más el juramento de mi fidelidad eterna y mi amor para siempre.

Fermina Daza se habría creído frente a un loco. (...) Su impulso inmediato fue maldecirlo por la profanación de la casa cuando aún estaba caliente en la tumba el cadáver de su esposo. (...)

"Lárgate – le dijo-. Y no te dejes ver nunca más en los años que te queden de vida."

Volvió a abrir por completo la puerta de la calle que había empezado a cerrar, y concluyó:

– Que espero sean muy pocos.

Gabriel García Márquez:
El amor en los tiempos del cólera

2

b Lee los textos. ¿Con cuáles de los sentimientos los relacionas?
Describe para cada texto una frase que resuma el problema sentimental.

> pasión | seducción | tristeza | abandono | decepción
> ilusión | esperanza | nostalgia | dolor | placer
> celos | enfado | frustración

c ¿Qué palabras asocias con los adjetivos? Completa.

> perder | juramento | fidelidad | amor | maldecir
> casarse | feliz | enamorarse | desamor | infiel
> traicionar | prometer | engañar | amor eterno | cita
> infeliz | besarse | beso | caricia | ...

enfadado   **triste**   **romántico**

d Mira las viñetas y escribe un diálogo para una de ellas.
Después represéntalo con tu compañero/-a en el curso.

expresar un sentimiento (2)

enfado
¡Estoy realmente furioso!
¡Estoy que exploto!
Estoy harto de + *infinitivo* /
que + *pres. subjuntivo*

tristeza
Me encuentro muy triste.
¡Qué pena que/qué lástima que + *pres. subjuntivo*!
Me duele que + *pres. subjuntivo*
Me da lástima que + *pres. subjuntivo*

consuelo
No te enfades. / No llores. / ¡Tranquilízate!
No te preocupes, ya verás que...

empatía
Lo siento mucho.
Siento que + *pres. subjuntivo*
Entiendo que + *pres. subjuntivo*

recursos

1

2

3

AB 12

7. El día que me quieras

a ¿Qué asocias con un buen poema? Elige 5 respuestas y compáralas con tu compañera/-o.

- [ ] tiene rima
- [ ] llega al corazón
- [ ] despierta los sentidos
- [ ] suena como una canción
- [ ] es corto
- [ ] hace pensar
- [ ] divierte
- [ ] es fácil de memorizar
- [ ] puede tener varias interpretaciones
- [ ] hace feliz
- [ ] juega con la imaginación

b Lee los poemas. ¿Se cumplen los criterios que has seleccionado en 7a?

El día que me quieras (Amado Nervo)

El día que me quieras tendrá más luz que junio;
la noche que me quieras será de plenilunio,
con notas de Beethoven vibrando en cada rayo
sus inefables cosas,
y habrá juntas más rosas
que en todo el mes de mayo.
Las fuentes cristalinas irán por las laderas
saltando cristalinas el día que me quieras.

....

El Aconcagua (Nicolás Guillén)

El Aconcagua. Bestia
solemne y frígida. Cabeza
blanca y ojos de piedra fija.
Anda en lentos rebaños
con otros animales semejantes
por entre rocallosos desamparos.
En la noche,
roza con belfo blando
las manos frías de la luna.

c ¿Cuáles de estas imágenes encuentras en los poemas?

d ¿Cuál de los dos poemas te ha gustado más? ¿Por qué?

¡A LA TAREA! **B** FESTIVAL DE POESÍA

8. Vamos a celebrar un festival de poesía del curso.

a Elige un tema para tu poema y busca a un/a compañero/-a que haya elegido el mismo tema que tú.

fiesta naturaleza amor cumpleaños amistad

b Estas preguntas les servirán para guiar el poema. Pónganse de acuerdo en las respuestas.

¿quién?/ ¿qué? | ¿cómo? | ¿dónde? | ¿cuándo? | ¿qué hace? | ¿con quién?

c Escriban la poesía a partir de las respuestas.

d Elijan una melodía y una imagen que refleje "el espíritu" del poema.

e Ha llegado el momento de celebrar el festival: reciten su poema en clase y den su opinión sobre la poesía de los compañeros siguiendo estos criterios: sentimientos, riqueza de vocabulario, originalidad, música e imagen.

De todo corazón

a Lee la letra de la canción y marca las frases con las que estés de acuerdo.

Dos gardenias para ti
con ellas quiero decir
te quiero, te adoro, mi vida.
Ponles toda tu atención
Porque son tu corazón y el mío.

Dos gardenias para ti
que tendrán todo el calor de un beso.
De esos besos que te di
y que jamás encontrarás
en el calor de otro querer.

A tu lado vivirán,
y te hablarán
como cuando estás conmigo
y hasta creerán
que te dirán, te quiero

Pero si un atardecer
las gardenias de mi amor se mueren
es porque han adivinado
que tu amor se ha terminado
porque existe otro querer.

..... "Es muy romántica."
..... "Me parece bastante cursi."
..... "Es el amor ideal."
..... "Demasiado atrevida."
..... "Suena exagerada."
..... "¡Para enamorarse!"
..... "Tiene algo de machista."
..... "Me pone sentimental."
..... "¡Qué ridícula!"
..... "Me parece demasiado melodramática."

¿Sabías que...?

El bolero es un género musical originario de Cuba. Se reconoce por sus textos sentimentales y por su música romántica. El primer bolero de la historia, titulado 'Tristezas', fue compuesto en el año 1885. Muy pronto el bolero se hizo muy popular en la América hispanohablante. Eso permitió su fusión con otros géneros musicales dando lugar a otros subgéneros: bolero rítmico, bolero cha-cha-chá, bolero mambo, el bolero ranchero (mezcla de bolero y mariachi mexicano), el bolero son y el bolero moruno (bolero con mezclas gitanas e hispánicas).

El tema amoroso se encuentra también en otros géneros musicales de importante tradición en el mundo hispanohablante, como por ejemplo, en la copla, originaria de España y también muy conocida en la América hispanohablante.

Entre las parejas y también en el entorno familiar es frecuente escuchar expresiones de cariño como *mi amor, mi vida, corazón, mi rey/mi reina, tesoro.* En América latina es frecuente usar estas expresiones con el diminutivo *amorcito, cariñito, mi vidita, corazoncito mío, reinita, tesorito, mamita y papito.*

Existe un lenguaje popular asociado a las flores: la rosa roja es sinónimo de amor, la amarilla de amistad, la blanca de miedo, la camelia blanca simboliza la amistad eterna, la margarita blanca la inocencia y pureza, la gardenia alegría; la flor de azahar la castidad, el clavel la distinción y nobleza, y el lirio la pureza. Por eso en la música es muy frecuente la presencia de la flor como metáfora del sentimiento o de las emociones.

pág. 50

 b Escucha y describe la música. ¿Coincide con tus opiniones sobre el texto?

 c Elijan un párrafo y represéntelo con mímica. Sus compañeros adivinarán qué parte de la canción se escenifica.

AB 13 **d** ¿Qué temas tienen las canciones de amor en tu cultura? ¿Qué tipo de música se utiliza?

LENGUA

El uso del subjuntivo (10): expresar sentimientos

Se usa el subjuntivo si se quieren expresar sentimientos como extrañeza, agrado, desagrado, enfado, tristeza, consuelo, empatía, etc. sobre comportamientos, objetos o situaciones.
Me extraña que el museo *esté* cerrado.
Me encanta que los cuadros *tengan* tantos colores.
Me parece divertido que pinte a las personas tan gorditas.
¡Estoy harta de que me *trate* con tanta indiferencia!
Siento que estés tan triste.
Entiendo que no *tengas* ganas de ir al cine.
¡Qué pena que no *puedas* venir a mi fiesta!

→ 1.7.2.1

El uso del subjuntivo (11): expresar deseos u objetivos

Se usa el subjuntivo si se quiere expresar un deseo u objetivo, por ejemplo al hacer una propuesta.
¿Te apetece que vayamos a ver la exposición el sábado por la tarde?

Cuando se trata de la misma persona, se usa el infinitivo.
¿Te apetece ir a ver la exposición el sábado por la tarde?

→ 1.7.2.6

COMUNICACIÓN

Valorar un objeto

■ Mira este cuadro. ¡Es una verdadera obra maestra!
● Sí, las obras de este pintor, en general, son una maravilla.
▲ Bueno... sí, la técnica es realmente buena, pero a mí me parece horroroso. No me gusta nada el tema.

Proponer algo

■ ¿Les apetece que vayamos a tomar un café?
● De acuerdo. ¿Qué les parece si nos sentamos aquí fuera?
■ No sé, ¿con estas nubes? ¿Y si nos sentamos debajo de la sombrilla?
▲ Yo preferiría sentarme dentro. Hace un poco de frío.

Expresar extrañeza

■ ¡Qué raro que en el cuadro el burro esté leyendo una partitura!
● Bueno, quizás el autor quería denunciar la poca importancia que se daba a la cultura.

Expresar agrado y desagrado

■ Mira, ¡qué divertido!
● ¿De verdad? ¡Qué horror!

Expresar enfado y empatía

■ ¡Estoy realmente furiosa!
● Entiendo que estés así, pero no pienses más en ello.

Expresar tristeza y consuelo

■ ¡Qué lástima que no pueda venir!
● No te preocupes, habrá otra ocasión.

Ya soy capaz de...

Mi dossier

Aprender a aprender

Soy capaz de...

	🙂	🙂	🙁	Unidad 10
describir y valorar una obra artística *Las pirámides de la cultura maya son*	☐	☐	☐	A1
expresar extrañeza, agrado y desagrado *Me parece* .... *que los cuadros de Dalí*	☐	☐	☐	A2
proponer y sugerir *¿Qué te parece si* .... *Pues, yo*...	☐	☐	☐	A3
expresar enfado y empatía *¡Estoy* ...., *esto es una injusticia!*	☐	☐	☐	B6
expresar tristeza y consuelo *Estoy*... *Entiendo que* .... *pero* ...., *verás que*	☐	☐	☐	B6

Escribe tu opinión sobre una obra de arte que te guste mucho y te haya impresionado. Descríbela y explica por qué te gusta, qué sensaciones y/o sentimientos te provoca.

consejo 10

Aprender con canciones

La canción es un instrumento ideal para aprender español. Lee la lista, piensa en tu propia experiencia y numera de 1 a 7 (de mayor a menor) según la utilidad que tienen para ti.

Las canciones me ayudan a...
.... fomentar la fluidez.
.... reforzar la entonación.
.... pronunciar mejor.
.... automatizar estructuras de la lengua.
.... conocer nuevo vocabulario.
.... entrar en contacto con diferentes variantes del español.
.... acercarme a la cultura de muchos países.

1 jardinero

3 vendedor callejero

2 profesora

4 ejecutiva

5 auxiliar de vuelo

6 bailarina

7 carpintero

Relaciona las tareas con las profesiones y explica por qué estas personas las realizan.

tratar con clientes ❙ dirigir grupos de trabajo ❙ ayudar a otras personas
servir a alguien ❙ enseñar ❙ crear cosas nuevas ❙ organizar y analizar
ir a reuniones de trabajo ❙ negociar y llegar a acuerdos ❙ reparar objetos
construir objetos ❙ resolver problemas ❙ presentar ❙ vender
tomar decisiones ❙ asesorar ❙ transportar mercancías o a personas ❙ ensayar

¿Cuáles de las actividades realizas regularmente en tu trabajo?
Compara con un/a compañero/-a.

¡Trabaja con nosotros!

EN ESTA UNIDAD VAS A APRENDER A:

- hablar de tareas y cualidades en el trabajo
- escribir una solicitud de trabajo
- escribir un anuncio de trabajo
- expresar finalidad
- elaborar una campaña publicitaria

1. ¿Trabajar para vivir o vivir para trabajar?

a ¿Qué asocias con las profesiones de las personas?

> no ganar mucho dinero | tener mucho tiempo libre | ser un trabajo interesante
> aburrirse | estar fuera de casa a menudo | tener un horario flexible | no tener jefe
> tener vacaciones pagadas | costearse el seguro médico | tener mucha responsabilidad

1

Profesión	traductora autónoma
Nombre	Luz María Lemus
Edad	27 años
Ventajas	

....

Desventajas

....

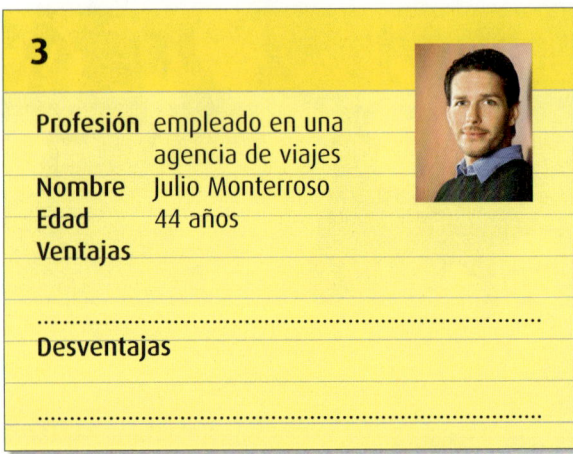

3

Profesión	empleado en una agencia de viajes
Nombre	Julio Monterroso
Edad	44 años
Ventajas	

....

Desventajas

....

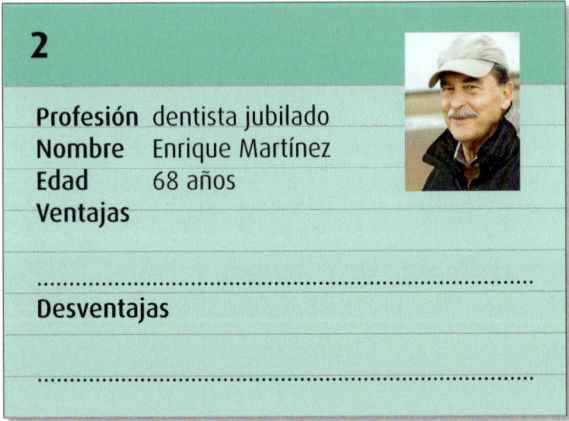

2

Profesión	dentista jubilado
Nombre	Enrique Martínez
Edad	68 años
Ventajas	

....

Desventajas

....

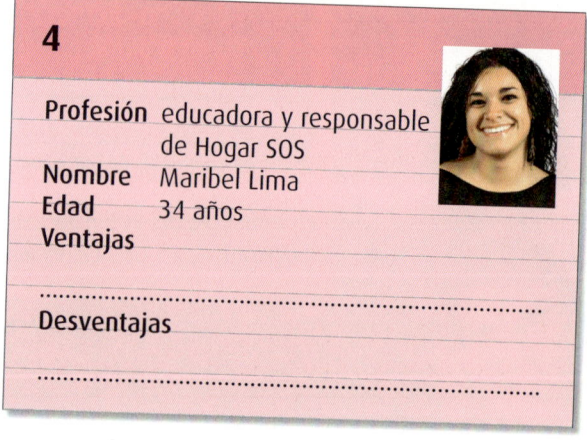

4

Profesión	educadora y responsable de Hogar SOS
Nombre	Maribel Lima
Edad	34 años
Ventajas	

....

Desventajas

....

 19–22

b Escucha lo que estas personas cuentan de su profesión y completa las fichas con la información que falta.

c Prepara preguntas sobre estos temas y entrevista a tu compañero/-a.

- trabajo actual y función que realiza
- trabajos anteriores
- duración o fecha de comienzo en el puesto
- grado de satisfacción

expresar duración	
¿Desde cuándo...?	*desde hace* + cantidad de tiempo
	desde + fecha
¿Cuánto tiempo hace que...?	*hace* + cantidad de tiempo
¿Cuánto tiempo llevas trabajando...?	*llevar* + cantidad de tiempo + gerundio

¡Fíjate!

2. Usted puede trabajar de...

a Lee la carta de solicitud de trabajo y escucha después a tres personas que describen su trabajo ideal. ¿Quién escribió la carta?

Santander, a 19 de abril de 2011

Asunto: su oferta de trabajo

(1) Muy señores míos:
En anexo les adjunto mi currículum vitae en respuesta a su oferta de empleo.
He terminado mis estudios de Derecho por la Universidad Menéndez y Pelayo en junio del presente año y ahora me gustaría ofrecer mis conocimientos al servicio de la sociedad.
Para mí es importante trabajar en un sector que esté en consonancia con mis propios valores por eso me podría imaginar un puesto de trabajo relacionado con la protección del medio ambiente. Estoy dispuesto a trabajar en prácticas, incluso, sin remuneración económica los primeros meses.
Quedo a su disposición para una entrevista personal.
Esperando noticias suyas. Se despide atentamente,

b Marca en la carta las expresiones o frases para...

saludar (1)
señalar la documentación que incluye la carta (2)
argumentar por qué se solicita el trabajo (3)

reiterar la motivación por ese trabajo (4)
solicitar una entrevista personal (5)
despedirse (6)

pág.
60

c Vuelve a escuchar. ¿Cuál es el perfil profesional de las otras dos personas? ¿Qué tipo de trabajo buscan?

perfil profesional / experiencia	trabajo que busca
....	....
....	....

d Lee las cuatro ofertas de trabajo y subraya los perfiles de empleados que buscan. Luego decide con tu compañero/-a qué trabajo sería adecuado para las personas de 2c.

Todofiesta

Somos una agencia dedicada a la organización de eventos (bodas, bautizos, cumpleaños, fiestas infantiles, graduaciones, fiestas navideñas, aniversarios, eventos de empresas, etc.).
Buscamos caricaturistas, conductores, dobles de famosos, decoradores, fotógrafos/-as, magos, payasos, músicos y cantantes
Si tienes experiencia en la participación de eventos, envíanos tu CV a

tofiestas@agencia.com

BIO BODY

BIOBODY no es sólo una empresa de productos cosméticos. La conservación de los recursos naturales, la defensa de los derechos humanos y la protección de los animales son pilares fundamentales de la empresa desde su fundación.

Si estás interesado/-a en el mundo de la cosmética y la belleza, tienes carácter extrovertido y vocación comercial, y además te gustan nuestras tiendas, nuestro estilo y trabajar en equipo, ésta es tu oportunidad de labrarte una carrera profesional con proyección de futuro.
Envía tu CV a bella@biobody.es

GREENPEACE

Si buscas trabajo y además te interesa aportar tus conocimientos a una justa y solidaria causa, entonces puedes trabajar en FCC. La Federación Contra el Cáncer es una organización independiente, cuyo objetivo es disminuir el impacto que provoca el cáncer y mejorar la vida de las personas.

Buscamos personas que estén con los enfermos y sus familias para hablar con ellos, leerles, jugar con los pacientes pequeños o simplemente acompañarlos. ¡Únete a nosotros! Envíanos tus datos y tu currículum con foto actual por mail.
info@fcc.eu

Bienvenidos a Greenpeace

El equipo de Greenpeace está formado por personas contratadas y voluntarios que trabajan por un mismo fin: proteger y defender el medio ambiente.
Buscamos a personas comprometidas con nuestros fines y valores de diferentes perfiles:
Expertos en medio ambiente, científicos, periodistas, especialistas en finanzas, abogados, promotores, etc.
Puedes enviarnos tu curriculum vitae a la siguiente dirección:

info@greenpeace.es

e Escribe una pequeña carta de solicitud (sin poner tu nombre) con una descripción de tu perfil a una de las cuatro ofertas y argumentando por qué te interesa el puesto.

carta formal	
Saludos	**Despedidas**
Muy señores míos:	Se despide atentamente,
Estimado/-a señor/a...:	Un cordial saludo,
A quien corresponda:	Atentamente,

vocabulario

 **f** Tu profesor/a recoge y reparte todas las cartas. Encuentra al autor de la carta que has recibido en el curso.

AB 5–7

¡A LA TAREA!   A   UNA OFERTA DE TRABAJO

3. Vamos a escribir un anuncio de trabajo.

 a Elijan una de estas empresas y decidan: ¿A qué se dedica la empresa y qué tipo de servicio ofrece?, ¿a quién va dirigida?, ...

CANGUROS A DOMICILIO

TU MENU DE LA SEMANA

EL ENTRENADOR MENTAL

 b Piensen qué empleados necesitan y qué tareas van a realizar.

 c Escriban un anuncio donde se presenta la empresa y se define el perfil de uno o varios empleados. No olviden especificar las tareas y los requisitos para este puesto de trabajo.

d Reúnan los anuncios. ¿En qué empresa les gustaría trabajar? ¿Por qué?

4. El caramelo con palito universal

a Mira el anuncio y analízalo contestando las preguntas.

1 ¿Qué producto anuncia?
   ¿A quién va dirigido?
2 ¿Cuál es el eslogan?
   ¿Qué intención hay detrás?
3 ¿En qué consiste el logotipo?
4 ¿Cómo se utilizan los colores,
   las formas, la posición de los objetos?

b Lee el texto y relaciona las imágenes con cada apartado.
Después compara con tu compañero/-a y justifica tu respuesta.

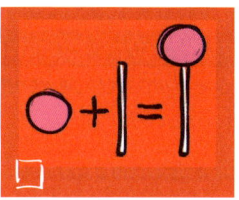   

1 El dulce comienzo

A finales de 1950, los caramelos y dulces eran de diferentes formas y colores. Los niños se metían y sacaban los dulces de la boca para mirarlos ocasionalmente, para hablar con sus amigos, para ocultarlos de sus padres o para ponerlos en sus bolsillos y guardarlos para después. Los niños y los dulces formaban una combinación poco saludable.

2 La gran idea

En 1958, Enric Bernat, fundador y presidente de S. A. Chupa Chups®, creó un dulce atractivo y universal que haría felices a niños y padres. De repente, tuvo la gran idea: el mundo necesitaba un producto que "sería como comer un caramelo con un tenedor". Chupa Chups® nació en la fábrica de Asturias, en el norte de España, con siete sabores diferentes. Se vendía a una peseta, un precio elevado en los años cincuenta, pero la intención era vender un producto con una imagen de calidad.

3 El nombre

En un primer instante, decidió llamarlo Gol, imaginando que el caramelo era una pelota de fútbol y que la boca abierta era la red de la portería. No obstante, contrató a una agencia de publicidad para buscar un nombre nuevo y creativo: Chups. Los consumidores lo aceptaron rápidamente. La pegadiza canción utilizada para comercializar Chups tuvo mucho éxito, ¡tanto que propició el cambio del nombre del caramelo! "Obtén algo dulce para chupa, chupa, chupa, como un Chups".

4 El logotipo

Con la marca desarrollada, se quiso mantener el estilo desenfadado y alegre. Gracias a la creatividad de Salvador Dalí, el logotipo se integró en la forma de una margarita. El diseño quedó definido. Brillante, alegre y único, ha demostrado ser universalmente popular entre el público. Se ha convertido en el icono definitivo de una marca mundialmente famosa.

c Elige las dos informaciones del texto que más te han sorprendido. Busca a un/a compañero/-a con la misma opinión.

AB 8

5. El éxito Chupa Chups®

a Lee las afirmaciones y escucha a un experto en publicidad hablando sobre el éxito de "Chupa Chups®". ¿Cuáles de las afirmaciones se mencionan?

☐ Para que el producto se venda bien en un gran número de países, el precio se adapta al mercado.

☐ Otras marcas hacen también caramelos en forma de Chupa Chups® para que los niños no se manchen las manos.

☐ La marca Chupa Chups® se ha utilizado para crear otros productos, como camisetas.

☐ Para que el producto llegue a mucha gente, Chupa Chups® ha contratado a personajes famosos que se dejan fotografiar con uno de los caramelos en la boca.

☐ Para llegar a los clientes más jóvenes, Chupa Chups® ofrece juegos y concursos en su página web.

☐ Para dar publicidad a su nuevo eslogan, Chupa Chups® ha creado un personaje, que consiste en un muñeco con un Chupa Chups® en la boca.

b Trabajo en equipo. Reformula los mensajes utilizando *para* o *para que*.

> Jorge, llama a la agencia. Así pueden empezar con la campaña de publicidad.

> Nuria, utiliza la presentación en PowerPoint. Así ahorrarás tiempo.

> Edu, no olvides enviar la documentación a la agencia. Sin esta no puede empezar a trabajar.

> Chicos, si termináis hoy el informe, mañana os tomáis el día libre.

Para que + subjuntivo / Para + infinitivo

Sujetos diferentes: *Para que el producto **se venda** bien, el precio se adapta al mercado.*

El mismo sujeto: *Para **dar** publicidad a su nuevo eslogan, Chupa Chups ha creado un personaje.*

¡Fíjate!

---

c Elige un producto y escribe para qué sirve y por qué ha tenido éxito. No puedes nombrar el producto. Tus compañeros/-as adivinan de qué producto se trata.

 la fregona

 la hamaca

 el ventilador

 la piñata

AB 9–10

6. Se buscan personas creativas

a ¿Qué tipo de persona eres? Elige tres frases con las que te identifiques y las cualidades que mejor las resumen. Después busca a tres compañeros/-as que tengan al menos una cualidad diferente a las tuyas.

> ambicioso ┃ reflexivo
> creativo ┃ puntual
> flexible ┃ comunicativo
> armonioso ┃ organizador

☐ Me adapto fácilmente a las situaciones. ....

☐ Me gusta organizar y coordinar planes de trabajo. ....

☐ Trato de terminar bien mis proyectos y tareas puntualmente. ....

☐ Me gusta hablar con la gente. ....

☐ Me siento satisfecho cuando puedo crear algo nuevo. ....

☐ Me gustan los retos y obtener logros en mi trabajo. ....

☐ Disfruto investigando y buscando soluciones. ....

☐ Evito conflictos. ....

b Mira los dibujos, lee los textos y relaciona cada imagen con la descripción que le corresponde.

Como formar un pequeño equipo de trabajo

Para que un equipo sea capaz de realizar sus funciones y cumplir los objetivos para los cuales se ha creado, es necesario considerar no sólo las capacidades intelectuales de sus posibles miembros, sino también sus características personales.

el cumplidor

el líder

el pensador

el conciliador

....

Utiliza el humor para aliviar tensiones. Es muy flexible, no se aferra a sus ideas y es capaz de aceptar las de otros. Es una persona muy cordial a la que le gusta mantener buenas relaciones de trabajo con los compañeros. Se adapta fácilmente a las situaciones y puede trabajar con casi todo el mundo.

....

Le gusta respetar los planes y tiempos establecidos. Se organiza muy bien y es muy disciplinado. No le importa ser impopular, el trabajo es lo primero. Tiene sentido común para lo práctico y no le gusta dar muchas vueltas a las cosas. Tiene fama de serio.

....

De él provienen muchas de las ideas originales del equipo. No le gusta llegar a conclusiones precipitadas, prefiere pensar bien las cosas antes de tomar una decisión. Disfruta del análisis y piensa siempre en alternativas y soluciones. Mejora las ideas del otro.

....

Le gusta escuchar a los demás, llegar a un consenso y tomar decisiones. Tiene gran vitalidad, es comunicativo y dinámico. Sabe motivar, tiene mucha energía y una gran necesidad de logros. Su estilo de comunicación es abierto.

 c ¿Qué cualidades de 6a crees que deben tener los tipos de personas de 6b? ¿Por qué?

AB 11

d Vamos a crear un equipo de trabajo para la tarea final de esta unidad. Reúnete de nuevo con tus compañeros/-as de 6a y discute quién podría asumir mejor cada uno de los papeles de 6b.

¡A LA TAREA! B UN ÉXITO MUNDIAL

7. Vamos a lanzar un producto en el mercado hispano.

a Elaboren una lista de los productos típicos de su país y decidan cuál de ellos podría venderse con éxito en un país hispano.

b Decidan: ¿A quién va dirigido? ¿Cómo se adapta al mundo moderno o qué otras nuevas formas de presentación va a tener? ¿Cómo se va a dar a conocer? (página web, publicidad en revistas, etc.)

c Inventen también un logotipo y un eslogan para el producto.

d Presenten su producto en el curso.

Perdona que te interrumpa...

a Mira las dos situaciones que representan comportamientos de la vida profesional en España. ¿Cómo las interpretas? Haz hipótesis.

¿Sabías que...?

1

2

Los turnos de palabras en conversaciones o discusiones en torno a un tema se organizan en cada cultura de forma diferente. Mientras que en algunas culturas interrumpir a otra persona es considerado como una falta de respeto, en la cultura española suele ser frecuente que los hablantes se interrumpan para tomar la palabra o para mostrar interés. Permanecer callado, por el contrario, se considera un signo de desinterés hacia el tema y la persona.

b Lee el diálogo y marca la interpretación correcta, según tu opinión. Después lee la primera caja "¿Sabías que...?" y compara con tu respuesta.

Toni	Hola, Ana, ¿qué tal fue la entrevista con Mario?
Ana	**Bien, aunque** al final no sé si saldrá algo.
Toni	Ah, ¿no?
Ana	**Bueno, es que** le falta un poco de experiencia, y claro...
Toni	Sí, ya lo sé, pero tiene tantas ganas de trabajar.
Ana	**Sí... Pero ten en cuenta que** las tareas de ese puesto no son fáciles.
Toni	Sí entiendo lo que quieres decir, pero Mario es muy listo y aprende rápido.
Ana	Sí, seguro, pero... **la verdad es que** necesitamos a alguien con más experiencia. Pero **bueno, vamos a ver**... quizás encontremos otra cosa para él.

En España no es habitual rechazar una propuesta o formular una crítica sin presentar alternativas o suavizar el contenido. Es muy importante mostrar comprensión hacia el otro y preservar la imagen positiva propia y la que se tiene de la otra persona. De ahí que sea necesario utilizar una buena dosis de interpretación y "saber leer entre líneas" a la hora de participar en negociaciones. Expresiones como, *Bien, muy bien, perfecto, vale, de acuerdo*, demostrarán interés por lo que se ofrece. Otras como, *Sí, pero...*, *bueno pero... ten en cuenta o vamos a ver*, nos estarán indicando que la propuesta es de difícil realización.

Ana

☐ formula crítica de forma directa.
☐ formula crítica de forma indirecta.
☐ tiene dificultades para dar su opinión.

c ¿Con cuál de los dibujos de a ilustrarías el diálogo de b?

d Fíjate en las palabras marcadas en negrita. ¿Qué recursos se utilizan en tu cultura o lengua para expresar lo mismo?

Por lo general los españoles guardan una distancia interpersonal menor que en otros países europeos. Esta se suele estimar entre los 20 y 35 centímetros de distancia. Así también es habitual el contacto corporal entre compañeros de trabajo, pero también entre jefe y empleado, por ejemplo, al saludarse y despedirse o para darse ánimo, ya sea con un par de palmadas en la espalda o en el hombro.

AB 12

desde / desde hace / hace

Si se quiere indicar el momento o fecha en que ha comenzado una acción o un estado, se utiliza la construcción *desde* + momento / fecha.

■ *¿Desde cuándo está el producto en el mercado?*

● *Desde julio de 2010.*

Si se quiere indicar el lapso de tiempo en que ha tenido lugar una acción o un estado, se utilizan las construcciones *desde hace* + cantidad de tiempo o *hace* + cantidad de tiempo + *que* + *verbo*.

◆ *¿Desde cuándo trabajas en esta empresa?*

■ *Desde hace 8 meses.*

● *Hace tres años que comencé a estudiar español. ¿Y tú?*

▲ *Yo, cuatro.*

→ 1.11

Llevar + cantidad de tiempo + actividad

Si se quiere indicar la duración de una acción o un estado, se puede utilizar la construcción *llevar* + cantidad de tiempo + actividad.

Llevo cinco años (trabajando) en márketing.

Soy enfermero, pero llevo un año sin trabajar.

Ana lleva cinco meses en paro.

→ 1.11

Las oraciones finales

Las oraciones finales son frases subordinadas que expresan una finalidad, un objetivo o un propósito. Se suelen introducir con *para que*.

Te doy mi currículum para que lo entregues en la empresa.

La empresa nos ha regalado muestras para que conozcamos bien el producto.

! Se usa el infinitivo en la frase subordinada cuando los sujetos que realizan las dos acciones son iguales.

La empresa ha realizado una campaña televisiva para dar a conocer su nuevo producto.

Las oraciones finales también se pueden introducir con otras conjunciones como *a fin de (que)*, *con el propósito de (que)*, *con la intención de (que)*, *con (el) objeto de (que)*. Estas se suelen usar más en la lengua formal.

→ 2.2

LENGUA

Pedir información sobre la experiencia laboral

● ¿A qué te dedicas?

¿Desde cuándo trabajas en este proyecto?

¿Cuánto tiempo hace que desempeñas este puesto?

¿Cuánto tiempo llevas en esta empresa?

¿En qué trabajabas antes?

Encabezar cartas formales

Señoras y señores:

Estimado/-a Sr./Sra. Vázquez:

Muy señoras mías / Muy señores míos:

A quien corresponda:

Finalizar cartas formales

Cordialmente,

Un cordial saludo,

(Les saluda) atentamente,

Se despide atentamente,

COMUNICACIÓN

Ya soy capaz de...

Mi dossier

Aprender a aprender

Soy capaz de...	😄	🙂	🙁	→ Unidad 11
hablar de tareas en el trabajo *En mi trabajo tengo que*	☐	☐	☐	página inicial
hablar de cualidades en el trabajo *Una ventaja de ser* .... *es*	☐	☐	☐	A1
escribir una solicitud de trabajo	☐	☐	☐	A2
comprender y escribir un anuncio de trabajo	☐	☐	☐	A3
expresar finalidad *Para que nuestro producto*..	☐	☐	☐	B5
describir cualidades de los empleados *El buen líder tiene que*	☐	☐	☐	B6
elaborar una campaña publicitaria	☐	☐	☐	B7

Describe tu producto favorito de origen hispano en forma de anuncio publicitario.

consejo 11

Escribir cartas
Siempre que escribimos una carta lo hacemos con un objetivo. Dependiendo de la situación queremos informar, solicitar un trabajo o unas prácticas, hacer una invitación o quejarnos, por ejemplo de un mal servicio.
Para escribir con éxito una carta se pueden seguir determinados pasos.
Lee las sugerencias y numéralas en el orden cronológico que te parezca mejor.

..... ordenar los temas e ideas que aparecerán en la carta
..... elaborar una lista con expresiones y vocabulario relacionado con el tema
..... escribir el primer borrador
..... pasar la carta en limpio
..... escribir el segundo borrador
..... corregir la ortografía
..... eliminar ideas iniciales que puedan ser superfluas
..... hacer una lista con los temas e ideas que se quieren tratar en la carta

Compara con tus compañeros/-as. ¿Qué diferencias hay?
¿Cuáles de estos pasos sigues tú cuando escribes una carta?

¿A qué etapas de la vida corresponden las fotos?
1 la infancia   2 la adolescencia   3 la juventud
4 la edad adulta   5 la tercera edad   6 la vejez

¿Con qué etapas de la vida relacionas estos acontecimientos? ¿Por qué?

tener una pareja | aprender idiomas | jubilarse | ir a la guardería
ganar dinero | disfrutar del tiempo libre | primer amor | trasnochar
hacer exámenes | cuidar de los nietos | hacer amigos
irse a vivir solo | viajar a otros países | empezar la escuela | hacer una
práctica | tener hijos | hacer una formación profesional

¿Qué otros acontecimientos pueden ocurrir en estas etapas de la vida? Da
ejemplos basados en tu propia experiencia.

¡Que viva la vida!

EN ESTA UNIDAD VAS A APRENDER A:

- hablar de parentescos
- expresar conflictos y reaccionar
- elaborar una biografía
- hablar de momentos felices
- narrar anécdotas del curso
- interpretar estadísticas

1. ¡Qué bonita familia!

a ¿Qué relación familiar crees que hay entre Yoko y las personas de la foto?
Escribe en las casillas la relación de parentesco entre estas personas y la novia.

27 b Escucha la descripción que hace Yoko de la foto. Comprueba con tus hipótesis de 1a.

27 c Escucha otra vez y corrige las frases.

1 El padre de la novia no sale en la foto porque no pudo venir a la boda.
2 Los novios viven en Japón.
3 La novia tiene un sobrino de un año.
4 La novia no se lleva muy bien con su suegra.
5 La novia tiene dos primos: uno en Suiza y una prima en Alemania.

abuelo, abuela	abuelos políticos

tío, tía	padre, madre	suegro, suegra	tíos políticos

primo, prima	hermano, hermana	YO	cónyuge	cuñado/-a	primos políticos

sobrinos/-as	hijos/-as	yernos, nueras

nietos/-as

d ¿Qué significa para ti la familia? Completa el asociograma.

```
............              ............
       \        ............        /
        ( cambios )      ( eventos )
              \          /
               ( familia )
      /                    \
............      ( .......... )      ............
```

e Añade una pregunta más y entrevista a tu compañero/-a. ¿Tienen algo en común?

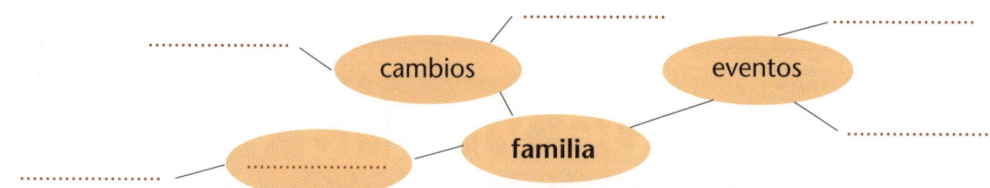

1 ¿Cuántos miembros componen tu familia?
2 ¿A quiénes ves con frecuencia?
3 ¿En qué situaciones u ocasiones ves a tu familia?
4 ¿Qué miembro de tu familia ha tenido un papel importante en tu niñez?
5 ....

parentescos

abuelo/-a materno/-a
abuelo/-a paterno/-a
medio/-a hermano/-a
hermanastro/-a
padrastro / madrastra
un/a pariente lejano/-a

vocabulario

AB 1–2

2. ¡Cómo cambian los tiempos!

a Lee los fragmentos de periódico y subraya los diferentes tipos de familia que se mencionan.

"En épocas anteriores, el apego a la tradición, a preceptos religiosos y el temor al daño a los hijos, eran suficientes para mantener a las parejas bajo el mismo techo.
En México de acuerdo a estadísticas publicadas por el INE, las posturas se han flexibilizado y la relación de divorcios por cada cien matrimonios ha aumentado considerablemente.
Sin embargo, muchas personas deciden volver a reconstituir una nueva familia. En estas familias reconstituidas suelen aportar al menos un hijo de la relación anterior ".

Tan sólo un tercio de las familias chilenas responde al tipo de familia tradicional constituida por el padre, la madre y los hijos. Cabe destacar que las que presentan mayor crecimiento entre los dos últimos censos son las familias monoparentales, y de acuerdo a la última encuesta, las familias monoparentales con jefa de hogar han aumentado en el último tiempo.

En España los expertos coinciden: „En sólo 2 décadas hemos pasado de la familia extendida (abuelos, tíos, padres y niños viviendo juntos) a la nuclear (padre, madre e hijos) y, de ahí, el salto a la monoparental (un solo progenitor, hombre o mujer)", cuenta Alberto Díaz, investigador del Centro de Investigaciones Sociológicas.

b ¿Cuáles de los modelos de familia que marcaste en 2a existen en tu entorno (familia, amigos, etc.)? Describe a una de ellas.

~ *Pues, en mi entorno hay varias familias monoparentales. Por ejemplo, una prima mía se ha divorciado y vive sola con su hija de tres años.*
~ *Ah, yo conozco un caso parecido...*

> **pronombres posesivos**
>
> Cuando se quiere expresar la pertenencia de una persona u objeto a un grupo, se usa el artículo indefinido en combinación con el pronombre posesivo.
> **Un** amigo **mío** adoptó a su hijo.
>
> ¡Fíjate!

AB 3–5

3. Cuestión familiar

a Escucha tres diálogos en los que diferentes miembros de una familia discuten. ¿Cuáles son los motivos de la discusión? Márcalos.

- ☐ la falta de puntualidad
- ☐ la ropa
- ☐ los deberes del colegio
- ☐ el ruido
- ☐ la suegra
- ☐ la educación de los hijos
- ☐ el teléfono
- ☐ las vacaciones

> **temas de discusión**
>
> *hacer* ruido
> *llegar* tarde
> *ponerse/quitarse* la ropa
> no *llevarse* bien con la suegra
> *ponerse de acuerdo* en la educación
> *colgar o descolgar* el teléfono
> *irse* de vacaciones
>
> vocabulario

b Escucha otra vez y marca tres expresiones o frases que se dicen en los diálogos. Compara con tu compañero/-a. ¿Han marcado las mismas?

1. ☐ ¡Qué rollo de música!

2. ☐ Pues yo no pienso bajar más el volumen.

3. ☐ ¡Estoy harto!

4. ☐ Te prometo que no lo vuelvo a hacer.

5. ☐ ¡Mira, que eres pesado!

6. ☐ Mira, ya no puedo más. Me voy.

7. ☐ No te permito que te vistas así.

8. ☐ Perdona, es que tengo tantas cosas en la cabeza...

9. ☐ Te prohíbo que salgas con eso a la calle.

10. ☐ ¡Estoy hasta las narices!

11. ☐ Venga, no te enfades, que no es para tanto.

12. ☐ Te lo he dicho mil veces.

> **expresar prohibición**
>
> *Te prohíbo que **salgas** con eso a la calle.*
> *No te permito que te **vistas** así.*
> *No quiero que **pongas** la música tan alta.*
>
> **¡Fíjate!**

c Marca las frases de 3b que expresan la intención de solucionar un conflicto.

d Piensa en un problema familiar y escribe una frase que abra un posible diálogo. Dáselo a un/a compañero/-a. Este/-a reacciona a la frase que le has entregado. Continúen el diálogo hasta que lleguen a un acuerdo. ¿Cuántas frases de 3b han utilizado?

AB 6–7

¡A LA TAREA! **A** ¡MENUDA FAMILIA!

4. Vamos a crear una familia original.

a Escribe en diferentes papeles cuatro personajes famosos de diferentes edades que te gustaría tener en una familia imaginaria.

b En grupos de tres elaboren con los doce nombres un árbol genealógico.

c Piensen en conflictos que puede haber entre los diferentes personajes y escriban un diálogo para uno de los conflictos.

d Presenten en el curso el árbol y el diálogo. ¿Qué conflicto se soluciona de mejor manera?

5. Experiencias que cambian la vida

a Lee una de las dos biografías y elige tres acontecimientos importantes.

Nombre	Jorge Semprún Maura
Nacimiento	Madrid, 1921
País	España

Novelista y guionista. Nació en una familia de clase alta, muy ligada a la política, su padre fue un intelectual republicano que también tuvo un cargo político al comienzo de la República.

En 1939, al finalizar la Guerra Civil Española, se exilió en Francia. Estudió Filosofía en la Sorbona y participó en la Resistencia francesa. En 1943 fue detenido por la Gestapo y deportado al campo de concentración de Buchenwald. Tras su liberación fijó su residencia en París. En 1952 comenzó a trabajar para el Partido Comunista Español en Francia, del que fue expulsado en 1964. Durante aquel tiempo utilizó el seudónimo de Federico Sánchez en sus desplazamientos a España. No volvió a participar activamente en política hasta que, entre 1988 y 1991, fue nombrado Ministro de Cultura en el gobierno socialista de Felipe González.

Jorge Semprún falleció en París el 7 de junio de 2011, a los 87 años.

Entre su producción literaria destacan títulos como las novelas *El largo viaje* (1963) y *La segunda muerte de Sánchez* (1977) o el ensayo *La escritura o la vida* (1994). Casi todas sus obras las escribió en francés.

Nombre	Consuelo Velázquez Torres
Nacimiento	Jalisco, 1916
País	México

Pianista y compositora mexicana, a quien cariñosamente el público llamaba Consuelito. A los cuatro años, su tío le regaló un pequeño piano, de tal manera que al comenzar la secundaria, ya era pianista. Más tarde se trasladó a Ciudad de México, estudió en la escuela del Palacio de Bellas Artes y se licenció en 1938 como pianista concertista y maestra de música.

Su éxito más conocido *Bésame mucho* lo escribió siendo muy joven y ha sido traducido a más de 20 idiomas y grabado por cientos de famosos artistas como: Pedro Infante, The Beatles, Plácido Domingo, Sara Montiel, Andrea Bocelli, Frank Sinatra o Diana Krall.

Consuelo Velázquez fue diputada entre 1979 y 1982. Su gran defensa de los derechos de autor la llevó también a la presidencia de la Asociación de Autores y Compositores de México y a la vicepresidencia de la organización mundial del gremio. Desde este puesto, nunca antes ocupado por una mujer, emprendió la lucha contra la piratería. Consuelo Velázquez falleció el 22 de enero de 2005, pero sus boleros permanecen.

b Tu compañero/-a te presenta su personaje a partir de los acontecimientos elegidos.

c Marca en los textos todas las expresiones que se utilizan para situar acontecimientos en el pasado. ¿Qué otras conoces?

d Escribe tres fechas importantes de tu vida en un papel y entrégaselo a tu compañero/-a. Él/Ella te hará preguntas para adivinar qué pasó en esos años. Puedes contestar solamente con sí o no.

e Escribe la biografía de tu compañero/-a. Pregúntale antes todo lo que necesites saber.

> **los pasados (1)**
>
> El **indefinido** se utiliza cuando el hablante quiere situar un acontecimiento en un momento del pasado que considera terminado.
>
> El **imperfecto** se utiliza cuando el hablante tiene la intención de describir situaciones o circunstancias en el pasado, es decir, para enmarcar los acontecimientos principales.
>
> ¡Recuerda!

d Juega al tablero con tus compañeros/-as. Tira el dado y si caes en un año del pasado, cuenta lo que hiciste en ese año; si caes en un año del futuro, formula un plan o deseo para el futuro.

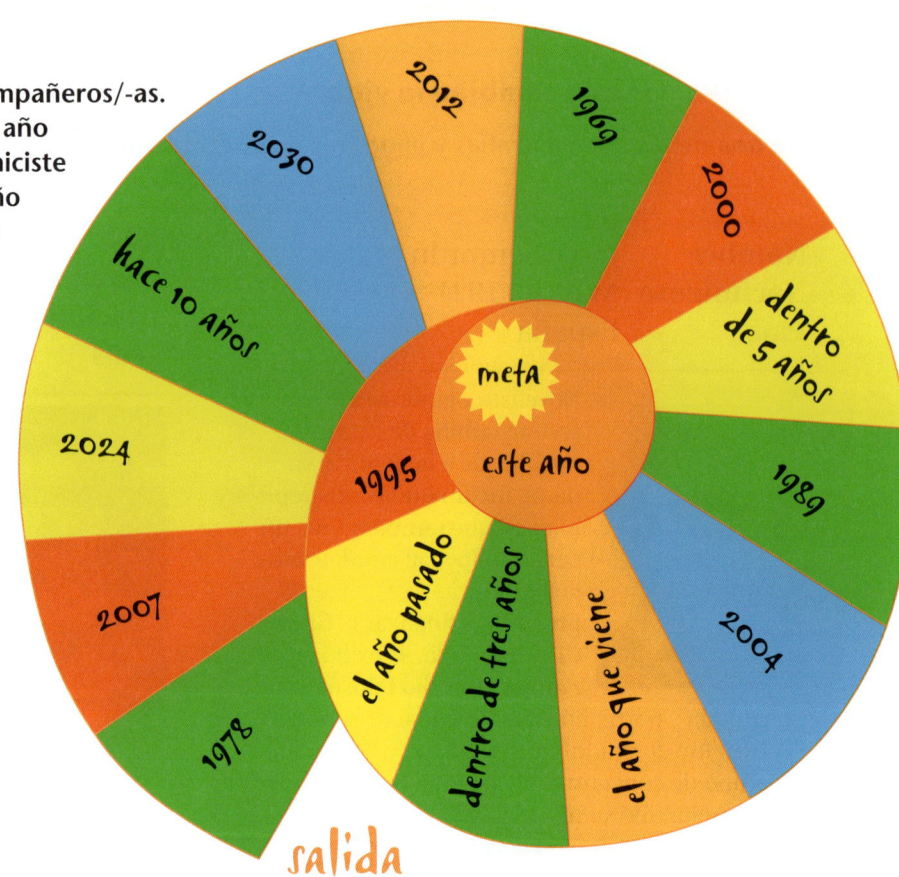

los pasados (2)

El **perfecto** se utiliza cuando el hablante quiere situar un acontecimiento en un momento del pasado que <u>no</u> considera terminado.

El **pluscuamperfecto** se utiliza para expresar un hecho anterior a otro momento del pasado.

¡Recuerda!

AB 8–11

Años en el tablero: 2012, 1969, 2030, 2000, hace 10 años, dentro de 5 años, 2024, 1989, 1995, este año, meta, 2007, 1989, 2004, 1978, el año pasado, dentro de tres años, el año que viene, salida

6. Salud, dinero, amor…

a ¿Qué te ayuda a ser feliz? Ordena según la importancia (1 = es muy importante, 12 = no es importante). Compara después con tus compañeros/-as. ¿Cuáles son los cuatro aspectos más importantes para el grupo?

… el dinero	… la belleza	… la familia	… la salud
… el tiempo libre	… el trabajo	… la juventud	… la naturaleza
… los amigos	… el amor	… la paz	… la religión

b Lee el informe del Centro de Investigaciones Sociológicas. ¿Qué hace felices a los españoles? ¿Y qué no les hace felices?

Según los resultados de un estudio del Centro de Investigaciones Sociológicas (CIS), para ser feliz es indispensable gozar de buena salud, compartir al menos dos horas diarias con la familia, tener dinero y disfrutar de paz interior. Los mayores reveses de fortuna son la escasez, la soledad y el abandono de los valores tradicionales. Para el 10% de los españoles la vida moderna es fuente de insatisfacción. La falta de tiempo libre y el trabajo poco estimulante son factores que provocan infelicidad.

Los datos de la investigación del CIS, que hasta ahora es la más completa sobre felicidad, indican que el 78% de los españoles se considera muy feliz o bastante feliz y sólo el 6% se declara desgraciado. La posición social, el dinero o el trabajo afectan más a la felicidad de los hombres que de las mujeres.

El mismo informe determina que para mujeres y hombres disfrutar de un entorno familiar adecuado es esencial para sentirse realmente feliz.

Otro indicador de felicidad es, según el CIS, la salud. Y en este campo el avance ha sido notorio en los últimos años; los datos del Instituto Nacional de Estadística (INE) dicen que, en menos de un siglo, hemos duplicado la esperanza de vida y, además, el 71% de la población española piensa que su estado de salud es bueno/muy bueno.

c ¿Cuáles de estas informaciones encuentras en el informe? Corrige las falsas.

☐ La situación económica es más importante para los hombres que para las mujeres.

☐ La familia es sobre todo para las mujeres una fuente de infelicidad.

☐ La esperanza de vida se ha triplicado en los últimos cien años.

☐ Más de dos tercios de los españoles considera que goza de buena salud.

d Elige tres actividades que te producen momentos de satisfacción y tres que te hacen feliz. Pregunta a tus compañeros/-as. ¿Cuándo o con qué frecuencia realizan las actividades que han elegido?

..... nadar en el mar
..... un encuentro con un viejo/–a amigo/–a
..... hacer una excursión por la naturaleza
..... enamorarse
..... contratar un seguro antirriesgos
..... jugar al golf
..... recordar momentos de la juventud
..... alimentarse de forma sana
..... conocer gente nueva

..... planear un viaje
..... tomar una copa de champán
..... perder peso
..... ver la tele
..... probar un plato desconocido
..... tomar responsabilidad en la vida social
..... ser admirado/–a por tus amigos
..... hacer carrera en tu trabajo
....

frecuencia

todos los días
una vez a la semana / al mes / al año
a veces
a menudo
muchas veces
de vez en cuando
(casi) siempre / nunca

vocabulario

 AB 12–14

pág. 70

¡A LA TAREA! B MOMENTOS FELICES

7. Vamos a elaborar un carta para el profesor / la profesora.

a Haz una entrevista a tu compañero/-a sobre un momento especial del curso, por ejemplo, un momento divertido o que le produjo satisfacción.

¿Cuándo?
¿Quién o qué?
¿Dónde?
¿Qué pasó?
¿Cómo?

b Resume de forma escrita lo que te ha contado tu compañero/-a.

c Dale el texto a tu compañero/-a para que dé su visto bueno.

d Redacten una carta de despedida para su profesor/a donde se incluyan las dos anécdotas.

La vida en cifras

a **Lee los textos. ¿A qué pirámide se refiere cada uno? Relaciona.**

1 La pirámide de población del conjunto de Europa pone de manifiesto una notable y progresiva disminución de los nacimientos en los últimos 45 años. El perfil es el de una población muy envejecida y que tiende claramente a disminuir en los próximos decenios.

2 La pirámide de población de América Latina presenta una distribución regular, con un estancamiento de nacimientos en los últimos 15 años. La población es más bien joven, y distribuida de forma regular.

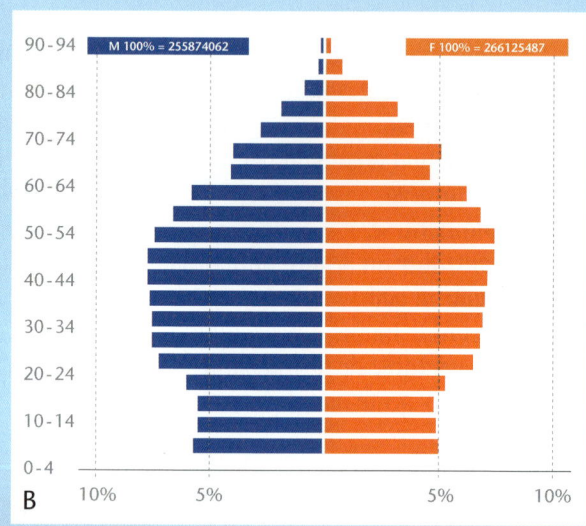

 b **Mira la estadística y elige tres cifras que te han llamado la atención. ¿Por qué?**

	Argentina	Bolivia	Cuba	México
Habitantes en millones (ranking mundial)	41,7 (32)	10,1 (83)	11,0 (74)	113,7 (11)
Edad media	30,5	22,5	38,4	27,1
Pobl. estimada en millones en 2050	57,6	16,8	11,3	143,9

	España	Austria	Alemania	Suiza
Habitantes en millones (ranking mundial)	46,7 (27)	8,2 (93)	81,4 (16)	7,6 (95)
Edad media	40,5	43	44,9	41,7
Pobl. estimada en millones en 2050	49,1	9,5	69,4	9,0

 **c** **¿Qué factores influyen sobre todo en el crecimiento de la población de un país? Haz hipótesis y da ejemplos.**

AB 15

¿Sabías que...?

100 España es el segundo país del mundo en número de personas centenarias, detrás de Japón. Alrededor de 10.000 personas cumplieron 100 o más años en 2010. Un supercentenario es aquella persona que supera la edad de 110 años.

 119 Ana María Pérez González, de 119 años, que tramitaba su Récord Guinness como la mujer más anciana del mundo, falleció en 2009 en la ciudad mexicana de Colima tras una larga existencia en la que tuvo 266 descendientes y vivió, entre otros acontecimientos, la Revolución Mexicana.

LENGUA

Pronombres después del sustantivo

Cuando se quiere expresar la pertenencia de una persona u objeto a un grupo, se usa el artículo indefinido en combinación con el pronombre posesivo. El artículo va delante del sustantivo y el pronombre detrás. Los pronombres posesivos son *mío/-a/-os/-as, tuyo/-a/-os/-as, suyo/-a/-os/-as, nuestro/-a/-os/-as, vuestro/-a/-os/-as, suyo/-a/-os/-as*.

- ■ *Un tío **suyo** se llama Manolo.* (= uno de los tíos del hablante)
- ● *¡Qué casualidad! Mi tío, también.* (= el tío del hablante)

- ■ *Una prima **mía** vive en Alemania.*
- ● *Ah, ¡sí? La mía también.*

→ 3

El uso del subjuntivo (12): expresar prohibición o permiso

Se usa el subjuntivo en oraciones subordinadas cuando se quiere influir sobre otra persona, por ejemplo, dando permiso o prohibiendo algo.

*¡Escúchame bien, **te prohibo que salgas** con ese tipo!*
*¡Venga! **Te dejo que uses** mi ordenador. Pero ten cuidado, no borres nada.*

→ 1.7.2.7

Los pasados: repaso

Se usa el *perfecto* cuando se quiere situar un acontecimiento en un momento del pasado que no se considera terminado: *Últimamente **hemos celebrado** muchas fiestas familiares.*

Se usa el *indefinido* cuando se quiere situar un acontecimiento en un momento del pasado que se considera terminado: *Mi bisabuelo **nació** en Buenos Aires.*

Se usa el *imperfecto* cuando se quiere describir situaciones o circunstancias en el pasado para enmarcar los acontecimientos principales: *Cuando empezó la Guerra Civil, la situación económica del país **era** muy difícil.*
También se usa el *imperfecto* para hablar de costumbres en el pasado: *Cuando éramos más jóvenes, **jugábamos** al tenis.*

Se usa el *pluscuamperfecto,* cuando se quiere expresar un hecho anterior a otro en un momento del pasado: *Cuando se fue a México, Óscar ya **había terminado** sus estudios.*

→ 1

COMUNICACIÓN

Expresar conflictos

- ■ Estoy harta de tu música.
- ● Pues yo no pienso bajar más el volumen.

- ■ Te prohíbo que salgas con eso a la calle.
- ● Mira, que eres pesada. Pero, ¿por qué no te gusta?

Expresar frecuencia

- ■ Oye... ¿Y a tus padres los visitas con frecuencia?
- ● Sí, nos vemos todos los domingos.

Proponer soluciones

- ■ Estoy hasta las narices de mi jefe.
- ● Venga, no te enfades no es para tanto.

- ■ No, ya no me pidas más mi bicicleta. La última vez me la devolviste rota.
- ● ¡Anda, venga! Te prometo que tengo cuidado.

Ya soy capaz de...

Soy capaz de...	😄	🙂	🙁	Unidad 12
hablar de parentescos *Por parte de mi madre tengo .... y* *de mi padre ....*	☐	☐	☐	A1
informar sobre las relaciones en el entorno personal *Una amiga mía ....*	☐	☐	☐	A2
expresar conflictos y reaccionar *¡Estoy ....!* *..*	☐	☐	☐	A3
elaborar una biografía *Él / Ella nació .... y* *unos años después ....*	☐	☐	☐	B5
hablar de momentos felices *Uno de los momentos más felices de mi vida fue..........* *..*	☐	☐	☐	B6
narrar anécdotas del curso	☐	☐	☐	B7

Mi dossier

Escribe en la página de tu blog cómo fue la última celebración familiar a la que fuiste (una boda, un cumpleaños, un aniversario de boda, un bautizo, etc.). Cuenta qué miembros de tu familia estuvieron presentes y quiénes no.

Aprender a aprender

consejo 12

Mis actividades de aprendizaje
A lo largo del curso has conocido y puesto en práctica diferentes actividades para aprender de forma más eficaz.
¿Cuáles te han dado los mejores resultados? Elabora una lista.

	Actividades que me han resultado más eficaces	
	en el curso	**por mi cuenta**
para escuchar	....	....
para leer	....	....
para hablar	....	....
para escribir	....	....

Compara con tus compañeros/-as. ¿Cuáles son las favoritas del grupo?

Humor + metáfora = greguería

1 Lee la definición de "greguería". Después elige tres y explica por qué las has elegido y qué significan.

1 Al cine hay que ir bien peinado, sobre todo por detrás.

2 El amor nace del deseo repentino de hacer eterno lo pasajero.

3 Hay tipos a los que es tan difícil sacarles una idea de la cabeza como el tapón que se ha hundido en la botella.

> Las **greguerías** son textos breves, de normalmente una sola frase, que expresan algún pensamiento de una manera muy sarcástica e ingeniosa. La greguería consiste en describir un objeto, persona, animal o sentimiento a partir del humor y el uso de la metáfora.

7 ENTRE LOS CARRILES DE LAS VÍAS DEL TREN CRECEN FLORES SUICIDAS.

4 El ventilador afeita el calor.

6 La ópera es la verdad de la mentira, y el cine es la mentira de la verdad.

5 AQUEL TIPO TENÍA UN TIC, PERO LE FALTABA UN TAC; POR ESO NO ERA UN RELOJ.

2 Relaciona las primeras partes de las greguerías con su continuación y explícaselas a tus compañeros/-as.

1	El Coliseo en ruinas es	.... a	todo el mal humor del vino.
2	El perfume es	.... b	el peine de los tallarines.
3	En el vinagre está	 c	como una taza rota del desayuno de los siglos.
4	El tenedor es	.... d	como disparar contra la lluvia.
5	Abrir un paraguas es	.... e	el eco de las flores.

3 Crea greguerías con las siguientes palabras. Después compáralas con las originales.

a pulga – guitarrista – perro
b pirámides – jorobado – desierto
c lápiz – sombras – palabras

Ramón Gómez de la Serna Puig

(Madrid, 1888 – Buenos Aires, 1963) fue un escritor y periodista vanguardista español. Su obra literaria está compuesta por ensayos, biografías, novelas y obras de teatro. Es sobre todo conocido por ser el creador de un nuevo género literario, la greguería.

4 Elige un objeto. ¿Qué relacionas con ese objeto? Haz una lluvia de ideas en un papel. Después con esta información crea una greguería sobre el objeto.

Soluciones
2 1c, 2e, 3a, 4b, 5d
3 La pulga hace guitarrista al perro. Las pirámides hacen jorobado al desierto.
El lápiz sólo escribe sombras de palabras.

De viaje por el centro, sur de España y las islas

SALIDA-META

Extremadura

Comunicación
Te sorprende la variedad de paisajes naturales de Extremadura, ¿qué dices?
~ Me soprende que en Extremadura...

Cultura
Mérida, capital de la Comunidad Autónoma de Extremadura, es conocida por...
a. sus ruinas visigodas
b. su teatro romano
c. su mezquita

Objetivo
El objetivo del juego es conseguir el mayor número posible de objetos en una maleta. Gana la pareja que consigue llevarse más objetos después de hacer el recorrido por las Comunidades Autónomas de España.

Número de participantes
Se juega en grupos de cuatro personas. Cada grupo tiene dos parejas.

Material
Cada grupo necesita dos fichas y una moneda.

Instrucciones
Las dos parejas ponen sus fichas en SALIDA-META pero recorren diferentes direcciones. Se juega con una moneda. Se tira la moneda y si se obtiene cruz, se avanza una Comunidad Autónoma. Si se obtiene cara, se avanzan dos Comunidades Autónomas. Entonces se elige una pregunta de las dos y se contesta. Las preguntas son de dos tipos, de comunicación (1 objeto) y de cultura (2 objetos).

Se gana un/dos objeto/s si la pregunta se contesta correctamente. Los/-as compañeros/-as del grupo deciden si las respuestas son correctas o no.

Si se ha contestado correctamente la pregunta, esa pregunta queda eliminada. Si la respuesta no está bien, se puede contestar en otro turno. Se pueden repetir las Comunidades pero no las preguntas que ya están contestadas. El juego termina cuando se llega a SALIDA-META.

Las soluciones se encuentran en la página 75.

Andalucía

Comunicación
Responde completando las respuestas:
¿Para qué juegas a este juego?
a. Para...
b. Para que...

Cultura
¿Qué tres culturas convivieron durante la mayor parte de la Edad Media hasta 1492 en lo que hoy es Andalucía?

Ceuta

Comunicación
¿Cómo se llama la relación de parentesco que tiene el hermano de tu marido/mujer contigo?

Cultura
¿En qué continente se encuentra la ciudad de Ceuta? Contesta sin mirar un mapa.

Castilla – La Mancha

Comunicación
Sugiere a tus compañeros hacer una visita turística a uno de estos destinos turísticos.
a. las casas colgantes de Cuenca
b. las sinagogas de Toledo
c. la ruta de Don Quijote

Cultura
¿Contra qué luchó Don Quijote?
a. contra quesos manchegos
b. contra árboles
c. contra molinos de viento

Valencia

Comunicación
Un/-a compañero/-a no puede ir de viaje contigo a Valencia y expresa una emoción (enfado o tristeza). Reacciona (tranquilizar o expresar empatía).

Cultura
¿Cuál de los tres platos es de origen valenciano?
a. la tortilla
b. la paella
c. el gazpacho

Islas Baleares

Comunicación
¿Cuánto tiempo llevas estudiando español?

Cultura
Nombra tres islas baleares.

Murcia

Comunicación
¿Qué tipo de persona eres en el trabajo? Elige dos y justifica.
a. ambicioso
b. reflexivo
c. flexible
d. armonioso

Cultura
¿Cuál es el dulce típico de esta región?
a. la tarta de Santiago
b. los alfajores de almendra
c. el dulce de leche

Islas Canarias

Comunicación
Nombra cuatro eventos importantes de tu biografía en el pasado.

Cultura
¿Qué es el Teide y en qué isla canaria se encuentra?

Melilla

Comunicación
¿Cómo se dice en español:
„Ein Freund von mir hat Arbeit in Melilla gefunden."?

Cultura
¿Qué es Melilla para la geografía política de España?
a. una ciudad autónoma
b. una comunidad autónoma
c. una provincia

"La última canción de eñe"

1 Lee las estrofas de la canción del cantante canario Arístides Moreno. ¿Quién es "ella"? ¿Cuál piensas que es el tema de la canción? Haz hipótesis con dos compañeros/-as.

> Ella es una cosita chiquita y transparente.
> Que me da la paz. Me deja tranquilitamente.
> Y es como una esencia, y es una necesidad
> Y todos la buscan pa' poderla disfrutar.
>
> ......
>
> Si algún día tú la encuentras, dile que yo también la busco.
> Que si la veo de frente, me voy a morir del gusto.
> Que ella es como una diosa divina y caprichosa.
> Que le encenderé una vela y la llenaré de rosas.
> ¡Y que le pondré un altar sobre toditas las cosas!

31 2 Escucha el estribillo de la canción. ¿Has acertado?

3 Mira los tres dibujos. ¿Qué representan? Discute con tus compañeros/-as.

32 4 Escucha la canción y fíjate en los dibujos de la actividad 3. ¿En qué orden se mencionan los temas de los dibujos?

5 Escribe un breve comentario sobre la canción tomando en cuenta: la letra, la música y la originalidad de la canción. Da tu opinión sobre el tema.

SOLUCIONES JUEGOS

De viaje por el norte y centro de España (pág. 38–39)

Galicia   COM.: No estoy de acuerdo con que + *subjuntivo*   CULT.: Santiago de Compostela

Asturias   COM.:... publicó... *(pretérito indefinido)* y ... publica... *(presente histórico)*   CULT.: Picos de Europa

Cantabria   CULT.: b

País Vasco   COM.: Para mí lo más difícil del español es la gramática.   CULT.: a

Navarra   COM.: ... palabras nuevas *aunque* a veces...   CULT.: una fiesta en honor a San Fermín, que se celebra en la ciudad de Pamplona en el mes de julio y que es conocida por los encierros de los toros.

Aragón   COM.: deseo que + *subjuntivo*   CULT.: c

Cataluña   COM.: Te deseo que / Espero que / Ojalá que + *subjuntivo*   CULT.: Gaudí, Dalí, Brossa, Miró, Tàpies…

La Rioja   COM.: se debe usar el futuro   CULT.: b

Madrid   COM.: vuelva   CULT.: la movida

Castilla y León   COM.: Busco una casa que + *subjuntivo*   CULT.: Toledo

De viaje por el centro, sur de España y las islas (pág. 72–73)

Extremadura   COM.: Me sorprende que en Extremadura... + *subjuntivo*   CULT.: b

Castilla – La Mancha   CULT: c

Valencia   CULT.: b

Islas Baleares   COM.: Desde hace + *tiempo*, desde + *fecha*, hace + *tiempo*, *cantidad de tiempo*

Islas Canarias   COM.: *acontecimientos y hechos pasado en pretérito indefinido, hechos habituales y descripciones en pretérito imperfecto.*   CULT: El Teide es un volcán y la montaña más alta de España (3718 m). Está en la isla de Tenerife.

Murcia   CULT.: b

Melilla   COM.: Un amigo mío ha encontrado trabajo en Melilla.   CULT: a

Andalucía   COM.: para + *infinitivo*, para que + *subjuntivo*   CULT.: la cultura cristiana, la árabe y la judía

Ceuta   COM.: cuñado   CULT.: África

Unidad 8, ENTRE CULTURAS, pág. 24:

Evaluación de las respuestas:

De 8 a 13 puntos
Tu familia y tu hogar son muy importantes para ti por lo que seguramente te será muy difícil vivir sin ellos. Por eso, te aconsejamos que busques más oportunidades en tu propio país antes de irte al extranjero.

De 14 a 19 puntos
Eres una persona muy cautelosa y te gusta planificar bien todo antes de emprender algo nuevo. Si de verdad estás pensando en irte al extranjero, te recomendamos que te vayas a un país donde encuentres la seguridad que buscas. Es conveniente que hables ya la lengua del lugar a donde vayas.

De 20 a 24 puntos
Eres una persona muy independiente y, aunque tu familia y tu patria son muy importantes para ti, estás listo/-a para vivir una nueva experiencia en otro país. ¡Feliz viaje!

Unidad 7

A

1 Palabras, palabras*

a Lee las palabras. ¿De qué lengua crees que vienen? Clasifícalas en tu cuaderno.

> chalé | tomate | chatear | bricolaje | cáterin | portafolio | hamaca
> váter | canoa | jazz | escáner | ballet

anglicismos   americanismos   galicismos

                                                                 chalé
....

b Anota junto a cada palabra qué te ha ayudado a responder la pregunta.

1 = Existen también en mi lengua materna.
2 = Lo sabía porque conozco otras lenguas.
3 = Me lo imaginaba por cómo suenan o se escriben.

c Fíjate en cómo se escriben las palabras de 1a en sus lenguas de origen y compáralas con sus correspondientes en español. ¿Cómo se han adaptado?

> chalet | tomatl | chat | bricolage | catering | portefeuille | hamaka
> water-close | kanoa | jazz | scanner | ballet

a = Se ha adaptado a la grafía española.
b = Se han traducido.
c = Mantienen la grafía original pero se pronuncian según
       las reglas de la pronunciación española.

2 Variedad de diccionarios

a ¿A qué diccionario corresponde cada entrada?

> 2
> **chulo, -la** *s.* 1 majo, guapo.
> 2 valentón, perdonavidas *(col.)*, chulapo,
> chuleta *(col.)*, terne *(col.)*
> 3 rufián, proxeneta, macarra. ≠ delicado, correcto.

> **Botero, Fernando** Pintor y escultor colombiano *(Medellín, 1932)*. Su obra se encuadra en el expresionismo figurativo. A través de sus obras, caracterizadas por la obesidad de sus personajes, intenta hacer crítica irónica y sutil de la sociedad de su tiempo. Entre sus cuadros merecen mención: Obispos muertos *(1965)*, Dictador tomando chocolate *(1969)*, Familias con animales colombianos *(1970)*, Muerte de Ramón Torres *(1986)*. Su obra ha tenido grandes reconocimientos, como la exposición de sus esculturas en los Campos Elíseos de París *(1992)* y en la Quinta Avenida de Nueva York *(1993)*.
> 1

> **siezen** ['zi:tsən] *vt* tratar de usted;
> **sie ~ sich** se tratan de usted
> 3

> **mar** Este sustantivo se utiliza generalmente como masculino: *el mar Mediterráneo;* aunque la gente de mar suele usarlo como femenino: *el color de la mar.* También se utiliza como femenino en la expresión **la mar de,** con el significado de 'mucho, muchas cosas': *Es la mar de listo.*
> 4

a diccionario bilingüe   ....   c diccionario de dificultades o dudas   ....
b diccionario enciclopédico ....   d diccionario de sinónimos y antónimos   ....

* Las nuevas palabras de la parte del libro de ejercicios (págs. 76–127) no están registradas
  en la *Wortliste nach Lektionen*. Para practicar el uso del diccionario proponemos averiguar
  su significado utilizando uno.

b ¿Qué diccionario usarías en estos casos? Completa.

1 Si no sé cómo utilizar una palabra, usaría un diccionario ....

2 Para saber cómo se dice una palabra de mi lengua en otro idioma usaría un diccionario
....

3 Si quiero buscar una palabra que signifique lo mismo para no tener que repetirla en un texto,
usaría un diccionario ....

4 Para buscar información sobre un personaje o hecho histórico usaría un diccionario
.... ¡o Wikipedia!

3 Usando el diccionario

**a Lee las definiciones de la palabra *guagua* que aparecen en un diccionario.
¿Son las afirmaciones 1 – 5 verdaderas (V) o falsas (F)?**

	V	F
1 No en toda Hispanoamérica se le llama guagua al autobús.	☐	☐
2 Guagua (1) es un sustantivo masculino.	☐	☐
3 En algunos países hispanoamericanos se usa la palabra guagua como sinónimo de bebé.	☐	☐
4 La abreviatura *coloq.* significa coloquial.	☐	☐
5 Estas definiciones aparecen en un diccionario de sinónimos y antónimos.	☐	☐

> **guagua**[1] *s. f.* **1** Cosa sin importancia **2** *(Cuba)* Nombre de diversas especies de insectos hemípteros que dañan los árboles frutales **3** *(Canarias, Antillas)* Autobús de servicio urbano e interurbano. **guagua**[2] *(del quechua huahua, Amér. Andes.)* Niño de pecho. *coloq.*

**b Las siguientes abreviaturas y símbolos aparecen en las entradas de los diccionarios que
se han visto en esta unidad. ¿Qué significan?**

1 s.	6 gr.	11 SIN. ....
2 col.	7 lat.	12 ANT. ....
3 conjug.	8 vt	13 adj. ....
4 v.	9 m.	14 Hispam. ....
5 f.	10 n.	15 Amér. ....

**4 Diccionarios para todos los gustos. Marta se ha comprado un nuevo diccionario.
Ahora habla del tema con sus compañeros de clase. Escucha y marca la opción correcta.**

33

a ¿Qué tipo de diccionario se ha comprado Marta?

☐ un diccionario especializado ☐ un diccionario de bolsillo

☐ un diccionario electrónico ☐ un diccionario enciclopédico

b Lo que <u>más</u> le gusta a Marta de su nuevo diccionario es que…

☐ pesa muy poco ☐ sirve para seis lenguas ☐ enseña a pronunciar

c Y los compañeros de Marta, ¿están de acuerdo con ella?

☐ sí ☐ no

7

5 Un poco de historia. Lee el texto y complétalo con las expresiones.

a bilingües y temáticos d los neologismos g un listado de las palabras
b herramienta de consulta e un repertorio moderno
c compilaciones de palabras f la información histórica

Breve historia del diccionario

Quizá los utiliza más de dos veces por semana porque ayuda a resolver dudas, principalmente, sobre las palabras y sus significados: ¿cómo se escriben?, ¿de qué otra lengua derivan?, ¿qué quieren decir? Pero, ¿alguna vez se ha preguntado a quién se le ocurrió hacer este tipo de libros, y cómo serían las cosas si no contáramos con ellos como .... (1)?

Se dice que las primeras .... (2) que se hicieron —a modo de diccionario— fueron ordenadas por un rey asirio que tenía un nombre parecido a un trabalenguas: Assurbanipal. En Grecia, la primera compilación de este tipo fue llamada Lexicón y fue obra de Apolonio, un filósofo que en el siglo III a. C. hizo .... (3) que utilizó el poeta Homero en La Ilíada y en La Odisea. Posteriormente, sobrevino un primer intento por

hacer una catalogación de las palabras de la lengua árabe según criterios como el sonido.
A esos documentos, en Nuestra Era se fueron sumando otros diccionarios en lenguas como la francesa, la italiana, la rusa, la alemana y la española: así se confeccionaron diccionarios .... (4) que, básicamente, trataban términos específicos de disciplinas como la botánica, la medicina, la astronomía y la filosofía.
Y hablando específicamente del español, fue a principios del siglo XVII cuando Sebastián de Covarrubias publicó el Tesoro de la lengua castellana o española, primer diccionario en contener toda .... (5) sobre las palabras que entonces se utilizaban. Un siglo más tarde, en el XVIII, se publicó el rey de los diccionarios en español: el Diccionario de la Lengua Española,

primera edición de la Real Academia Española. El propósito fue crear .... (6) basado en el criterio de autoridad de los autores literarios más reconocidos de entonces. Las cuatro mil páginas de esa edición estuvieron listas tras veinte años de trabajo.
Con el pasar de los años, a la obra se le han quitado palabras y agregado otras que han sido tomadas de la literatura, el lenguaje coloquial o las lenguas indígenas de los países hispanohablantes, (…) sin olvidarnos de .... (7), que nombran innovaciones técnicas y avances científicos.
Esta obra, de consulta obligatoria para quienes hacemos uso del español, se transforma y enriquece al ritmo de la lengua que, como sabes, es parecida a un organismo vivo, en el sentido de que cambia día a día.

6 No estoy de acuerdo con lo que dices…

estoy ▮ verdad ▮ igual
qué ▮ razón ▮ eso
comparto ▮ mismo

a Completa las expresiones con la palabra adecuada y después clasifícalas según expresen acuerdo (1) o desacuerdo (2).

1 Tienes .... (......)
2 Yo no opino lo................ . (......)
3 Sí, es .... (......)
4 .... tu opinión. (......)
5 ¡No, ... va! (......)
6 .... de acuerdo contigo. (......)
7 Yo pienso .... que tú. (......)
8 No estoy de acuerdo con .... (......)

b Completa con las expresiones anteriores sin repetirlas. Ten en cuenta si la continuación expresa acuerdo o desacuerdo.

1 ▪ Los diccionarios electrónicos no son tan eficaces como se dice.
   ● .... Yo creo que son tan rápidos y confiables como los diccionarios convencionales.
   ◆ .... Los diccionarios electrónicos son cada vez mejores.

2 ▪ En mi opinión, para saber el significado de una palabra lo mejor es consultar un diccionario monolingüe.
   ● .... Yo también pienso que así se aprende más.
   ◆ .... Lo primero es buscar el significado en tu lengua.

7 Discusión. ¿Indicativo o subjuntivo? Subraya la opción correcta.

- ¡Estás exagerando...! No es verdad que los diccionarios online *son / sean* (1) tan malos.
- ¡¿Que no es verdad que muchas veces te *dan / den* (2) respuestas incorrectas?!
  Yo solo confío en los diccionarios tradicionales de siempre, esos de papel.
- ◆ Pues, yo no creo que los diccionarios convencionales *son / sean* (3) tan completos.
  En mi opinión, cuando tenemos dudas sobre una palabra o expresión, lo mejor *es / sea* (4)
  preguntarle a un nativo.
- Estoy de acuerdo contigo, pero también pienso que los diccionarios online
  nos *facilitan / faciliten* (5) mucho el trabajo.

8 ¿Y tú, estás de acuerdo o no? Escribe tu opinión sobre <u>una</u> de las afirmaciones que se expresan en las actividades 6b o 7.

9 Preguntas y respuestas

B

a Selecciona los pronombres interrogativos y los verbos adecuados para formular la pregunta.

| qué ∎ quién ∎ quiénes ∎ cómo |
| cuándo ∎ cuánto ∎ dónde |

| conquistaron ∎ escribieron |
| se incorporaron ∎ publicó ∎ fundaron |
| ~~vivían~~ ∎ se quedaron |

1 ∎ ¿ *Quiénes vivían* .... en la Península Ibérica antes de la conquista de los romanos?
2 ∎ ¿ *Cuándo conquistaron* ... los romanos el territorio ibérico?
3 ∎ ¿ *dónde fundaron* .... los visigodos la capital de su reino?
4 ∎ ¿ *cuánto* .... tiempo *se incorporaron* ...los árabes en la Península Ibérica?
5 ∎ ¿ *qué es que se publicó* ...... en el siglo X en el Monasterio de Silos y de San Millán de la Cogolla?
6 ∎ ¿ *qu* .... en 1492 la Primera Gramática Castellana?
7 ∎ ¿ .... *escribieron* ...... al castellano las primeras palabras indígenas americanas?

b Lee las respuestas. ¿A qué pregunta de 9a corresponde cada una?

a ..... ● En Toledo.
b ..... ● Antonio de Nebrija.
c *1* ● Los íberos y los celtas, y también había colonias de griegos y fenicios.
d ..... ● Los primeros textos en castellano.
e ..... ● Con los viajes de Cristóbal Colón a ese continente.
f ..... ● Hacia el año 200 a.C.
g ..... ● Ocho siglos.

10 Repasando los pasados

a Lee la biografía de Antonio de Nebrija y sustituye el verbo en presente por un tiempo del pasado adecuado (pretérito indefinido o imperfecto).

Antonio de Nebrija, uno de los grandes humanistas del Renacimiento y ciertamente el más grande de España, conquistó un lugar de honor en la historia de la lengua española como autor de la primera gramática española (1492) y el primer diccionario de nuestra lengua (1495). Fue filólogo, historiador, pedagogo, gramático, astrónomo y poeta.
Nacido en 1444 en Lebrija, en la provincia de Sevilla, *empieza* *empiezó* .... (1) sus estudios a los 15 años en la Universidad de Salamanca, donde *se gradúa* *se graduó* ... (2) cuatro años más tarde en Retórica y Gramática.
Tras recibir su diploma, *viaja* *viajó* .... (3) a Italia y *se inscribe* *se inscribió* ... (4) en la Universidad de Bolonia, donde *se dedica* *se dedicó* ...(5) a la Teología, al latín, al griego y al hebreo.

Allí aprendió también Medicina, Derecho, Cosmografía, Matemáticas, Geografía, Historia y, por supuesto, la Gramática, materia en la que tuvo como maestro a Martino Galeotto.

En 1470, Nebrija *vuelve* ....*vuelvió*.... (6) a España como portador del humanismo renacentista, que en Italia *está* ....*estaba*.... (7) mucho más avanzado que en España, donde la Inquisición *persigue* ....*persiguió*.... (8) las nuevas ideas.

En 1475 se fue a Salamanca, decidido a revolucionar la enseñanza del latín en España. Con ese fin, publicó en 1481 "Introductiones latinae", que sirvió como texto de los estudiantes de esa lengua hasta el siglo XIX.

Sorprendido por el gran éxito de su obra, Nebrija *se dedica* ....*se dedicó*.... (9) a la tarea de traducirla a la "lengua vulgar", como *se llama* ....*se llamaba*....(10) por entonces al castellano.

En 1490 *recibe* ....*recibió*.... (11) el cargo de cronista real, en el que *permanece* ....*permaneció*....(12) hasta 1509, cuando *decide* ....*decidió*.... (13) volver a Salamanca como catedrático de Retórica.

En la vieja universidad donde había comenzado sus estudios, sus colegas le impidieron concursar en la cátedra de Gramática, por lo que decidió abandonar Salamanca y volver a Sevilla. Pero su permanencia en Andalucía duró menos de un año; lo llamaron a la Universidad de Alcalá, donde enseñó retórica y escribió un texto de esa disciplina, además de terminar sus gramáticas y léxicos.

Lo más importante de su obra se completó en la última década del siglo XV, con su Gramática de la Lengua Castellana y sus dos diccionarios de latín y castellano. La Gramática de Nebrija *inspira* ....*inspiró*.... (14) el surgimiento de una serie de obras similares en toda Europa.

Nebrija *muere* ....*murió*.... (15) en Alcalá de Henares el 5 de julio de 1522.

b **¿Qué personalidades crees que fueron importantes en el desarrollo de tu lengua materna? ¿Por qué? Busca información sobre una de ellas y escribe un breve texto.**

11 **Arabismos. Relaciona las palabras con la definición correspondiente.**

1 alfombra ..... a Es una flor muy olorosa que nace del arbusto del mismo nombre. Muchas mujeres se llaman así.

2 albañil ..... b Presidente del ayuntamiento de la ciudad, municipio o pueblo.

3 alcoba ..... c Especie de cojín donde se apoya la cabeza para dormir.

4 jazmín ..... d Oficina en las fronteras de los países para controlar el tráfico humano y de mercancías.

5 alcalde ..*1*.. e Tejido con que se cubre el suelo para protegerlo o decorarlo.

6 aduana ..... f Obrero de la construcción.

7 almohada ..... g Condimento que se obtiene del estigma de una flor. Esta especie es imprescindible en una paella.

8 azafrán ..... h Dormitorio.

12 **Extranjerismos**

a **En cada grupo hay una palabra que no corresponde. Encuéntrala y táchala.**

1 Italianismos: charlar, bufón, ganso, bancarrota, ópera, novela
2 Helenismos: frase, estadio, átomo, crisis, amateur, atmósfera
3 Germanismos: alcohol, botín, guerra, jabón, brindis, chucrut
4 Latinismos: currículo, foro, filial, libro, mes, claxon
5 Americanismos: huracán, dilema, canoa, cacique, barbacoa

b **Algunas de las palabras de 12a tienen también en alemán el mismo origen. Busca cinco ejemplos. ¿Significan lo mismo que en español?**

bancarrota → Bankrott, ...

34

13 **Falsos amigos**

a **Escucha el diálogo entre Klaus y Clara, su colega española, y responde verdadero (V) o falso (F).**

	V	F
1 Klaus le ha comprado un regalo de Navidad a Clara.	☐	☐
2 Clara piensa que Klaus ha elegido bien el regalo.	☐	☐
3 Clara no cree que Klaus tenga una nieta.	☐	☐
4 A Klaus le duele la cabeza.	☐	☐
5 A Klaus le gusta que Clara le corrija su español.	☐	☐

34

b **Durante la conversación de Klaus y Clara se ha producido un malentendido. Escúchala otra vez y explica en una frase lo que ha pasado.**

....

c **En cada par de frases hay una en la que la palabra marcada se usa incorrectamente. Descúbrela y con ayuda de un diccionario bilingüe busca una palabra más adecuada para sustituirla.**

1 a Y como ~~desierto~~ vamos a tomar crema catalana. *postre*
  b Los beduinos son árabes nómadas que viven en *el desierto*. ....

2 a En su juventud fue *dirigente* sindical. ....
  b Mira, ahí llega *el dirigente* de la orquesta. El concierto va a empezar. ....

3 a Creo que mejor guardas esos documentos en *el tesoro*. Son importantísimos. ....
  b La película trata de unos aventureros que van en busca de *un tesoro*. ....

4 a En *el camino* a casa me encontré con Daniel. Te envía saludos. ....
  b Hace mucho frío. Voy a traer leña para encender *el camino*. ....

5 a Prepárense chicos, que les tengo una estupenda *noticia*… ....
  b Frank ha tenido que salir urgentemente, pero te ha dejado *una noticia*. ....

14 **Impresiones**

a **¿De tu país, qué crees que es…?**
Teniendo en cuenta los temas que se proponen, explícalo brevemente.

costumbres y tradiciones...
• lo más interesante:
• lo más extraño:
• lo más divertido:

geografía y clima...
• lo mejor:
• lo peor:
• lo más bonito:

sociedad...
• lo más positivo:
• lo más difícil:
• lo más preocupante:

b **Haz memoria de un viaje a otra ciudad o país y escribe algunas de tus impresiones sobre la lengua, la gente, las costumbres, la comida, el paisaje, etc., usando** *lo que más me gustó / interesó / impresionó / extrañó / molestó / sorprendió / chocó…*

Estuve en Chile en el 2005, y lo que más me impresionó fue la inmensidad del desierto de Atacama. Es el lugar más sorprendente que he visto…

15 Valora estas afirmaciones de 1 a 5 (1 = no estoy nada de acuerdo, 5 = estoy totalmente de acuerdo). Justifica tu respuesta usando expresiones de opinión, acuerdo o desacuerdo.

	1	2	3	4	5
a ■ "En clase se puede aprender mucho de los demás."	☐	☐	☐	☐	☐
b ■ "Los diccionarios convencionales tienen los días contados."	☐	☐	☐	☐	☐
c ■ "En el aprendizaje de una lengua lo más importante es la gramática."	☐	☐	☐	☐	☐

16 Polémica

a   Lee la noticia y selecciona el titular que mejor resume el contenido del texto.

1   ☐ **EL DEFENSOR DEL PUEBLO ADMITIÓ QUE LOS ALUMNOS PUEDEN TUTEAR AL PROFESOR, SOLO SI ESTE LO PERMITE**

2   ☐ `El Defensor del Pueblo propone eliminar el tuteo en las aulas para acabar con la violencia escolar`

3   ☐ El Defensor del Pueblo afirma que tutear a los profesores no les permite hacer bien su trabajo

El Defensor del Pueblo manifestó este jueves en el Congreso de los diputados que el tuteo a los profesores es la introducción a una falta de respeto: "cuando éramos pequeños, los profesores nos llamaban de usted a los que éramos niños, y los niños, por supuesto, llamábamos de usted a los profesores. Se establecía la necesaria diferencia que debe existir entre el enseñante y el enseñado. Y eso hay que aceptarlo", explicó y añadió "afortunadamente los viejos tiempos del autoritarismo han desaparecido bajo la libertad", pero "la autoridad hay que mantenerla" en las clases y para ello es necesario "imponer una disciplina", que, precisó, "debe estar alejada del autoritarismo".
El Defensor del Pueblo, Enrique Múgica, explicó que el primer paso para acabar con la violencia en la escuela es fomentar el respeto en las aulas, para lo cual propone eliminar el tuteo entre alumnos y profesores.

b   Estas son las reacciones de dos "blogueros" a la noticia anterior. ¿Están de acuerdo con el Defensor del Pueblo? ¿Cómo lo expresan? Subraya las expresiones de acuerdo o desacuerdo.

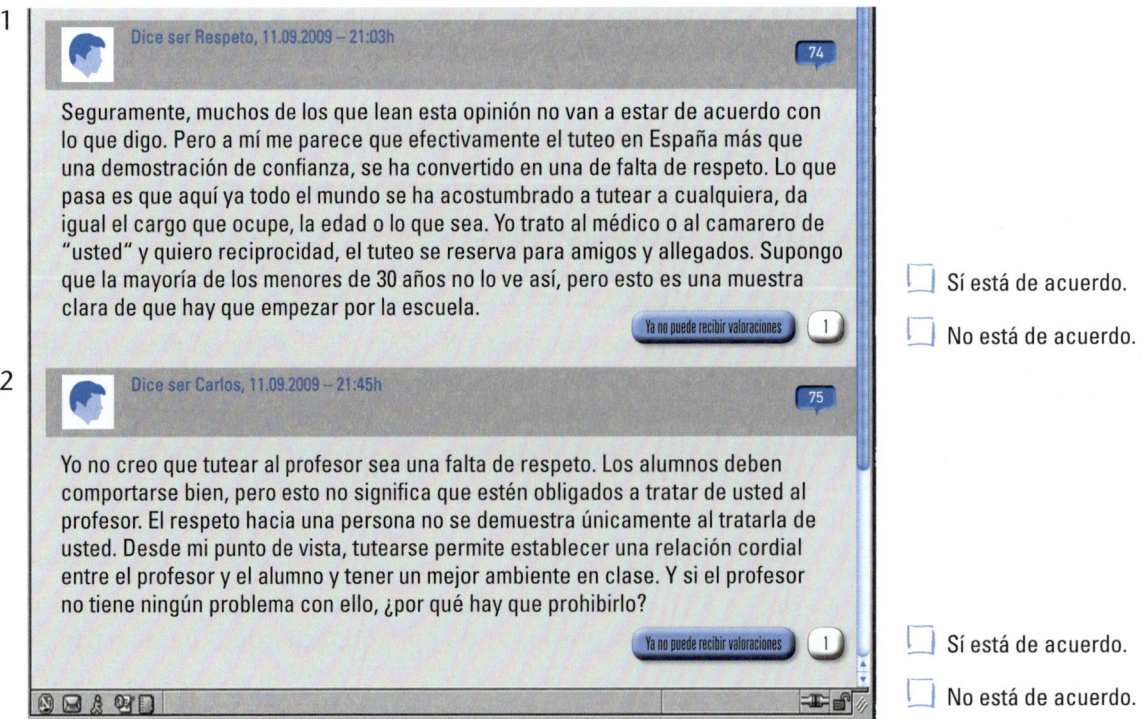

1   Dice ser Respeto, 11.09.2009 – 21:03h   74

Seguramente, muchos de los que lean esta opinión no van a estar de acuerdo con lo que digo. Pero a mí me parece que efectivamente el tuteo en España más que una demostración de confianza, se ha convertido en una de falta de respeto. Lo que pasa es que aquí ya todo el mundo se ha acostumbrado a tutear a cualquiera, da igual el cargo que ocupe, la edad o lo que sea. Yo trato al médico o al camarero de "usted" y quiero reciprocidad, el tuteo se reserva para amigos y allegados. Supongo que la mayoría de los menores de 30 años no lo ve así, pero esto es una muestra clara de que hay que empezar por la escuela.

Ya no puede recibir valoraciones   1

☐ Sí está de acuerdo.

☐ No está de acuerdo.

2   Dice ser Carlos, 11.09.2009 – 21:45h   75

Yo no creo que tutear al profesor sea una falta de respeto. Los alumnos deben comportarse bien, pero esto no significa que estén obligados a tratar de usted al profesor. El respeto hacia una persona no se demuestra únicamente al tratarla de usted. Desde mi punto de vista, tutearse permite establecer una relación cordial entre el profesor y el alumno y tener un mejor ambiente en clase. Y si el profesor no tiene ningún problema con ello, ¿por qué hay que prohibirlo?

Ya no puede recibir valoraciones   1

☐ Sí está de acuerdo.

☐ No está de acuerdo.

c   ¿Y cuál es tu opinión al respecto? Escribe un texto para el blog.

17 **a** Lee los textos y fíjate en las palabras subrayadas. ¿Qué significan?

1 **MADRID Se alquila.** Piso exterior: 4ª planta, 90m², 3 hab., salón-comedor, 2 bñs., coc. amueblada, calef., asc., junto a la <u>Avda.</u> de la Constitución.

4
Tel.: 91-5083350 · Fax: 91-5083456 · e-mail: ascle@terra.es

Farm. Asclepio
<u>Lda.</u> Ana Pérez Castro

<u>Pza.</u> San Juan, 8
28044 Madrid

www.asclepio.com

2 "En las <u>págs.</u> 4 y 5 de libro pueden encontrar el nombre en español de algunos animales mamíferos, <u>p. ej.</u>, la ballena, la vaca, la oveja...

5 Estimado <u>Sr.</u> López:
Nos alegra poder comunicarle que <u>Ud.</u> ha sido el ganador de un viaje para dos personas a la <u>Rep.</u> Dominicana. Le rogamos se ponga en contacto con nosotros lo antes posible. (…)

3 IMPORTANTE HALLAZGO ARQUEOLÓGICO EN EXTREMADURA
"Según la <u>Dra.</u> Clara Luz García, se han encontrado cerca de Mérida restos de época romana que la experta arqueóloga data del siglo II <u>a. C.</u> y del siglo I <u>d. C.</u> (…)"

b Completa la regla.

abreviaturas

- La **abreviatura** consiste en eliminar algunas de las letras o sílabas de la escritura completa de la palabra. Por eso, termina siempre con un punto, por ejemplo, *izq.* (→ izquierdo/-a), *Sra.* (→ señora), ... (→ ....) y .... (→ ....).
  A veces también se utiliza la "barra": c/.
- Normalmente se encuentra este tipo de palabras abreviadas en entradas de diccionarios, en los encabezados de las cartas, en direcciones, en anuncios de pisos o de trabajo, etc.
- Las abreviaturas **se pronuncian** como la forma completa de la palabra abreviada, así, para *cap.* se dice *capítulo*.
- Las abreviaturas pueden tener **forma masculina y femenina**, por ejemplo, *Ilmo. / Ilma.,* .... / *Sra..*
- A veces es posible encontrar el femenino con una "a volada" *Prof.ª, Dir.ª*
- Por lo general, las abreviaturas en **plural** tienen -s o -es al final, por ejemplo, *caps., Sres.,* .... También es posible encontrar las letras duplicadas, así *pp.* (páginas).
- En algunos casos existen dos o incluso tres **formas distintas** de abreviatura para la misma palabra como en *izq. / izdo. / izqdo., Av. / Avd. /* ...., *p. / pg. /* ...., *tfno. / teléf. /* ...., o *pl. /* ....

¡Fíjate!

c Relaciona las abreviaturas con su palabra o palabras completas.

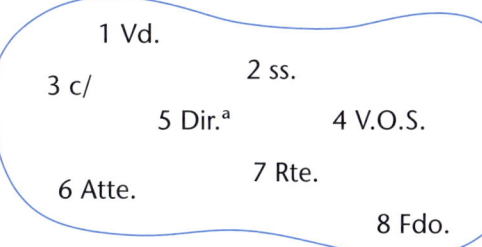
1 Vd.
3 c/
2 ss.
5 Dir.ª
4 V.O.S.
6 Atte.
7 Rte.
8 Fdo.

.... siguientes
.... Remitente
.... Directora
1 Usted
.... Atentamente
.... Calle
.... Firmado
.... Versión original subtitulada

d Busca más ejemplos de abreviaturas en la Unidad 7. ¿Conoces alguna más?

....

Unidad 8

A

1 Cantidades

Lee las frases, señala las que <u>no</u> se corresponden con el gráfico y corrígelas.

☐ a Inglaterra recibió en el 2008 un tercio menos de inmigrantes que Francia. ....
....

☐ b Suiza recibió casi la mitad de inmigrantes que Alemania. ....

☐ c España recibió casi el triple de inmigrantes que Austria. ....

☐ d Francia recibió la mitad de inmigrantes que Suiza. ....

☐ e España fue el país que recibió el mayor número de inmigrantes. ....
....

700.000
600.000
500.000
400.000
300.000
200.000
100.000
0

Inglaterra | Suiza | España | Francia | Alemania | Austria

2 Vivir en otro país

a Completa el texto con las expresiones.

> aprender otra lengua ▌ algún trabajo ▌ cultura materna ▌ calidad de vida
> abierta y cálida ▌ estancia de prácticas ▌ intención de quedarse

Leo K. tiene 22 años y vive en España desde el pasado agosto. Su .... (1) como
profesor de ciclo Infantil en el Colegio Alemán, en Esplugues, terminará el agosto próximo, pero tiene
.... (2) si encuentra .... (3) tras el verano.
"Me gusta Barcelona porque puedo .... (4) y la
.... (5) es mejor que en Alemania. La cultura es más libre y rica, la oferta
de actividades es muy amplia, siempre hay vida en la calle y la gente es más
.... (6) que en mi país."
Asegura que ha encontrado muchos alemanes en Barcelona, que se conocen por la calle, en bares
y restaurantes o en la playa mismo, pero que prefiere relacionarse con españoles y catalanes para
aprender idiomas y salir de su .... (7), la alemana.

b Lee otra vez el texto de 2a y señala si las afirmaciones son verdaderas o falsas.

	V	F
1 Leo lleva varios años viviendo en España.	☐	☐
2 A Leo le gustaría quedarse más tiempo en España.	☐	☐
3 Leo quiere aprender otras lenguas.	☐	☐
4 Por su cultura materna, a Leo le resulta difícil relacionarse con los españoles.	☐	☐

35–38

3 Yo quiero vivir en…

a Cuatro personas hablan de los países donde les gustaría vivir. Escúchalas y anota dónde les gustaría vivir y por qué.

b Y a ti, ¿te gustaría vivir en el extranjero? ¿En qué país? ¿Por qué?

4 Razones para emigrar. Lee los textos y completa las fichas.

a  Una de las primeras sorpresas que la informática gallega Blanca Espinosa se llevó al llegar a Berlín, fue comprobar que la vida es más barata que en su ciudad y que se gana más. Hace unos meses pidió un año sabático en la empresa en la que trabajaba para venirse a Alemania, pero seguramente no regrese cuando se cumpla el año.
"Me marché porque aquí las condiciones de vida y trabajo son mejores. En España ganaba 1.650 euros al mes y aquí gano el doble. Además tienen más vacaciones, horarios flexibles y si trabajas horas extras luego te las reponen. No sé, no pienso quedarme toda la vida pero sí unos tres o cuatro años."

Nombre: ....
Nacionalidad: ....
Profesión: ....
Motivos de la estancia en Alemania:

....
....
Tiempo que va a permanecer en este país:

....

Nombre: ....
Nacionalidad: ....
Profesión: ....
Motivos de la estancia en España:

....
....
Tiempo que va a permanecer en este país:

....

El hamburgués Martin Lorenz, b de 33 años, se trasladó a Barcelona a finales de 2005 y dos años más tarde fundó una agencia de diseño gráfico especializada en tipografía.
"Vivimos un tiempo en Dinamarca y en Holanda, pero mi mujer es de Cataluña y al final decidimos venir a España e instalarnos indefinidamente en Barcelona. Ganar dinero aún es más fácil en Alemania, pero aquí podíamos tener éxito con un taller recién creado y aportar cosas nuevas al mundo del diseño, porque apenas nadie hacía tipografía en plan profesional. Esta ciudad nos da más oportunidades como creadores".

5 Deseos. ¿Qué le(s) deseas? Relaciona.

1 Estoy muy cansada y mañana tengo que levantarme muy pronto. El vuelo es a las 7:55.

2 Nos vamos a México para colaborar con una ONG.

3 Nos vamos todos a Argentina. Abriremos un restaurante en Buenos Aires.

4 Ya me he inscrito en la Oficina de Empleo…

5 Nos vamos de vacaciones a Latinoamérica. Vamos a estar un mes allá.

...... a ¡Fantástico! ¡Que tengáis mucho éxito con el negocio!

...... b ¡Vaya! ¡Que todo os vaya bien y tengáis una buena estancia allí!

...... c ¡Qué bueno! ¡Que las disfrutéis!

...... d ¡Venga, que descanses!

...... e ¡Ojalá que pronto encuentren algo para ti!

6 **Despedida**

a **Completa el correo electrónico con el presente de subjuntivo de los verbos.**

```
● ○ ○

Hola Chic@s:
La fecha de mi partida a Argentina se acerca y quería despedirme de
todos… ¡Qué nervios! Me voy con muchos proyectos y muy ilusionada.
Espero que mis expectativas (cumplirse) .............. (1) que mi año allá
me (aportar) .............. (2) grandes experiencias. Yo me despido y deseo
que también vosotros (tener) ..............  (3) muchos éxitos en vuestra
práctica en Costa Rica. Espero que a mi regreso (reunirse) .............. (4)
para festejar y contarnos nuestras aventuras. Que este año todo os (ir)
.............. (5) bien.
Cuidaos mucho y escribidme de vez en cuando.
Un fuerte abrazo y un beso,
Clara
```

b **¿Y tú? ¿Qué le deseas a uno de los personajes de la actividad 2a en la página 18?**
Escribe un correo a Khalid, Irina, Mario, Derek o Melva.

7 **Entrevista a un emigrante**

a **¿A qué pregunta corresponde cada respuesta?**

1 ¿Tienes aquí un mejor nivel de vida?
2 ¿Cuándo y por qué emigraste a este país?
3 ¿Cuál ha sido el mayor obstáculo que has encontrado aquí?
4 ¿Qué echas de menos de tu país?
5 ¿Cómo valoras hasta hoy tu experiencia como emigrante?

☐ a "En general ha sido bastante positiva. He encontrado gente muy buena y respetuosa, lo que me ha permitido una fácil adaptación social. Mis colegas son muy buenos compañeros y existe una muy sana competencia."

☐ b "Yo me vine a finales del año 2001, cuando me ofrecieron un contrato de trabajo aquí en una clínica. La decisión de venir a este país no fue por cuestiones económicas, sino porque sabía que aquí podría desarrollar mejor mi profesión y tendría más acceso a áreas de mi especialidad que me gustan. Además, vi que tendría la posibilidad de trabajar a la vez en la investigación y en la docencia, algo que en mi país es bastante difícil."

☐ c "La verdad es que no. El nivel de vida que tengo aquí es similar al que tenía en mi país, la diferencia está, en mi caso, en el campo profesional."

☐ d "Lo que más extraño es a mis amigos, aunque sigo teniendo una comunicación fluida con ellos. También extraño a familiares y a mis pacientes, ya que después de 10 años de trabajo en mi ciudad había logrado una buena relación medico-paciente, cosa que acá es más impersonal."

☐ e "Sin duda, la burocracia. ¡Qué horror! Todo el proceso de convalidación de los títulos y certificados de estudios es carísimo… y demora una eternidad."

b **Selecciona la opción correcta.**

La persona entrevistada emigró…

☐ 1 para reunirse con su familia.   ☐ 3 por razones profesionales.

☐ 2 porque se enamoró de un/a extranjero/-a.   ☐ 4 por motivos políticos.

8 En orden. Relaciona las palabras según los temas: documentación, empleo, finanzas, sanidad, inmobiliaria.

> departamento **|** condiciones laborales **|** seguro sanitario **|** salario **|** venta **|** cuenta
> permiso de trabajo **|** vivienda **|** plaza vacante **|** centro de salud **|** divisa **|** terreno **|** paciente
> permiso de residencia **|** alquiler **|** visa **|** currículo **|** servicios médicos **|** banco

9 Oferta de…

39

a Escucha. ¿Qué se anuncia?

☐ un piso en venta ☐ un seguro médico ☐ empleo ☐ un curso de idiomas

39

b Escucha otra vez y marca la opción correcta.

Se ofrecen plazas en (1) ☐ academias de idiomas.
☐ colegios privados.

Buscan (2) ☐ profesores
☐ profesoras y profesores nativos.

para enseñar alemán, inglés y (3) ☐ francés
☐ ruso

a (4) ☐ adultos.
☐ niños.

Hay que tener (5) ☐ tres
☐ dos años de experiencia como mínimo.

c Lee algunos datos del currículo de Inke. ¿Crees que su perfil es adecuado para solicitar una de las plazas que se ofertan en el anuncio? ¿Por qué?

- *Nombre*: Inke Strauss
- *Nacionalidad*: austriaca
- *Ocupación*: Estudiante universitaria (tercer semestre).
- *Especialidad*: Idiomas y Deportes.
- *Experiencia*: Ha trabajado como animadora y monitora en campamentos internacionales de verano, con niños de entre 5 y 12 años. Ha trabajado como acompañante de grupos de adolescentes en viajes para aprender idiomas.
- *Carácter*: Organizada, activa, emprendedora y muy entusiasta.

☐ Sí es adecuado.
☐ No es adecuado
porque ....
....

10 Buscando vivienda

a ¿Indicativo o subjuntivo? Subraya la opción correcta.

1 Carolina, estudiante universitaria, *busca / busque* una habitación en Valencia. Está pensando en algo que, como máximo, le *cuesta / cueste* 400 euros. Puede ser en un piso compartido, pero en el que *puede / pueda* usar la cocina y (¡muy importante!): que *es / sea* exterior.

2 Gabriel, pintor, acaba de divorciarse, busca una habitación de alquiler en Barcelona (de entre 300 y 400 euros). Preferiblemente que *tiene / tenga* baño independiente. No en piso compartido.

3 Karin y Maximilian, jóvenes recién casados, *están / estén* pensando en instalarse en el norte de España y abrir un negocio, por eso buscan un piso mediano y que no *es / sea* muy caro, pero que *tiene / tenga* terraza, jardín o balcón.

4 Paolo, cocinero profesional, soltero, 43 años. *Vive / Viva* en Zaragoza con dos ingleses en un piso compartido, pero cree que ya es hora de cambiar de ciudad e irse a vivir solo. *Quiere / Quiera* mudarse a un lugar que, de ser posible, *está / esté* en la costa del Mediterráneo.

5 Marita y Wolfgang, matrimonio mayor, retirados. Quieren instalarse en España, pero en un lugar que no *es / sea* muy caluroso. Quizás en Cantabria o en el País Vasco. Quieren encontrar un piso de alquiler que no *es / sea* muy caro, que esté amueblado y que, si *está / esté* en altos, que *tiene / tenga* ascensor.

6 La familia Haarbach (padre, madre y tres hijos) *va / vaya* a instalarse en Valencia. Quieren alquilar un piso que *es / sea* grande, que *está / esté* en una zona residencial cerca de la costa y *tiene / tenga* 3 dormitorios como mínimo.

b ¿Cuál de estos anuncios puede interesar a las personas de 10a? ¿Por qué?

A
HABITACIÓN EN VALENCIA
Se alquila habitación en piso compartido de **160 m²**, situado en la calle Botánico Cabanilles, amplio salón-comedor, **cocina totalmente equipada**. Baño de uso común. Exterior, con vistas al jardín de Viveros y al centro de Valencia. **300 Euros**, gastos no incluidos.
Llamar a Javier: 9676878457

Este anuncio le puede interesar a ....
....
porque ....
....
....

B
Piso en Santander
Piso nuevo en la zona de Cartes. **60 m²** habitables, **en 4ª planta** (sin elevador). 2 habitaciones, salón, **cocina y baño**. Amplia terraza. Totalmente amueblado, luminoso. Precioso. Listo para entrar a vivir.
Precio: 400 Euros, incl. gastos.
E-mail: barmanyo@hotmail.com
Teléfono: 9605559227

Este anuncio le puede interesar a ....
....
porque ....
....
....

C
Piso en Barcelona (Barrio céntrico)
Se alquila piso situado en el centro de Cornellá de Llobregat. **Precio: 700 Euros**. Finca nueva, construida en 2001. **Dispone de 63 m², más 4 m²** de patio interior. 2 habitaciones con armarios empotrados, cocina americana totalmente equipada. Calefacción centralizada de gas natural. Ascensor. Posibilidad de alquilar **una plaza de parking** situada en el mismo edificio por 60 euros más. Piscina. **Contactar a Tania: 9652231615**

Este anuncio le puede interesar a ....
....
porque ....
....
....

c A Guadalupe y a su esposo, unos mexicanos que emigraron a España, les interesa el piso en Barcelona (C). Responde a sus preguntas.

1 ¿El departamento se vende o se renta?
....

2 ¿Está en un edificio antiguo?
....

3 ¿Cuántas recámaras tiene? ¿Tienen clósets?
....

4 ¿Tiene cocina integral?
....

5 ¿Se dispone de estacionamiento?
....

6 ¿Hay alberca?
....

11 Buenos candidatos. Unos directivos quieren incrementar el personal de su empresa. ¿Qué esperan de las personas que soliciten un puesto? Completa con la forma adecuada del verbo.

a que (hablar) .... y (escribir) .... como mínimo en dos lenguas extranjeras.
b que (trabajar) .... con creatividad y entusiasmo.
c que (tener) .... un título universitario.
d que (ser) .... capaces de trabajar en equipo.
e que (estar) .... dispuestas a desplazarse en el territorio nacional y al extranjero.
f que (participar) .... activamente en los seminarios de capacitación.

12 Para convivir. Estás buscando a alguien para compartir tu piso. ¿Qué características debe tener esa persona? Escribe un anuncio.

Se busca compañero/-a de piso que ....
....
También espero que ....
....

13 Para futuros residentes

a **Lee los fragmentos de una guía de primeros pasos para inmigrantes en España. ¿Qué título se refiere a qué texto? Relaciona.**

1 Para conducir
3 Padrón y vivienda
2 Estancia por razones de estudio
4 Autorizaciones que permiten trabajar

A ....
• Debes contar previamente con el visado de estancia por estudios expedido por la Embajada o el Consulado español de tu país. Para obtener esta clase de visado debes acreditar haber sido admitido en un centro docente o científico, público o privado oficialmente reconocido y que dispones de los medios económicos suficientes para sufragar el coste de tus estudios y atender a tus necesidades de estancia y regreso.
• Una vez en España, debes solicitar la respectiva Tarjeta de Identidad de Extranjero dentro del plazo de un mes desde la entrada en el país.

B ....
• Permiso de trabajo y residencia inicial, para poder solicitarlo tendrás que regresar a tu país de origen y volver con visado de residencia y trabajo siempre y cuando una empresa o empleador solicite para ti este permiso y te presente una oferta de empleo.
• Permiso de residencia por arraigo: para solicitarlo tendrás que tener una estancia continuada en España de tres años y pruebas para demostrarlo, un contrato de trabajo y familiares directos (padres, hijos o cónyuge) en situación regular.

C ....
• Empadronarse es lo mismo que registrarse o inscribirse en el "Padrón Municipal", un registro donde figuran todos los vecinos del pueblo o ciudad. Pueden empadronarse tanto las personas españolas como extranjeras, con independencia de que tengan regularizada o no su situación administrativa.
• Para empadronarse es necesario dar los datos de la vivienda en que se vive y acreditarlo (puedes acreditarlo, por ejemplo, con el contrato de alquiler, una factura de agua, gas o teléfono).

D ....
• Las personas que obtengan su residencia en España podrán conducir con los documentos siguientes:
  – Permiso de Conducir en vigor.
  – Permiso Internacional de Conducir emitido en su país o traducción del permiso nacional al castellano. Este requisito no será necesario para los permisos emitidos en la Unión Europea.
Una vez superado los seis primeros meses desde la obtención de la residencia, solamente podrán conducir con un permiso español.

b Contesta a las preguntas de las personas con la información de 13a.

1 Felipe: "Queremos empadronarnos en el municipio donde estamos viviendo.
¿Cómo podemos acreditar nuestra vivienda?"

....

2 John: "Yo tengo un Permiso Internacional de Conducir. Si me voy a vivir a España,
¿me sirve también? ¿Por cuánto tiempo?"

....

3 Gisela: "Voy a estudiar un año en España, y me han dicho que hay que tener
una Tarjeta de Identidad de Extranjero. ¿Cuándo tengo que solicitarla?"

....

4 Ahmet: "Quiero vivir y trabajar en España. ¿Qué permiso(s) me lo permite(n)?"

....

C

14 ¿Choques culturales?

a Lee las opiniones de estos dos estudiantes y completa.

> allá todo es mucho más desorganizado e informal **|** la velocidad con la que transcurre la vida
> es más agradable vivir la vida de esa forma **|** Las personas en general son muy cerradas
> la gente es más abierta, más alegre, tiene otros valores

"La primera impresión fue la diversidad de culturas. No estaba
acostumbrado a ver tantas al mismo tiempo. Me impresionó también
.... (1), la
gente siempre tiene prisa, algo que no sucede en México.
.... (2),
incluso los estudiantes en la universidad eran muy reservados, sobre
todo los de las pequeñas ciudades, los de ciudades más grandes
eran más abiertos".

**Rodolfo Sandoval, mexicano,
estudió Ingeniería en Darmstadt**

"En México me tuve que enfrentar con situaciones a las que no
estaba acostumbrada. Lo primero, el caos: ....
.... (3). También pude ver la
pobreza y las difíciles condiciones de vida de la mayoría de las
personas. Esto me llevó a sentir mucho aprecio por ellas. Me
impresionó muchísimo su forma de disfrutar la vida: ....
.... (4). Aunque la
mayoría vive con escasez en relación a lo material, la alegría
siempre se encuentra. En Alemania la gente se queja siempre de
todo, y en México vi, por ejemplo, que el domingo, aún con
poco dinero se le compra al niño un globo, se baila, ...
.... (5)".

**Julia Schneider, alemana,
estudió Etnología en México D.F.**

**b ¿Has experimentado tú alguna situación de choque cultural?
Escribe un comentario para un foro sobre este tema.**

15 **a** **Escucha las palabras y fíjate en la pronunciación de *t* y *d*.**
Después lee las explicaciones y marca la opción más adecuada.

a <u>t</u>abaco – <u>D</u>amasco   d pa<u>t</u>ito – ma<u>r</u>ido   g complo<u>t</u> – ciuda<u>d</u>
b <u>t</u>os – <u>d</u>os   e in<u>t</u>entar – in<u>d</u>ucir   h debu<u>t</u> – Madri<u>d</u>
c na<u>t</u>a – na<u>d</u>a   f ri<u>t</u>mo – a<u>d</u>miración

• En comparación con la pronunciación de la *t* y la *d* en alemán, la pronunciación de estas letras en español me parece

  ☐ igual   ☐ más fuerte   ☐ más suave

• Al escuchar las palabras, me ha parecido que

  ☐ las letras *t* y *d* siempre suenan igual en todas la palabras.
  ☐ la pronunciación de *t* y *d* cambia en algunas palabras.
  ☐ las letras *t* y *d* no se pronuncian en algunas palabras.

b **Escucha otra vez las palabras y repite. Después completa la regla.**

las letras t – d

La letra *t* se pronuncia un poco más suave que la *t* en alemán:
• **al principio de palabra**, por ejemplo *tenor*, ..., ...
• **entre vocales**, por ejemplo *pato*, ...
• en el **grupo consonante** + *t*, por ejemplo *interés*, ...,

La letra *d* se pronuncia
• **al principio de palabra** y en **el grupo consonante** *n/l* + *d* de manera parecida a la *d* en Danke, por ejemplo, *divino*, *soldado*, ..., ...
• **entre dos vocales** de manera más suave y aún más relajada como en *cantado*, ..., ...

La pronunciación de la *t* y *d* se hace todavía más relajada
• **al final de sílaba**, por ejemplo *étnico*, *adjetivo*, ..., ...
• **a final de palabra**, como en *robot*, *pared*, ..., ...
La pronunciación de la *d* en algunas zonas de España incluso se aproxima a una [z], Madrid [*madriz*], pero esta pronunciación se considera vulgar.

¡Fíjate!

¿Te acuerdas? → eñe B1.1: AB, Unidad 2 **las letras t – d**

La diferenciación en la pronunciación de *tr* y *dr* es muy importante, por ejemplo *cuatro – cuadro*.

¡Fíjate!

c **¿Te atreves? Lee los trabalenguas.**

¡Tu tío Tomás toma tantos tomates todos los días, que con tanto tomate que toma Tomás tu tía Tomasa contenta está!

Ahí donde digo digo, no digo digo, digo Diego.
Ahí donde digo Diego, no digo Diego, digo digo.

Si tu gusto gustara del gusto que gusta mi gusto, mi gusto gustaría del gusto que gusta tu gusto.

d **Intenta hacer tu propio trabalenguas siguiendo como modelo los trabalenguas anteriores. ¡Acuérdate de que es importante buscar cierta rima y ritmo! Trabaja con un/a compañero/-a. Te proponemos usar palabras como:** *el cuento, la cuenta, cuánto/-a/-os/-as, cuando, cuándo, contar…*

Unidad 9

A

1 Aparatos

a ¿Cómo se llaman estos aparatos? Escríbelo en la línea.

 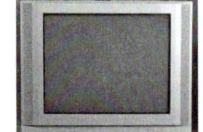   

1 *navegador* ....   2 ....   3 ....   4 ....   5 ....

   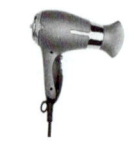 

6 ....   7 ....   8 ....   9 ....   10 ....

b ¿De qué aparatos de 1a hablan estas personas? Completa.

1 "Descargo el libro de Internet, lo almaceno en mi .... y ya está… ¡a leer!"

2 "Este .... es una maravilla. Tiene 8GB de memoria. Así puedo pasarme horas y horas escuchando música."

3 "Los .... son muy útiles, te ayudan a orientarte cuando estás conduciendo, pero a veces la voz que da las instrucciones me resulta monótona."

4 "¡Con el .... todo es más fácil! Sacas la comida del congelador, la pones en un plato, la introduces en el aparato, aprietas un botón, y en nada ya estás comiendo."

5 "Lo compramos porque apenas ocupa espacio… ¡Es tan plano! Y mira, qué calidad de imagen. Así se disfruta más del fútbol y de las pelis. ¡Este .... es lo último!"

6 "Todos los días doy gracias al inventor de la .... Tengo tres niños pequeños y cada semana el bulto de ropa sucia que me espera es enorme. No sé qué haría sin ella."

7 "Para mí, el .... es lo mejor que se ha inventado… ¡Guapa en minutos! Te lavas la cabeza y venga aire."

c De los aparatos en 1a, ¿cuál es el que tú usas con más frecuencia? ¿Por qué? ¿Cuál te parece más necesario?

2 Esos inventos...

a Completa las series de palabras.

> traducir ▌ corriente eléctrica ▌ jugar ▌ acero inoxidable ▌ encender y apagar

1 Materiales: plástico, hierro, madera, cristal, ..., …
2 Fuentes de energía: ...., batería, energía solar, …
3 Utilidad: ...., hacer fotos, cambiar de canales, filmar, ... palabras y frases, subir o bajar el volumen, ... un aparato, …

b Añade otras palabras a las series de 2a.

c Selecciona dos de estos inventos y descríbelos en las fichas.

Invento 1: ....

Suele(n) ser de ....
material(es)

Funciona(n) con ....
fuente(s) de energía

Sirve para ....

....

Es ...

☐ imprescindible ☐ necesario ☐ útil

☐ cómodo ☐ innecesario ☐ absurdo

porque ....

....

Invento 2: ....

Suele(n) ser de ....
material(es)

Funciona(n) con ....
fuente(s) de energía

Sirve para ....

....

Es ...

☐ imprescindible ☐ necesario ☐ útil

☐ cómodo ☐ innecesario ☐ absurdo

porque ....

....

d   Piensa en los aparatos modernos. ¿Cuál consideras el más inútil? ¿Por qué?

3   Mi nuevo libro electrónico

a   Completa las instrucciones con los verbos adecuados.

> apagar ▮ pulsar ▮ presionar ▮ encender ▮ soltar

Para .... (1) el libro electrónico debe .... (2)
el botón de encendido y ....lo (3) cuando vea
que la luz comienza a parpadear.

Para .... (4) el libro electrónico puede elegir entre el menú del
escritorio ("Apagar"), o también en el menú "Configurar" y después "Apagar".

Si lo que quiere es dejar el dispositivo en stand by para continuar con su lectura un rato después, solo
tiene que .... (5) el botón de encendido y el libro electrónico quedará en modo de
espera.

**b   Escucha las instrucciones del vendedor a la clienta.
¿Qué le explica? Marca las dos respuestas correctas.** 41

☐ 1 Cómo se enciende y se apaga.
☐ 2 Cómo protegerlo y mantenerlo.
☐ 3 Cómo se pone y se quita la batería.
☐ 4 Cómo se introduce y retira la tarjeta de memoria.

c   Escucha el diálogo otra vez y relaciona las instrucciones de las dos columnas. 41

1 Para quitar la tapa del panel trasero tiene que
presionar el botón de goma y, al mismo
tiempo, mover con el dedo la tapa…

2 Cuando quiera retirar la batería,…

3 Cuando quiera quitar la tarjeta de memoria:
destapa el panel trasero, abre de nuevo el
compartimento…

4 Una vez que termine de poner o quitar la
batería o la tarjeta de memoria,…

…. a vuelva a poner la tapa y verifique que está
completamente cerrada.

…. b y tira suavemente de la tarjeta hasta que
esté fuera.

…. c hasta que salga completamente.

…. d quita la tapa, introduce el dedo aquí
y la saca.

9

4 Para ahorrar

a Marisol se ha propuesto ahorrar energía. Estas son algunas instrucciones que da a su familia. Subraya la opción adecuada.

(A todos) Cuando os *vais* / *iréis* / *vayáis* (1) a la cama, apagad todo los aparatos y desconectadlos de la corriente. No los dejéis en "stand by", que cuando un aparato *está* / *estará* / *esté* (2) en modo de espera, o stand-by, está consumiendo energía.

(handwritten) zu Zustand, keine Aktion!

(A su marido) Cariño, cuando *vas* / *irás* / *vayas* (3) a comprar el nuevo lavaplatos, tienes que fijarte en la etiqueta energética. Los que tienen la A son los que más ahorran. No importa que sea más caro…

(A su hija menor) Amorcito, apaga las luces tan pronto *sales* / *saldrás* / *salgas* (4) de la habitación, que siempre las dejas encendidas.

(A su hija mayor) Tina, corazoncito,… apaga el horno unos minutos antes de que la comida *está* / *estará* / *esté* (5) lista, que con el calor acumulado se termina de cocinar.

b Completa las frases.

1 Cuando ……*te duches*……, no gastes tanta agua.

2 Antes de …*salgáis la habitación*…, apagad la calefacción.

3 Chicos, mientras que ……*haya sol*……, no encendáis las luces.

4 Cerrad el grifo tan pronto como …*te laves los dientes*…, que hay que ahorrar agua.

5 No te preocupes, que no vamos a poner el aire acondicionado hasta que …*haga calor*……

6 Una vez que …*no utilices el tele*……, apágalo.

7 Después de ……*probarlo*…… estoy convencida de que es un aparato excelente, y sobre todo, muy económico.

(handwritten notes: gastar – verbrauchen, ahorrar – sparen, apagar – ausschalten)

5 ¡Menudo día! Todo se rompe.

a ¿Qué se ha roto? Escucha y relaciona cada aparato con el número del diálogo. (42–45)

A …   B …   C …   D …

b Escucha otra vez. ¿Qué pasa? Selecciona la opción correcta. (42–45)

1 ☐ El ordenador se cuelga.
   ☐ El ordenador no enciende.

3 ☐ Se ha ido la luz.
   ☐ La linterna no tiene baterías.

2 ☐ El lavaplatos hace mucho ruido.
   ☐ El lavaplatos se ha roto.

4 ☐ El reproductor de CD's se apaga solo.
   ☐ El reproductor de CD's no "lee" el disco.

c Haz una lista de todas las averías que has tenido en el último mes.

6 Una campaña de ahorro energético para mi ciudad.

a Relaciona los verbos con sus contrarios.

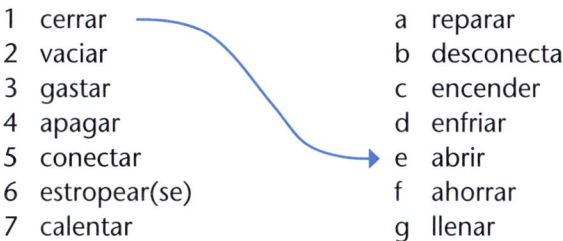

1 cerrar   a reparar
2 vaciar   b desconectar
3 gastar   c encender
4 apagar   d enfriar
5 conectar   e abrir
6 estropear(se)   f ahorrar
7 calentar   g llenar

b Escribe para cada habitación de la casa una medida de ahorro.

calefacción ▌ termostato
luz/luces ▌ frigorífico
lavavajillas ▌ cazuela
horno ▌ lavadora ▌ grifo
lámparas electrónicas
temperatura ▌ electricidad
energía ▌ aire acondicionado
electrodomésticos ▌ aislar
instalar ▌ regular ▌ tapar

c Inventa un eslogan para tu campaña.

7 ¡Mucha energía! Ordena la palabra y completa.

Energía que se obtiene…

1 del sol: lar / so: ...*solar*....

2 del aire: li / ca / eó ....~~eó~~lica....

3 del mar: na / ri / ma ....marina....

4 del núcleo atómico: cle / nu / ar ....nuclear....

5 del agua de los ríos: dráu / li / hi / ca ....hidráulica....

Para el futuro necesitamos energías: no / re / bles / va ....renovables....

8 ¿Lo dudas? Subraya la opción correcta.

a Manuel no vino hoy a clase. *Es probable / Seguro* que está enfermo.
b Me he anotado en la lista de participantes en la maratón, pero *no estoy seguro de / es evidente* que sea una buena idea. Creo que no estoy en muy buena forma.
c *Dudo mucho / Está claro* que el gobierno está a favor del uso de energías renovables.
d *Creo / Puede* que sea un aparato para abrir y cerrar la puerta del garaje con un mando a distancia.
e *Está demostrado / no está claro* que las chicas obtienen mejores notas que los chicos.

9 **No compiten. Malena y Rafa discuten sobre las consecuencias que puede tener la aparición de los libros electrónicos. ¿Qué opinas tú? Escribe tu opinión en tu cuaderno.**

Yo creo que en un futuro no muy lejano los libros de papel dejarán de existir porque los libros electrónicos se están imponiendo entre los lectores. Son muy prácticos y cómodos. Y tienen muchísima capacidad. En un libro puedes llevar varios...

No estoy de acuerdo contigo. Dudo que los libros de papel desaparezcan porque siempre habrá gente que los prefiera. Yo por ejemplo los disfruto mucho más que los libros electrónicos. Me encanta tocarlos, olerlos, oír el sonido de las páginas al pasar...

Mi opinión

10 **¿En peligro de extinción?**

¿Crees que alguna(s) de estas cosas desaparecerán en el futuro? ¿Cuándo?

a   b   c   d   e

La pizarra verde desaparecerá cuando las modernas pizarras electrónicas no sean tan caras y los profesores aprendan a trabajar con ellas.

11 **Especulaciones. ¿Qué puede estar pasando? Haz hipótesis para cada situación.**

> yo creo que ▍ a lo mejor ▍ probablemente ▍ seguro que ▍ puede que ▍ posiblemente

a   Tu colega de trabajo, que habitualmente es muy amable y cortés, ha pasado hoy por tu lado y no te ha saludado.

b   El mensajero te trae un ramo de flores. Hoy no es tu cumpleaños.

c   Llegas puntualmente a clase, pero en el aula no hay nadie.

d   La lámpara del salón no enciende.

e   ¡Qué raro! Son las 10 de la mañana y el supermercado está cerrado.

f   No encuentro mi móvil por ninguna parte.

g   Pedro usa siempre el coche para venir a la oficina. Hoy ha venido en bici.

12 En el futuro…

¿Qué crees que pasará en relación con estos temas? Continúa la frase.

a   Seguramente la gente viajará ....

b   Yo creo que los países latinoamericanos ....

c   A lo mejor la gente trabajará ....

d   Es probable que la "piratería digital" ....

e   Yo no creo que la ciencia / los científicos ....

f   Posiblemente la energía nuclear ....

g   Se construirán edificios y viviendas más ....

h   Puede que los periódicos de papel ....

13 **¿Qué crees tú?**

Lee los titulares. ¿Piensas que estas predicciones pueden cumplirse? ¿En qué circunstancias?

a   LOS MÓVILES SE VENDERÁN CON UN FOLLETO DE CONTRAINDICACIONES.

b   El consumo de insectos formará parte de la dieta habitual de los europeos.

c   *Turismo espacial: Esta modalidad de turismo ya existe, pero en los próximos años los costes de esta "aventura" se reducirán y será más accesible al ciudadano medio.*

d   La energía eólica será la fuente de energía que más crecerá en los próximos años.

e   *El DVD pronto desaparecerá.*

14 **¿Funcionará?**

a **Lee el cartel y formula hipótesis.**

¿Qué crees que significa GNV?   ....

....

¿Qué crees que promueve este cartel?   ....

Es un cartel: (nacionalidad)   ....

Gas Natural Vehicular™
SISTEMA ALTERNO DE COMBUSTIBLE

YO SOY CONSCIENTE USO GNV

PDE C.A
Zona Industrial Loma Linda. Galpon 53
Guacara. Estado Carabobo.
0412-8814569 0416-5143579 0424-4495151
pdeca.autogas@gmail.com

b **Ahora lee el texto de la campaña y comprueba tus hipótesis.**

El desenfrenado consumo de energía en el mundo, principalmente por parte de los países industrializados, nos ha llevado a un acelerado proceso de deterioro ambiental que hoy amenaza seriamente la supervivencia de la humanidad y de la vida en nuestro planeta.

El calentamiento global, el cambio climático y sus terribles efectos, son provocados por un sistema de producción y consumo esencialmente destructivo. Conocedores de esta grave situación y del hecho de ser nuestro país uno de los principales productores mundiales de hidrocarburos, pero que a la vez derrocha grandes cantidades de energía, el Gobierno Bolivariano a través del Ministerio del Poder Popular para la Energía y Petróleo emprendió la Misión Revolución Energética, cuya meta principal es crear conciencia de la importancia de la energía y del uso responsable y eficiente de la misma, además de erradicar las conductas derrochadoras.

La Misión Revolución Energética incluye iniciativas como el Proyecto Autogas. Este sistema alternativo de combustible, más económico y menos contaminante, busca reemplazar el uso de gasolina.

¿Por qué Autogas?: El Gas Natural Vehicular es una opción más ventajosa que la gasolina para el transporte de bienes y personas.

Venezuela está ubicada en noveno lugar a nivel mundial y primera en Suramérica en reservas de hidrocarburos gaseosos. El gas natural venezolano es de alta calidad y bajo costo de producción. En Venezuela existe un gran despilfarro de combustibles líquidos, en comparación con otros países de la región.

Este combustible alterno se ofrece totalmente gratis –incluida la instalación de la bombona– en la mayoría de las estaciones de servicio.

c **¿Verdadero o falso?**

En el texto se dice que...

		V	F
1	Venezuela es el noveno país más ecológico del mundo.	☐	☐
2	en Venezuela hay una gran conciencia de ahorro energético.	☐	☐
3	el Proyecto Autogas es una iniciativa que promueve la sustitución de la gasolina por gas.	☐	☐
4	la producción de gas natural no es muy costosa.	☐	☐
5	en otros países de la región no se derrocha tanto combustible líquido como en Venezuela.	☐	☐

d **¿Qué opinas de lo que has leído? ¿Existe algo similar en tu país? ¿Crees que este proyecto tiene futuro? Escribe tu opinión al consejero de Medio ambiente.**

15 **a** Escucha los titulares y fíjate en las palabras subrayadas.

1 **El número de las <u>ONG</u> ha aumentado en los últimos años**

2 **<u>IBM</u> lanza un nuevo formato de <u>CD-ROM</u> de lectura más rápida**

3 La <u>ONU</u> debe desempeñar un papel importante en la paz mundial

4 *Nuevas posibilidades del uso del <u>láser</u> en medicina y estética*

5 **El <u>COI</u> ha detectado varios casos de dopaje durante los juegos olímpicos**

6 El <u>FBI</u> investiga supuestos avistamientos de <u>ovnis</u> en <u>EE.UU.</u>

b Escucha otra vez y completa la regla.

> siglas
>
> - La sigla se **forma** con la primera letra de cada una de las palabras de la expresión y se escribe en mayúscula, así, *OTAN* (<u>O</u>rganización del <u>T</u>ratado de <u>A</u>tlántico <u>N</u>orte), ..., o .... Si las palabras de la expresión están en plural, las letras se duplican como en el nombre del sindicato español *CC.OO.* (<u>C</u>omisiones <u>o</u>breras) o ....
> - Las siglas se **leen**:
>   – deletreando las letras *DVD* [de, uve, de], *PVP* [pe, uve, pe], ..., o .... cuando su forma es impronunciable o se trata solo de vocales.
>   – como se escriben, así *OTAN*, o ....; este tipo de siglas se llaman acrónimos y pueden convertirse en nombres propios, así, el *sida*, el *radar*, ... o ....
>   – combinando ambos métodos: *PSOE* [pe, soe] o ....
> - En las siglas, la primera palabra del grupo indica el **género**, así la *UE* (la unión), el *DNI* (el documento), ... o ....
> - El **plural** de las siglas se indica por algún determinante, la sigla no cambia: algunas *ONG*, los *DNI*, los *PC*. Pero en la lengua hablada también se puede oír (las oenejés), (los deeneís) o (los peces).
>
> **¡Fíjate!**

c ¿Conoces las siglas? Relaciónalas con las expresiones.

UBA ONCE ESO IVA AVE UNAM RENFE

1 Universidad Nacional Autónoma de México ....

2 Red Nacional de los Ferrocarriles Españoles ....

3 Alta Velocidad Española ....

4 Organización Nacional de Ciegos Españoles ....

5 Educación Secundaria Obligatoria ....

6 Universidad de Buenos Aires ....

7 Impuesto al Valor Añadido ....

d Busca más ejemplos de siglas en la Unidad 9 del Libro del alumno. ¿Conoces otros ejemplos?

....

Marca la opción correcta.

1. ■ De dos palabras que tienen el mismo significado se dice que son ....
   - ☐ a sinónimas
   - ☐ b antónimas
   - ☐ c anglicismos

2. ■ Los diccionarios bilingües son más fáciles de utilizar.
   ● Pues yo no .... tu opinión.
   - ☐ a estoy de acuerdo
   - ☐ b comparto
   - ☐ c pienso

3. ■ A muchos estudiantes les gustan los ejercicios de gramática.
   ● No, no es cierto que les ...., pero a sus profesores, sí.
   - ☐ a gustan
   - ☐ b gustaron
   - ☐ c gusten

4. ■ ¿Sabe Astrid español?
   ● No, ... lo entiende casi todo porque sabe italiano.
   - ☐ a sino
   - ☐ b aunque
   - ☐ c además

5. ■ A mí .... más me gusta es ver películas.
   ● Pues a mí, no.   ☐ a lo que   ☐ b la que   ☐ c las que

6. ■ Espero que Carlos .... pronto trabajo.
   ● Sí, yo creo que sí.
   - ☐ a encontrará
   - ☐ b encuentra
   - ☐ c encuentre

7. ■ ¡Que te ....!
   ● ¡Igualmente!
   - ☐ a divertiste
   - ☐ b diviertas
   - ☐ c divertirás

8. ■ ¡ .... que tengas suerte!
   ● ¡Gracias!   ☐ a A ver si   ☐ b Ojalá   ☐ c Quizás

9. ■ Antes de salir de viaje revise su .... y compruebe si cubre los gastos de hospital.
   ● Sí, muy bien.
   - ☐ a seguro sanitario
   - ☐ b contrato laboral
   - ☐ c tarjeta de crédito

10. ■ Busco .... que cueste menos de 500 euros.
    ● Pues creo que no será fácil.
    - ☐ a un piso
    - ☐ b el piso
    - ☐ c piso

11. ■ Por favor, cierra la puerta cuando ....
    ● Vale.
    - ☐ a sales
    - ☐ b salió
    - ☐ c salgas

12. ■ .... abrir el lavavajillas, asegúrate de que el programa ha terminado.
    ● De acuerdo.
    - ☐ a Antes de
    - ☐ b Después de
    - ☐ c Al

13. ■ ¡Vaya! Se me ha vuelto a quedar .... el ordenador.
    ● Espera, que te ayudo.
    - ☐ a sin luz
    - ☐ b estropeado
    - ☐ c colgado

14. ■ Si quieres ahorrar energía, ... las luces al salir de las habitaciones.
    ● De acuerdo.
    - ☐ a enciende
    - ☐ b apaga
    - ☐ c aprieta

15. ■ .... que la energía solar sea más barata que otras.
    ● ¿Tú crees?
    - ☐ a Está claro
    - ☐ b No está claro
    - ☐ c Es evidente

(Autoevaluación III)

Esta autoevaluación te ayuda a seguir tus progresos en español según las destrezas *escuchar, leer, hablar* y *escribir.* Utiliza para ello los siguientes símbolos y ponlos en la columna de "Soy capaz":

++ Soy muy capaz.   + Soy capaz.   ! Me resulta difícil.

Si lo ves necesario puedes volver a hacer las ejercicios de las unidades indicadas del libro o utilizar otros materiales que se encuentran en www.hueber.de/ene

	Soy capaz	Unidad
Escuchar		
Soy capaz de comprender charlas sencillas siempre que el tema sea conocido, por ejemplo, si se habla sobre usos del tuteo en español.		7
Soy capaz de comprender los detalles esenciales de mensajes grabados si tratan temas conocidos.		8
Soy capaz de comprender los detalles de lo que se dice en gestiones cotidianas si se habla de forma clara, por ejemplo al realizar una reclamación.		9
Leer		
Soy capaz de comprender los episodios o acontecimientos más importantes en un texto de estructura clara.		7
Soy capaz de comprender textos donde se describen hechos y se expresan sentimientos y/o deseos.		8
Soy capaz de comprender la información más relevante en manuales de instrucciones, utilizando el diccionario si es necesario.		9
Hablar		
Participar en conversaciones (interacción)		
Soy capaz de expresar y pedir puntos de vista en una discusión informal pidiendo ayuda a mi interlocutor si es necesario.		7
Soy capaz de desenvolverme en situaciones que requieren utilizar ciertos servicios como por ejemplo, alquilar un apartamento.		8
Soy capaz de manifestar con educación mi acuerdo o mi desacuerdo con lo que se ha dicho.		9
Hablar en contexto		
Soy capaz de dar cuenta detallada de experiencias, por ejemplo, sobre el aprendizaje de lenguas, haciendo las pausas necesarias para ello.		7
Soy capaz de describir aspiraciones, esperanzas, planes.		8
Soy capaz de transmitir de forma sencilla lo leído en textos breves, utilizando algunas palabras del mismo.		9
Escribir		
Soy capaz de escribir textos sencillos y coherentes, por ejemplo sobre mis experiencias aprendiendo idiomas.		7
Soy capaz de responder por escrito a anuncios y pedir una información más completa.		8
Soy capaz de escribir mensajes y notas breves, por ejemplo explicando el funcionamiento sencillo de un aparato.		9

A

1 Palabras, palabras. ¿Con qué manifestación artística relacionas las palabras?
Clasifícalas en la tabla. Algunas pueden estar en más de una.

acuarela ▎ partitura ▎ actor ▎ edificio ▎ paisaje ▎ novela ▎ escena ▎ protagonista ▎ óleo
melodía ▎ guión ▎ construcción ▎ figura ▎ espacio ▎ línea ▎ sinfonía ▎ vestuario
coreografía ▎ colores ▎ bailarina ▎ coro ▎ comedia ▎ cuadro ▎ curvas ▎ escenario

pintura	escultura	arquitectura
....	....	....
....	....	....

danza	música	cine
....	....	....
....	....	....

2 La palabra "obra" y sus significados

a Lee las frases. ¿Qué significa la palabra "obra" en estos contextos?
Busca la palabra adecuada en tu lengua.

1 Creo que si apruebo el examen será por *obra* del Espíritu Santo. ....
2 El tráfico está desviado debido a las *obras* de ampliación de la autopista. ....
3 La instalación de la nueva cocina lleva mucha *obra*. Nos va a tomar, por lo menos,
una semana. ....
4 Le dieron el Premio Nobel de Literatura por el conjunto de su *obra*. ....

b ¿De qué tipo de obra se trata? Completa.

social ▎ mano ▎ de caridad / caritativas ▎ de arte / artística ▎ de construcción

1 El "Guernica" de Picasso es uno de mis cuadros favoritos. ¡Eso sí que es una obra ....!
2 Por falta de financiación, se suspenderán las obras .... del nuevo puente.
3 Siempre se ha ocupado de los más pobres. Sus obras .... son notables.
4 Las empresas se instalan en países en los que la .... de obra es más barata.
5 A la Asociación de Discapacitados le otorgaron un premio por su valiosa obra ....

3 ¡Qué arte!

a ¿Qué asocias con estas obras de arte?
Escribe tres adjetivos para valorar cada
una de las imágenes.

maravilloso/-a ▎ fantástico/-a ▎ horroroso/-a
sorprendente ▎ alegre ▎ original
bonito/-a ▎ único/-a ▎ impresionante
sencillo/-a ▎ relajante ▎ extraño/-a
emocionante ▎ triste ▎ simbólico ▎ mágico

1 ....
....

2 ....
....

3 ....
....

4 ....
....

47–50

b Algunas personas comentan las obras de 3a. Escucha y relaciona los diálogos con las fotos a-d.

Diálogo 1 .... 2 .... 3 .... 4 ....

47–50

c Escucha otra vez. ¿Estás de acuerdo con sus opiniones? Respóndeles y argumenta.

1 *(No) Estoy de acuerdo. Es un cuadro* ....
....

2 ....
....

3 ....
....

4 ....
....

4 **¡Qué expresivos!**

a **Relaciona.**

1 Es una peli superlenta y además el tema que trata no es nada nuevo... .... a ¡Es una maravilla!

2 ¡Mira, mira, allí están los payasos...! .... b ¡Qué miedo!

3 ■ ¡Qué colores tan oscuros!, ¿no? .... c ¡Es horroroso!
  ● Sí, y el cuerpo de las personas está deformado...

4 La fachada del edificio es perfecta. Mira qué armonía... .... d ¡Qué aburrida!

5 ■ *Psicosis* es una obra maestra de la cinematografía. .... e ¡Qué divertido!
  ● Sí, sí, pero a mí me aterroriza....

b **Transforma las frases.**

1 La escultura no tiene rostro. ¡Qué raro! *¡Qué raro que la escultura no tenga rostro!* ....

2 Dalí pinta con tanto detalle... ¡Es extraordinario! ....

3 Botero pinta y esculpe figuras humanas voluminosas. ¡Me encanta! ....
....

4 Joan Miró pinta motivos muy sencillos y con mucho color. Me parece divertidísimo.
....

5 Los actores hablan con el público. Es emocionante. ....

6 En la colección no están sus mejores fotos. ¡Qué extraño! ....

5 **Apreciar, reaccionar, valorar...**

51

a **Escucha el diálogo sobre "Las dos Fridas" (pág. 42) de Frida Kahlo.**
¿Cuál de las opciones 1-4 es la correcta? Marca.

☐ 1 Ambos piensan que el cuadro es horroroso.
☐ 2 Ambos piensan que el cuadro es magnífico, pero por diferentes razones.
☐ 3 Uno opina que el cuadro es magnífico, pero el otro no.
☐ 4 Los dos creen que el cuadro es divertido.

b Ahora pon el diálogo en orden. Después escucha y comprueba.

...... ■ ¿Negativo yo? ¿Pero, qué dices? Mira esas nubes en el fondo, y el corazón... El cuadro es genial, ¿pero te parece divertido?
● No, divertido no..., pero tampoco triste, yo lo encuentro sincero, optimista... Es fantástico que comparta con el público sus sentimientos.
■ Vale, vale... ese es tu punto de vista...

...... ● Mira, es fantástico... Lo que me gusta es su sencillez, y los colores tan vivos... Mira qué trajes tan bonitos... y el peinado de ella... te hacen pensar en esa enorme cultura...
■ Ya. A mí también me impresiona.
● ¡Es que es magnífico!

...... ■ ¡Sin duda!... pero no es agradable..., a ver, lo que quiero decir es que hay algo que me inquieta... La seriedad de su mirada, o tal vez la tristeza... Por una parte, es extraordinario que la artista pueda trasmitir esas emociones tan intensas, pero, por otra parte, lo encuentro muy... violento.
● Tú, como siempre, ¡tan negativo!

c Busca en el diálogo de 5b todas las palabras y expresiones que sirven para valorar y clasifícalas en "negativas" y en "positivas". Márcalas en colores diferentes.

d ¿Y tú que piensas del cuadro? Escribe tu comentario.

6 Mi favorita

Elige una obra de arte que te guste especialmente y escribe un texto donde la describes y explicas qué emociones despierta en ti.

7 ¿Proposiciones?

a ¿En estas frases se propone algo? Marca la casilla correspondiente.

	sí se propone	no se propone
1 ¿Qué os parece si vamos esta tarde al Museo Reina Sofía?	☐	☐
2 ¿Qué te parece ese cuadro? ¿Te gusta?	☐	☐
3 ¿Te apetece que veamos la peli de Álex de la Iglesia?	☐	☐
4 ¡Qué cansancio! Ahora me apetece tirarme en el sofá.	☐	☐
5 ¿Y si le regalamos unas entradas para el concierto de la Sinfónica?	☐	☐
6 Y si la galería está cerrada, ¿qué hacemos?	☐	☐

b Selecciona la opción correcta para completar las sugerencias o proposiciones.

1 *Yo / Y si* visitaría primero la exposición de Frida Kahlo. Es impresionante.

2 *¿Te apetece que / Y si* hablamos sobre las esculturas de Botero?

3 *¿Qué os parece si / Os apetece que* vayamos esta noche al teatro?

4 Yo en tu lugar no me *pierda / perderé / perdería* la ocasión de verlos bailar. ¡Son fantásticos!

8 **Leer es un placer. ¿A qué departamento te tendrías que dirigir para comprar estos libros y revistas?**

novela de ciencia ficción ❚ revista de moda ❚ libro sobre política ❚ novela de aventuras
novela romántica ❚ guía de viajes ❚ tebeo o cómic ❚ manual de autoayuda ❚ revista de actualidad
libro de cuentos ❚ novela histórica ❚ libro sobre ecología ❚ novela policíaca

LIBRERIA
ANTONIO MACHADO

Materias

○ Narrativa   ○ Humor   ○ Arte

○ Ensayo   ○ Poesía   ○ Biografías

○ Infantil y juvenil   ○ Literatura de viajes   ○ Prensa

9 **Para todos los gustos**

a **¿De qué género literario se habla? Relaciona.**

1 A través de ella, el autor expresa su mundo subjetivo,
sus emociones y sentimientos, o una profunda reflexión.
Suele escribirse en verso y a veces tiene rima.   ......   a la narrativa

2 Relata sucesos que le ocurren a los protagonistas.   ......   b el teatro

3 Obras escritas en forma de diálogo o monólogo. En ellas
el autor plantea conflictos diversos. Se puede leer pero lo
más habitual es verla representada en un escenario.
El público siempre aplaude después de cada acto o al final.   ......   c la poesía

b **¿Cuántas palabras puedes descubrir en cada gusanillo? Atención: cada gusanillo lleva el mismo número de palabras. Escribe después junto a cada gusanillo el género literario correspondiente.**

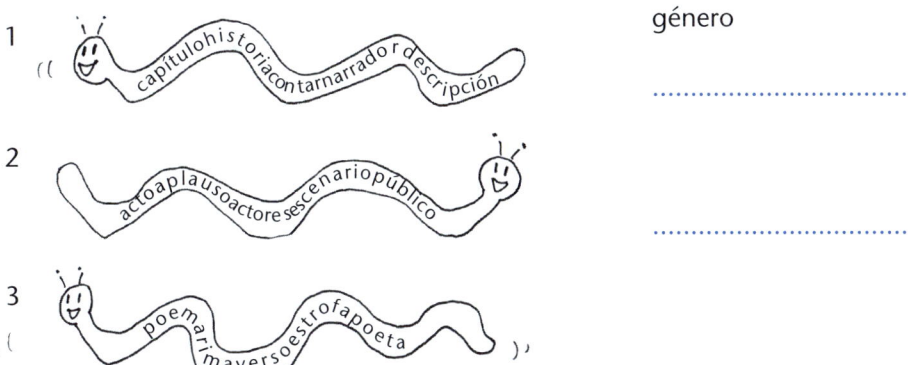

género

1 capítulo historia cuento con tar narrador descripción

....

2 acto aplauso actores escenario público

....

3 poema rima verso estrofa poeta

....

c **¿Cuál es tu gusanillo favorito? ¿Por qué? Ayúdalo a crecer con otras palabras relacionadas.**

Mi gusanillo favorito es el ...., porque ....

Otras palabras relacionadas son ....

10 **¡Qué emocionante!**

a Observa las fotos. ¿Qué crees que están leyendo estas personas? ¿Por qué? ¿Qué emociones crees que muestran? Completa.

1  2  3

1 Está leyendo ....
¿Por qué? *Porque parece* ....
2 Está leyendo ....
¿Por qué? *Porque está* ....
3 Está leyendo ....
¿Por qué? *Porque parece* ....

> entusiasmado/-a ▌ aburrido/-a
> emocionado/-a ▌ asustado/-a
> enfadado/-a ▌ relajado/-a
> inspirado/-a ▌ concentrado/-a

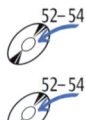
52–54

b Escucha y comprueba. ¿Qué tipo de libro están leyendo?

52–54

c Escucha otra vez y subraya las palabras que se mencionan.

1 espada – soldado – valentía – intriga – acción – aventura
2 zombis – grito – miedo – macabro – sangre – terror
3 amor – sinceridad – musicalidad – corazón – alma – tristeza

11 **Blog literario**

> cuenta ▌ entretenido ▌ fantástica ▌ recomiendo
> escritor ▌ cautivó ▌ se titula ▌ aventura

a Completa el texto con las palabras.

> 8/05/2011 12:15:00 AM El polilla Sin comentarios
>
> Lo último que he leído ha sido un libro que me regalaron en Navidad .... (1) „Kalfukura: el Corazón de la Tierra" y es de Jorge Baradit, un .... (2) chileno.
> Es una .... (3) entre .... (4) y mitológica que .... (5) la historia de Leonardo, un niño aymará que descubre ser hijo de la Pachamama (Madre Tierra). Después de un terremoto en Arica que hace despertar a los españoles que estaban dormidos en la ciudad hundida en el desierto, Leonardo debe buscar la kalfukura, una piedra azul que es el corazón de la tierra, para salvar a su madre que se está muriendo. Para esta misión cuenta con un guía halcón que lo lleva hasta la Araucanía a través de pasadizos y de la magia; allí encuentra a la machi, una especie de sacerdotiza, que guarda la piedra y tiene que luchar contra los españoles. El libro me .... (6) desde el primer momento, me emocionó y me hizo reflexionar sobre nuestra relación con la naturaleza, los mitos y la religión. Es muy .... (7). Os lo .... (8).
> ¿Y vosotros, qué habéis leído últimamente?
>
> Ya no puede recibir valoraciones 1

b Clasifica las siguientes palabras.

> aburrido/-a ▌ libro ▌ cuenta ▌ emocionante ▌ se trata de ▌ entretenido/-a ▌ novela
> divertido/-a ▌ cuento ▌ apasionante ▌ poemario ▌ narra ▌ triste ▌ historia de ▌ cómic

1 Para referirte a lo que estás leyendo: Es un/una ....
2 Para hablar del argumento: que ....
3 Para valorar: es ....

c Responde en el blog a "El Polilla". Escribe sobre el último libro que has leído.

12 Sentimientos a flor de piel

a ¿Qué crees que sienten los personajes? Marca las opciones que consideres adecuadas.

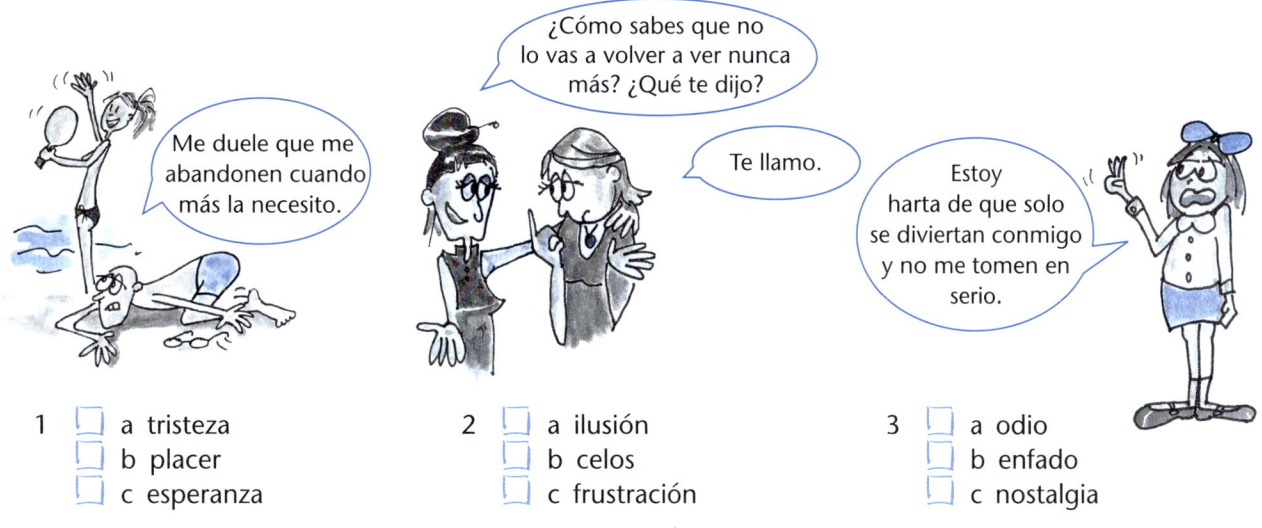

1		2		3	
☐	a tristeza	☐	a ilusión	☐	a odio
☐	b placer	☐	b celos	☐	b enfado
☐	c esperanza	☐	c frustración	☐	c nostalgia

b ¿Qué puedes decirles a los personajes de 12a para consolarlos? Elige una de las expresiones para cada bocadillo (1, 2, 3). Después continúa las frases y anima a los personajes con tus propias palabras.

no es nada **|** tranquilízate **|** qué suerte **|** no te enfades **|** tienes razón **|** no llores

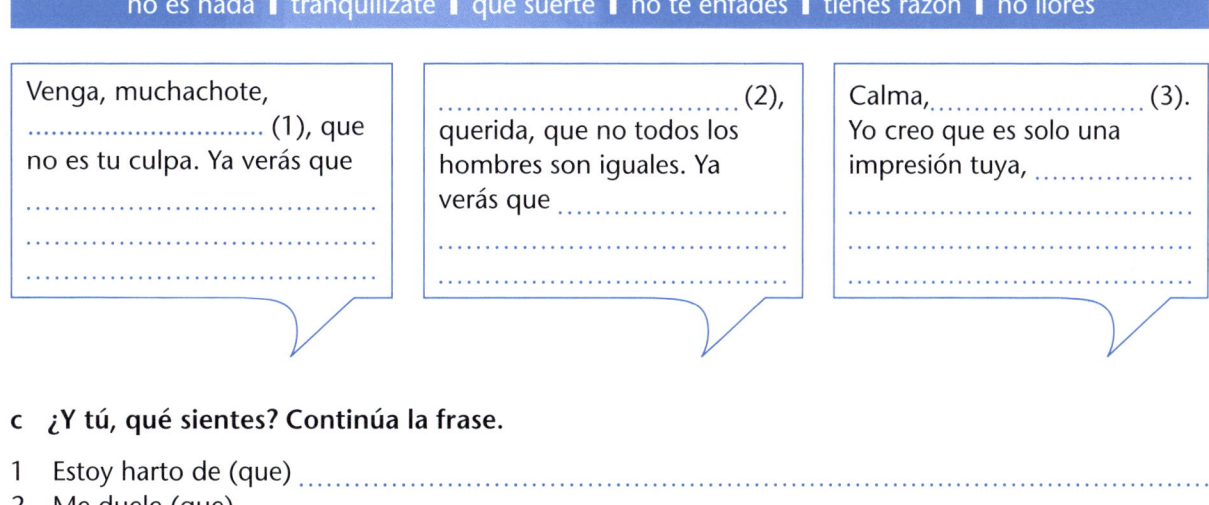

Venga, muchachote, ... (1), que no es tu culpa. Ya verás que ....

.... (2), querida, que no todos los hombres son iguales. Ya verás que ....

Calma, ... (3). Yo creo que es solo una impresión tuya, ...

c ¿Y tú, qué sientes? Continúa la frase.

1 Estoy harto de (que) ....
2 Me duele (que) ....
3 Siento mucho (que) ....
4 Me emociona (que) ....
5 Me da pena (que) ....

d **Tu mejor amigo se encuentra muy deprimido porque acaban de despedirlo de su puesto de trabajo. Escríbele un correo electrónico para animarle y mostrarle tu solidaridad.**

Querido ....:
Entiendo que...
No sabes cuánto me duele ....
Pero tú no te preocupes, que ya verás que..
Venga, ánimo, que nos tienes aquí.
Un fuerte abrazo,
....

C

13 Arte y sentimiento

a Escucha la saeta y mira las fotos. ¿Qué representan?
¿Te sorprende algo? ¿Con qué emociones las asocias?

b Completa los textos.

> altares ▮ folclore ▮ costaleros ▮ procesiones ▮ figuras ▮ desfilan ▮ flamenca ▮ religioso ▮ tradición

Una *saeta* es una plegaria en forma de canto
.... (1) – generalmente sin acompaña-
miento musical –, dirigida a la Virgen o a Jesús.
Tiene su origen en el .... (2) andaluz y
en la .... (3) musical .... (4)
Se canta frente a las figuras de los santos o
durante el desfile de los pasos en las
.... (5) de Semana Santa.

Paso es el nombre que se les da a las
imágenes de .... (6) religiosas
que .... (7) en una especie de
.... (8); llevados, o mejor
dicho, cargados por hombres a los que
se les llama .... (9).

c Escucha a Paco y Gema y marca si las frases son verdaderas o falsas.

	V	F
1 A Gema le emociona el silencio de la gente en Sevilla.	☐	☐
2 Paco se emociona con las saetas en las procesiones.	☐	☐
3 A Gema le sorprende el peso de los pasos.	☐	☐
4 A Paco le entristecen los castigos corporales.	☐	☐
5 A Gema le parece bien cambiar la tradición de las procesiones.	☐	☐
6 A Paco le gusta ir de vacaciones en Semana Santa y no quedarse en la ciudad.	☐	☐

d Según lo escuchado, ¿cómo continuarías las frases?

1   A Gema le emociona que la gente en Sevilla ....

2   A Gema le sorprende que los costaleros ....

3   A Paco le entristece que los nazarenos ....

**e Piensa en una fiesta o tradición de tu país o región. ¿Qué te gusta y qué no?
Escribe tu opinión usando estas palabras.**

> emocionar ▮ sorprender ▮ encantar ▮ fastidiar ▮ molestar ▮ dar pena
> no importar ▮ poner triste

57 **14** **a** Escucha las adivinanzas y marca las pausas como en el ejemplo 1.

1

Soy/ blanco/, soy/ tinto/,
de color/ todo/ lo pinto/,
estoy/ en la buena mesa/
y me subo/ a la cabeza.

2

Un señor gordito,
muy coloradito;
no toma café,
siempre toma té.

3

La han hecho de metal,
de madera o de cristal
y golpes siempre recibe
cuando la entrada prohíbe.

b Lee y completa con más ejemplos.

> **pausas**
>
> Hay grupos de palabras que normalmente <u>no</u> admiten pausas entre las palabras, por ejemplo:
> - *artículo + nombre:* la mujer, ...
> - *grupo con preposición:* con su amigo, ...
> - *formas verbales compuestas o perífrasis:* va a viajar, ...
> - *verbo + pronombre:* lo compro, ...
> - *sustantivo + adjetivo:* agua fresca, ...
> - *verbo + adverbio:* come bastante, ...
> - *adverbio + adjetivo:* muy bueno, ...
>
> **¡Fíjate!**

57 **c** Escucha de nuevo y repite. ¿Te atreves a solucionar las adivinanzas?

15 **a** Lee las reglas sobre el uso de la mayúscula. ¿Qué diferencias hay con su uso en alemán?

> **mayúsculas I**
>
> Según la puntuación, en español se escriben palabras con mayúscula:
> - en la primera palabra de un texto escrito
> - en la primera palabra después de un punto, independientemente de que tenga delante signos interrogativos o exclamativos
> - después de dos puntos en fórmulas de encabezamiento en una carta, fax o correo electrónico, y en la reproducción de una cita.
>
> En las letras mayúsculas también se escribe la **tilde** y la **diéresis**, por ejemplo,
> *Océano Índico o LINGÜÍSTICA.*
>
> **¡Fíjate!**

b En la carta hay ocho errores en el uso de la mayúscula. Corrígelos.

querido Oscar:
me he enterado de que te han
dado el trabajo que tanto
deseabas. ¡enhorabuena!
me alegro mucho. Ya lo decía
mi madre: "cuanto mayor

sea el esfuerzo, mayor es la
gloria". ¿cuándo vas a trasla-
darte aquí? Saludos a toda
tu familia.
un abrazo,
Isabel

Unidad 11

A

1 **Crucigrama de profesiones**

a **¿De qué profesiones se trata?**

Horizontales

2   Repara aparatos, coches, etc.
4   Vela por el orden y la seguridad ciudadana.
5   Elabora especialidades gastronómicas.
6   Se ocupa de los jardines.
7   Atienden a personas con problemas de salud.

Verticales

1   Interpreta personajes.
3   Obrero de la construcción.
4   Enseña y educa.
5   Interpreta canciones.

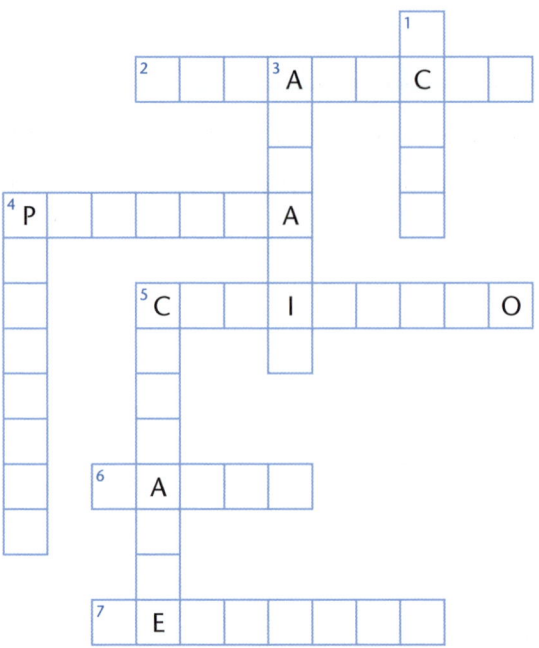

b **Selecciona dos de las profesiones anteriores y descríbelas.**

> Es... duro **I** cómodo **I** difícil **I** relajado **I** agotador **I** variado **I** aburrido **I** interesante
> peligroso **I** creativo **I** divertido **I** de mucha responsabilidad **I** gratificante
> Se trabaja... al aire libre **I** bajo presión **I** muchas horas **I** de cara al público
> también los fines de semana
> se gana mucho/poco **I** se conoce a mucha gente **I** se viaja mucho **I** (no) se tiene horario fijo
> se trabaja en equipo/independiente **I** se tiene mucho tiempo libre

2 **Cualidades. Completa con el verbo adecuado. ¿Con qué profesiones asocias estas condiciones?**

> dominar **I** estar **I** ser **I** saber **I** tener

1   .... paciente:

     una maestra, ...

2   .... creativo/-a:

     ....

3   .... buen/-a observador/-a:

     ....

4   .... organizado/-a:

     ....

5   .... escuchar:

     ....

6   .... buena presencia:

     ....

7   .... flexible (en cuanto a horarios):

     ....

8   .... convencer:

     ....

9   .... permiso de conducir:

     ....

10 .... comunicativo/-a:

     ....

11 .... trabajar en equipo:

     ....

12 .... dirigir:

     ....

13 .... varias lenguas:

     ....

14 .... muchos años de experiencia:

     ....

3 **¿Te gusta lo que haces?**

a **¿Cómo valoran estas personas su trabajo? Escúchalas y completa.**

Profesión	¿Le gusta?	Aspectos positivos y negativos
1	....	+..
		-...
2	....	+..
		-...
3	....	+..
		-...

> A veces pienso que tengo el peor trabajo del mundo.

> ¿En serio?

b **¿Y tú, a qué te dedicas? ¿Te gusta lo que haces? ¿Cuáles son los aspectos positivos y negativos de tu profesión u ocupación?**

4 **El tiempo pasa**

a **Selecciona la opción correcta.**

1 *Desde / Desde hace* febrero del año pasado soy trabajadora por cuenta propia.
2 *Desde / Hace* dos años que no tengo vacaciones.
3 Trabajo aquí *desde / desde hace* mayo del año pasado.
4 *Desde / Hace* más de quince días que les envié mi solicitud y todavía no me han respondido.
5 *Desde / Desde hace* dos meses tenemos un nuevo jefe.
6 Me jubilé *desde hace / hace* ya unos años, en el 2009.

b **Transforma y completa como en los ejemplos.**

con *llevar + gerundio*
Ej. *Llevamos* un año *estudiando* español.
1 .... a esta biblioteca.

2 ¿ Cuánto tiempo ....
.... en este sector?
3 *¿Lleváis* mucho tiempo *haciendo* prácticas aquí?

con *hace... que...*
⇔ *Hace* un año *que estudiamos* español.
⇔ Hace tres meses que vengo a esta biblioteca.
⇔ ¿Cuánto tiempo *hace que* trabaja en este sector?
⇔ ¿ ....
prácticas aquí?

con *llevar sin + infinitivo*
Ej. *Llevan* más de dos meses *sin trabajar*.
4 .... a la oficina.
5 Estudié francés en el instituto, pero *llevo* mucho tiempo *sin hablarlo*.
6 ¿Cuánto tiempo *llevas sin recibir* respuesta?

con *hace... que...*
⇔ *Hace* dos meses *que no trabajan*.
⇔ *Hace* unos días *que* no viene a la oficina.
⇔ .... mucho tiempo .... francés.
⇔ ¿Cuánto tiempo ....
.... respuesta?

c **Ahora completa con tus propios datos.**

1 Desde .... vivo/estudio/trabajo en ....

2 Hace .... años ....

3 Desde hace .... días/meses ....

4 Llevo .... horas/días/meses/años ....

5 Para cartas y mensajes

a Clasifica los saludos y despedidas.

> (Muy) Atentamente, ❘ Querido Pedro ❘ Cordialmente, ❘ (Muchos/Mil) Besos ❘ Señoras y señores
> (Reciba/-n) Un atento/cordial saludo, ❘ A quien corresponda ❘ Querida amiga ❘ Señor Vázquez
> Un beso/besazo ❘ Te quiere, ❘ Les saluda atentamente ❘ Hola Paco ❘ Un (fuerte) abrazo
> Estimada señora Villalba ❘ Muy señoras/-es mías/-os ❘ Se despide atentamente
> Estimada Yola ❘ Estimados señores

	informales	formales
saludos	....	....
despedidas	....	....
	....	....

b Para finalizar una carta formal, antes de la despedida, se suele usar estas fórmulas. ¿Cómo continúan? Relaciona.

1 Sin otro… .... a sus noticias,
2 En espera de… .... b de antemano / por anticipado (su atención),
3 Queda … .... c a su disposición,
4 Agradeciendo(-le/-les)… .... d particular / asunto,

6 Carta de solicitud de empleo

a Señala las partes de la carta en el texto.

> 1 destinatario ❘ 2 firma ❘ 3 saludo ❘ 4 despedida ❘ 5 fecha ❘ 6 remitente ❘ 7 introducción

A ..... Carmelo Sánchez González
C/ Barbacoa nº 5
20160 Donostia-San Sebastián
Tel. 24242442 - carsago@yahoo.com

B ..... San Sebastián, 10 de junio de 2011

C ..... Al director de la empresa TUATAÚD
C/ Buendescanso nº 19 a
20010 Donostia-San Sebastián

Asunto: Solicitud de empleo

D ..... Hola señor,

E ..... le escribo en respuesta al anuncio publicado el día 25 de junio en el periódico regional "Al día", en el que se ofrece un puesto de Director de Ventas en su empresa.
Me interesa especialmente trabajar en su empresa ya que me consta que se trata de una de las entidades con mayor prestigio y renombre dentro del sector.
Me agradaría mucho mantener una conversación con usted cuando le convenga y poder mostrarle mis capacidades. Para ello podría localizarme con facilidad a través del número de teléfono o la dirección de correo electrónico que aparecen en el encabezamiento
Ah, que casi se me olvidaba: Mi experiencia profesional puede verla en el Currículum Vitae adjunto, pero puedo adelantarle que soy Licenciado en Marketing y Comunicación por la Universidad de Navarra, y que poseo un nivel alto de alemán por haber vivido y trabajado en ese país durante cuatro años.

F ..... A la espera de tus noticias, te saluda atentamente,

G ..... Carmelo

b Lee la carta atentamente: ¿Te parece adecuada? ¿Cambiarías algo? ¿Por qué?

c Escribe la carta (o fragmentos de ella) con las correcciones que consideres necesarias.

7 **Se precisa...**

a **Completa los anuncios.**

> experiencia ▌ ofrece ▌ especializada ▌ brindar ▌ presencia
> titulación ▌ precisa ▌ remuneración ▌ dispuesta ▌ dinámica
> en línea ▌ mínima

A

Empresa afín al sector de la alimentación, perteneciente a un holding empresarial multinacional, ... (1) incorporar un/a

DIRECTOR/A DE MARKETING

Funciones: Establecer las estrategias de márketing elaborando los planes a corto, medio y largo plazo, determinando las prioridades y estrategias sobre productos nuevos o existentes y los planes de publicidad y promoción, manteniendo contactos con agencias y diferentes medios de publicidad.

Se requiere: .... (2) previa de 4 - 5 años en departamentos de Marketing en empresas vinculadas al sector. Elevada capacidad de análisis y síntesis. Persona muy creativa y .... (3)

Se ofrece: Incorporación inmediata. Buen ambiente de trabajo. Salario: 50.000 €.

B

Importante empresa dedicada al desarrollo de negocios en Internet (Diseño Web, Desarrollo Web, Consultoría de E-negocio, Comercio Electrónico, Tiendas .... (4), Web Móvil, Márketing online), precisa incorporar un

JEFE DE VENTAS

Funciones:

– .... (5) asesoramiento comercial y presentar los productos a clientes distribuidores.
– Promoción de los productos en ferias y seminarios.
– Informar a la Gerencia.

Se requiere:
Experiencia en la venta de soluciones o desarrollo de negocios en Internet con empresas de distintos sectores vinculados a esta actividad.
Se .... (6):
Incorporación inmediata.
Buen ambiente de trabajo.
Salario 50.000 € fijo + comisiones.

C

Multinacional líder en fabricación y exportación de ataúdes, con .... (7) en varios países del mundo, ofrece un puesto de

JEFE DE VENTAS
para su filial en Alemania.

Funciones:
Promover nuestro producto en ese país. Estudio de necesidades. Participación en la definición de estrategias de ventas. Asesoramiento al cliente.

Se requiere:
Experiencia .... (8) de 3 a 5 años como delegado comercial en sectores de gran consumo, con grandes pedidos internacionales. Es imprescindible un nivel muy alto de alemán e inglés y titulación media o superior en área comercial.

Se ofrece:
Incorporación inmediata. Buen ambiente de trabajo.
.... (9): 30.000 € fijo + comisiones.

D

Simón Rico, empresa de bricolaje del grupo Sí-RICO .... (10) en la comercialización de herramientas eléctricas, necesita incorporar un/a

COMERCIAL
para gestionar la zona Madrid – Centro de España.

Funciones: Promoción y comercialización de varias familias de productos de bricolaje a través del canal tradicional (ferreterías y distribución).
Requisitos mínimos: Formación Profesional o .... (11) de estudios superiores en Comercio y Márketing. Experiencia profesional mínima de 1 año como vendedor o en posición similar, preferiblemente en sectores afines. Persona con iniciativa, dinamismo, capacidad de aprendizaje y orientación a resultados. Residencia en Madrid o cercanías. .... (12) a desplazarse y con permiso de conducir.
Se ofrece: Horarios flexibles. Salario 28.000 € fijo + dietas.

b **¿De qué oferta de empleo hablan Cristina y Nacho? Escribe en la línea el número de anuncio correspondiente.**

1 Nacho: "Este sí, ¡Internet es lo mío! Y además pagan comisiones…"   ....
2 Nacho: "¿Y tú me ves vendiendo ataúdes? ¡¿A mí?! ¿Y en alemán?   ....
3 Nacho: "Ya…, y también pone que hay que tener por lo menos 4 años de experiencia…" ....
4 Cristina: "Buscan a gente que viva en Madrid o alrededores… eso incluye Alcalá de Henares, ¿no?"   ....

c **¿A cuál de estas ofertas de empleo se refiere Carmelo, el autor de la carta del ejercicio 6?**

11 B

8 Servicios que sí venden

a Observe la imagen que ha escogido una nueva empresa para su publicidad y haz hipótesis.

¿De qué tipo de empresa se trata?
....

¿Quiénes son sus clientes?
....

Crea un eslogan para esta empresa:
....
....

b Lee la descripción de la empresa. ¿Qué servicio ofrece? Márcalo.

Holiday CAN Can

Si usted se va de vacaciones y no puede llevarse a su chucho consigo, no se preocupe, en nuestro hotel para perros nos encargaremos de él las 24 horas*. Para que la mascota se sienta como en casa y no eche de menos a sus dueños, nuestro servicio de alojamiento y atención – al animal, claro– incluye:

• Recogida y entrega a domicilio de la mascota.
• Tres comidas de calidad al día.
• Paseos diarios.

Otros servicios (a solicitud de los dueños):
• Consulta veterinaria.
• Peluquería, higiene y embellecimiento.
• Búsqueda de parejas para apareamiento y procreación.
• Cría y cuidado de cachorros.   *Por un período de hasta un mes

Se trata de...

☐ 1 una agencia que facilita los trámites para viajar con animales.
☐ 2 un hotel para personas solteras que quieren encontrar pareja.
☐ 3 un servicio de cuidado de perros para cuando sus dueños estén de vacaciones.
☐ 4 una elaboradora de comida para gatos.
☐ 5 una cafetería cuya especialidad son los perritos calientes.

c ¿Te gustaría trabajar en una empresa de este tipo? ¿Por qué?

9 ¿Eres un buen vendedor?

a Estos pares de objetos tienen el mismo nombre. Organiza la palabra y sabrás como se llaman.

 =  =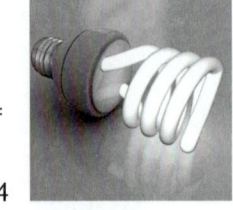

1   2   3   4

toba: ....   bibomlla: ....

b Si es necesario, infórmate sobre los objetos de las imágenes 1 y 3, y rellena las fichas.

1 Esto es ....
Se usa en (país/-es) .... para
....

3 Esto es ....
Se usa en (país/-es) .... para
....

c Imagina que quieres comercializar uno de estos dos productos en tu país. Para promoverlo, prepara un anuncio publicitario.

10 **¿Para qué?**

a **Marca la opción correcta.**

1 Para que nuestro producto *guste / gusta* tanto a jóvenes como a mayores, vamos a buscar modelos representativos de ambos grupos.
2 Baja las persianas *para / para que* la habitación se mantenga fresca.
3 Para *llegar / que llegues* a ser un campeón de baile tienes que esforzarte mucho, sacrificar muchas cosas de la vida.
4 Tengo que dejar todo el trabajo terminado *para que / para* poder irme de vacaciones tranquilamente.
5 Para *optar / optes* por esa plaza piden muchísimos requisitos.
6 Infórmate bien, porque creo que *para que viajes / para viajar* a ese país tienes que pedir una visa.

b **Relaciona los elementos y construye cinco frases utilizando para o para que.**

1	Trabajadores motivados	.....	a buen ambiente de trabajo
2	Tener éxito	.....	b trabajar de forma profesional
3	Tener un buen grupo de trabajo	.....	c diferentes tipos de personas
4	Tener mejores resultados	.....	d elogiar a los empleados
5	Los empleados se quedan en la empresa	.....	e pagar un buen sueldo

11 **¿Hablan de mí?**

a **¿Con qué prototipo relacionas estas características personales?**

> puntual ▌ comunicativo/-a ▌ de buen humor ▌ creativo/-a ▌ decidido/-a ▌ cordial ▌ reflexivo/-a
> serio/-a ▌ sabe motivar ▌ flexible ▌ callado/-a ▌ disciplinado/-a

líder	conciliador	pensador	cumplidor

b **Aquí se definen algunas características personales que se requieren para una profesión. Completa.**

> natural ▌ optimista ▌ actualizada ▌ amable ▌ multidisciplinar ▌ seria ▌ trabajadora
> creativa ▌ organizada ▌ abierta

Para esta profesión se requiere que la persona sea…
- .... (1), pues tendrá que elaborar diariamente contenidos atractivos, innovadores y frescos para las redes sociales.
- .... (2) y motivadora, ya que hay saber estimular tanto a los consumidores como al personal de su empresa. Debe saber convencer en las redes sociales para vender las marcas.
- .... (3), ... (4) y responsable para actuar respetando el organigrama de la empresa y cumplir sus normas, métodos y plazos.
- Curiosa, ... (5) y .... (6): debe ser una persona interesada por la actualidad, que esté informada de las últimas novedades en nuevas tecnologías y las aplique. Tiene que estar en constante proceso de aprendizaje y reciclaje.
- .... (7): en contra de lo que se piensa, en esta profesión no se trata de pasar el día yendo a eventos, sino escribiendo informes, desarrollando propuestas y dinamizando comunidades.
- .... (8): es versátil, domina en su carrera disciplinas muy variadas dependiendo de la empresa para la que trabaje.
- .... (9), ... (10) y empático, pues tiene que saber adaptar el discurso de la empresa al lenguaje apropiado para cada foro y dirigirse a los consumidores con cortesía y educación. Simpatiza con públicos muy diversos.

12 **Cara a cara**

a Ralf (alemán) y Manuel (español) son colegas y
   trabajan juntos en una oficina. Un día discuten
   sobre diferencias culturales.
   ¿Quién crees que dice qué... de quién?
   Marca la opción que consideres correcta.

	lo dice	habla de los
1 "Al principio, lo primero que pensé fue: ¡Qué maleducados! Imagínate que no saben qué es un small talk... Y si les quieres dar un abrazo, se echan hacia atrás, parece que huyen de ti..."	☐ Ralf ☐ Manuel	☐ alemanes ☐ españoles
2 "¿Y vosotros, que no dejáis hablar a nadie, que interrumpís constantemente...? Lo que pasa es que vosotros sois mucho más comunicativos y extrovertidos... "	☐ Ralf ☐ Manuel	☐ alemanes ☐ españoles
3 "Nosotros necesitamos más tiempo para conocer a las personas, tal vez por eso parecemos más distantes."	☐ Ralf ☐ Manuel	☐ alemanes ☐ españoles
4 "Mira, en eso tienes razón. Somos así, si no te impones, no hablas."	☐ Ralf ☐ Manuel	☐ alemanes ☐ españoles
5 "Vosotros no levantáis la voz, sois grandes oradores, os encantan las frases hechas, las fórmulas, la cortesía robotizada..., pero también sois capaces de enviar a alguien al diablo sin mover un solo músculo."	☐ Ralf ☐ Manuel	☐ alemanes ☐ españoles
6 "Otra cosa que encuentro alucinante es que, nada más conocerte, te pregunten cuánto ganas y cuánto pagas por tu apartamento. Eso sí, cuando mostráis interés por alguien, es de verdad, no por ningún protocolo social."	☐ Ralf ☐ Manuel	☐ alemanes ☐ españoles
7 "Eso es porque somos sinceros."	☐ Ralf ☐ Manuel	☐ alemanes ☐ españoles
8 "Es que parece que no os tomáis las cosas en serio. Mi impresión es que vosotros no os preocupáis tanto por el mañana, sino que disfrutáis el presente. Sois a veces superficiales, pero eso de que sois impuntuales e irresponsables, yo no lo puedo confirmar. En general, yo me divierto trabajando con vosotros. En el fondo tú y yo hacemos un buen equipo de trabajo: dentro y fuera de la oficina... A propósito, son las 5:30, hora de irse... ¿nos tomamos una cerveza en el Ferdinand?"	☐ Ralf ☐ Manuel	☐ alemanes ☐ españoles
9 "Sí, claro, vamos a tomar algo, pero... ¿a quién le toca pagar hoy?"	☐ Ralf ☐ Manuel	

b **¿Tienes un compañero de trabajo de otra cultura? ¿Conoces a alguien que lo tenga?**
   Hazle una entrevista para obtener información sobre las diferencias que percibe entre
   su cultura y la extranjera en el ámbito laboral.

13 **a** Escucha las frases y fíjate en las palabras con *ps-*, *obs-*, *abs-* y *subs-*.
¿Cómo se pronuncian las palabras subrayadas? Elige la opción correcta.

a El año próximo, Luis va a empezar a estudiar Psiquiatría.

☐ *[psiquiatría]* ☐ *[siquiatría]*

b El té verde contiene substancias muy beneficiosas para la salud.

☐ *[substancias]* ☐ *[sustancias]*

c A veces el arte moderno me parece demasiado abstracto.

☐ *[abstracto]* ☐ *[astracto]*.

d El médico le ha recomendado a Pablo ir a un psicólogo debido a su obsesión por la comida.

☐ *[psicólogo]* ☐ *[sicólogo]*

☐ *[obsesión]* ☐ *[osesión]*

e Después de la nueva terapia, los enfermos lograron vencer los obstáculos psicomotrices

☐ *[obstáculos]* ☐ *[ostáculos]*

☐ *[psicomotrices]* ☐ *[sicomotrices]*

f Estoy absolutamente de acuerdo con sus observaciones.

☐ *[absolutamente]* ☐ *[asolutamente]*

☐ *[observaciones]* ☐ *[oservaciones]*

b **Completa la regla.**

> **Los grupos consonánticos *ps-*, *obs-*, *abs-* y *subs-***
>
> • El grupo consonántico *ps-* siempre se pronuncia como .... al principio de palabra, por ejemplo, *psicosis*, o .... Esta combinación *ps- se* encuentra en palabras de origen griego *psyché* (alma). En algunos ejemplos incluso se escriben sin *p*, *(p)seudónimo*. A final de palabra, como *bíceps* o *tríceps*, las <u>dos</u> consonantes se pronuncian *[bíceps, tríceps]*.
>
> • En los grupos *obs-*, *abs-* y *subs-* seguidos de <u>vocal</u> la *b* se pronuncia de forma muy débil, como por ejemplo en *observar*, ..., ...
> o ....
> En los grupos *obs-*, *abs-* y *subs-* seguidos de <u>consonante</u>, la b prácticamente no se pronuncia y la s como [s], así por ejemplo en *obstante [ostante]*, ...,
> .... o ....
> Incluso algunas palabras se escriben ahora solo con *s*: *obscuro → oscuro, substancia → sustancia, substantivo → sustantivo o subscribir → suscribir*.
>
> **¡Fíjate!**

c **Escucha de nuevo las frases de 13a y repítelas.**

Unidad 12

A

1 Así es la vida

a ¿De qué etapa de la vida se habla? Relaciona.

1 Último período de la vida ordinaria del hombre.   ..... a la adolescencia
2 Período de la vida humana desde que se nace hasta la pubertad.   ..... b la juventud
3 Edad que se sitúa entre la infancia y la edad adulta.   ..... c la infancia
4 Etapa biológica que comienza en la pubertad y termina con el completo desarrollo del organismo humano.   ..... d la vejez

b ¿En qué etapa de la vida están estas personas?

1 Marcos tiene 4 años: ....   4 Tomás está jubilado desde hace ya 20 años:
2 Leticia va a la Secundaria: ....
3 Maite va a cumplir 23: ....

c ¿Qué asocias con las etapas de la vida de 1b?

1 *juego,* ....   2 *música,* ....   3 *trabajo,* ....   4 *experiencia,* ....
....
....
....

d José Luis responde en un foro a la pregunta "¿Cuál es la mejor etapa de la vida?" Lee. ¿Estás de acuerdo con él? Escribe tu opinión en tu cuaderno.

> **José Luis**
> **Mejor respuesta - elegida por los votantes**
>
> Creo que la mejor etapa de la vida es la adolescencia, la época de estudiante, cuando comienzas a tener novia, a salir con los amigos. Es una etapa bonita porque no tienes obligaciones, preocupaciones ni compromisos serios. Sólo tienes que ocuparte de estudiar y el resto es diversión.
> salu2
>
> Ya no puede recibir valoraciones   1

2 En familia

a Selecciona la opción correcta.

1 Estamos casados. Fernando es mi   ☐ novio ☐ marido.
2 Los hijos de mis tíos son mis   ☐ sobrinos ☐ primos.
3 La madre de mi padre es mi   ☐ tía ☐ abuela.
4 El marido de mi hermana es mi   ☐ cuñado ☐ yerno.
5 Mi esposa es la   ☐ nuera ☐ cuñada   de mis padres.
6 La hija de mi hermano es mi   ☐ nieta ☐ sobrina.
7 Nuestra familia es enorme. Tenemos muchísimos   ☐ relativos ☐ parientes.

b Charo habla de su familia. Escucha y responde: ¿Verdadero o falso?

	V	F
1 Ramón y Charo llevan más de 40 años de matrimonio.	☐	☐
2 Tiene tres hijos y seis nietos.	☐	☐
3 Ada, una de sus nietas, se divorció una vez.	☐	☐
4 No todos los hijos tuvieron una boda religiosa.	☐	☐
5 Todos los nietos están bautizados.	☐	☐

3 Modelos de familia

a Lee los textos. ¿Qué tipos de familia se describen?

2

| extendida | nuclear | monoparental | reconstituida |

1

COMO EN LAS TELESERIES

"Ésta es Jana – dice Marina a sus amigas del cole en la fiesta de su noveno cumpleaños señalando a una invitada más pequeña, siete años, que el resto de la panda.
- ¿Y Jana qué es?
- Pues Jana.
- Sí, pero ¿qué es tuyo?
- Pues la hija de la novia de mi padre."
José y Lourdes, cuarentones, divorciados ambos de sus primeros matrimonios, crearon un nuevo hogar cuando se casaron y tuvieron a Vera, de dos años, su única hija común. José tiene una hija de su anterior esposa: Marina. Lourdes, dos: Helio y Jana. Viven todos juntos. Bueno, Marina viene y va. Este curso escolar le toca estar con su padre, pero el próximo estará con su madre, dado que ambos ex cónyuges tienen la custodia compartida de la niña. La madre de Lourdes es viuda y vive en casa a temporadas para cuidar de todos mientras su hija, azafata de Iberia, vuela por el mundo.

UNA DECISIÓN VALIENTE

Ángela siempre supo que iba a ser madre: "Era algo que me nacía, pero no estoy loca. Lo hice cuando pude, cuando consideré que era el momento adecuado emocional y laboralmente."

Como no encontraba un hombre con el que quisiera tener hijos, poco antes de cumplir los 35 años comenzó el proceso de inseminaciones que medio año más tarde la convirtió en madre de Ana. El abuelo, el tío, el novio y los amigos de mamá… en la vida de Ana no faltan las figuras masculinas. Pero no hay padre. "Tengo papá –aclara la niña- pero no se sabe quién es. Y él tampoco sabe que soy su hija, sólo dio su semillita. Mi familia somos mi mamá y yo".
Ángela está orgullosa de su decisión, aunque reconoce que este modelo de familia tiene sus desventajas: "Lo peor, la soledad cuando Ana se pone enferma."

b Dibuja el árbol genealógico de Jana. ¿Qué parentesco une a Jana, Marina, Vera y Helio?

4 Divorcio. Lucía y Juanma se han divorciado. Ahora discuten quién se queda con qué. **Completa adecuadamente los posesivos.**

- La tele del cuarto me la llevo yo. Es m..... (1). Recuerda que me la regaló uno de m..... (2) hermanos.
- Sí, claro. Si es t........ (3), llévatela. Y llévate también t........ (4) cajones de papeles y t........ (5) muebles viejos.....
- ¿De qué muebles hablas? Si los m..... (6) los tiraste. Esos que están en el trastero son todos t........ (7).
- Da igual. Aunque no sean los t........ (8) puedes llevártelos también. Eso sí, no te lleves ninguno de m..... (9) libros, que he visto algunos de ellos entre t........ (10) novelas aburridas.
- Tranquila, que a mí tampoco me interesan t........ (11) novelitas rosa.
- Ah, mira, y de paso llévate también las cortinas que nos regaló t........ (12) madre. Siempre dudé de s..... (13) buen gusto…
- Con m..... (14) madre no te metas, que yo no he dicho nada de la t........ (15).

5 ¿De quién?

a Corrige las frases usando el posesivo adecuado.

1 Este cuadro me lo regaló una *amiga de mí*.
2 Este es Gonzalo, un tío *de nosotros*.
3 ¿Quién es este? ¿Un primo *de vosotros*?
4 Aquí tiene un mensaje de un cliente *de usted*.
5 Van a exponer una de las pinturas *de él*.

b Formula las frases de otra manera según el modelo.

1 Frank está en Berlín con *uno de sus amigos*. *Frank está en Berlín con un amigo* **suyo**.
2 *Una de mis colegas* se va a casar pronto. *Una colega* ....
3 Tamara me ha dejado *una de sus bicicletas*. *Tamara me ha dejado una* ....
4 Ayer vino mi hija con *uno de sus compañeros* de la uni. *Ayer vino mi hija con un* ....
5 *Dos de nuestros nietos* viven en Argentina. *Dos nietos* ....
6 *Uno de sus hijos* es adoptado. *Un hijo* ....
7 ¿*Alguno de vuestros hijos* está casado? *¿Algún hijo* ....

6 Verbos para todo. Continúa la serie con al menos 3 elementos.

a hacer *ruido*, ..., ..., ..., ...
b llegar *tarde*, ..., ..., ..., ...
c colgar *el teléfono*, ..., ..., ..., ...
d encender *la luz*, ..., ..., ..., ...
e poner *un anuncio en el periódico*, ..., ..., ..., ...
f ponerse *la ropa*, ..., ..., ..., ...
g llevar *gafas*, ..., ..., ..., ...
h irse *de vacaciones*, ..., ..., ..., ...
i quitarse *el abrigo*, ..., ..., ..., ...
j estar *harta/o*, ..., ..., ..., ...

7 Así es la convivencia

a Completa con la forma adecuada del presente de subjuntivo.

1 Te prohíbo que (tú / salir) .... a la calle vestida así.
2 Espero que (vosotros / llevarse) .... bien y no (vosotros / discutir) ....
3 Los psicólogos nos han aconsejado que no (prestar) .... tanta atención a los caprichos de los niños.
4 No te permito que me (tú / hablar) .... en ese tono.
5 Quiero que (vosotros / irse) .... ahora mismo a la cama.
6 Tu hermana está estudiando. Baja un poco la tele para que (poder) .... concentrarse.
7 Estoy harta de que siempre (ellos / dejar) .... la ropa tirada por todas partes.
8 Lo único que te pedimos es que (ocuparse) .... de bajar la basura todos los días. ¡Y ni eso haces!
9 Me encanta que nuestros nietos (venir) .... a visitarnos. ¡Son unos angelitos!

b ¿A cuáles de las frases anteriores crees que corresponden estas réplicas?

.... A Vale, vale, papá. Es que tengo tantas cosas…, y a veces se me olvida. Os prometo que a partir de hoy lo voy a hacer sin falta.

.... B Pero me lo dices a mí, que no soy el desordenado… Venga, tranquilízate, que ya hablo yo con ellos. Verás como no lo hacen más.

.... C Pues a mí me ponen de los nervios… ¡Mira cómo lo dejan todo! ¡Unos maleducados, eso es lo que son!

.... D ¡Ja! Ni lo sueñes. Que se vaya a su habitación, ¿no ves que es una pesada? ¡No la soporto!

.... E Ah, ya basta mamá. Estoy cansada de que me digan cómo tengo que hacer la cosas.

.... F A ver, no quiero ser grosero. Pero tú también tienes que oírme.

63–68

c Escucha y comprueba.

8 Acontecimientos de una vida

a Completa esta biografía con la forma adecuada del pretérito indefinido.

> dedicarse ❙ licenciarse ❙ comenzar ❙ estar ❙ morir ❙ tener ❙ trasladarse ❙ descubrir ❙ jubilarse
> irse ❙ emprender ❙ recibir ❙ dejar ❙ ser (2x)

Severo Ochoa: "Me considero un exiliado científico, no político"

Severo Ochoa de Albornoz nació en Luarca (Asturias) el 24 de septiembre de 1905. En 1912, ... (1) su padre. La familia se marchó a Málaga y después él .... (2) a Madrid para estudiar medicina. Vivió en la Residencia de Estudiantes, en la que ingresó en 1927 y donde .... (3) compañero de grandes intelectuales y artistas como García Lorca y Salvador Dalí. En 1929 .... (4) por la Universidad Complutense de Madrid y poco después se doctoró. Sin embargo, nunca ejerció la medicina.
.... (5) en las Universidades de Glasgow, Berlín, Londres y Heidelberg, donde trabajó en el Instituto Kaiser Wilhelm para la Investigación Médica, bajo la dirección del profesor Otto Meyerhof, cuya influencia .... (6) decisiva en su futura carrera científica.
En 1931, regresó a Madrid y se casó con Carmen García Cobián. Fue nombrado Profesor ayudante en la Facultad de Medicina de Madrid, puesto que ocupó hasta 1935.
En 1936 estalló la Guerra Civil Española y Ochoa .... (7) que buscar ambientes más propicios para la investigación. Volvió a Alemania, al laboratorio de Meyerhof de Heidelberg. No se quedó mucho tiempo, pues llegaron los nazis al poder y tuvo que salir del país. En 1937 .... (8) a Plymouth y allí investigó en el Laboratorio de Biología Marina, y desde 1938 hasta 1941 .... (9) a estudios biológicos en el Laboratorio de Rudolph Peters de la Universidad de Oxford.
En 1941 emigró a los Estados Unidos por el estallido de la Segunda Guerra Mundial y en 1942, ... (10) a trabajar en la Universidad de Nueva York. Allí permaneció gran parte de su vida y .... (11) una carrera de investigación. En 1955 .... (12) y aisló una enzima (conocida posteriormente como ARN-polimerasa) de una célula bacteriana de Escherichia coli. En 1959 .... (13) el Premio Nóbel de Fisiología y Medicina, compartido con su discípulo norteamericano Arthur Kornberg, por sus descubrimientos sobre el mecanismo de la síntesis biológica del ARN y del ADN.
En 1971 lo nombran director del Laboratorio de Biología Molecular de la Universidad Autónoma de Madrid. .... (14) la Universidad de Nueva York en 1975, y en los 80 dirigió simultáneamente dos grupos de investigación en biosíntesis de proteínas, uno en Madrid y otro en Estados Unidos, hasta que en 1985 fijó su residencia definitivamente en España. .... (15) oficialmente en 1975, pero nunca abandonó la investigación.
En mayo de 1986 murió su mujer. A partir de entonces no publicó más. Murió el 1° de noviembre de 1993 en Madrid, como consecuencia de una neumonía.

b Resume lo que sabes sobre Severo Ochoa.

9 ¿Cuándo? Completa.

> hace ❙ próximo ❙ el otro ❙ en ❙ pasado ❙ dentro de ❙ que viene ❙ pasada

1 El cumpleaños de mi marido fue la semana ...., ¡y lo olvidé!
2 Si no comenzamos a ahorrar, el año .... no podremos viajar a Latinoamérica.
3 ¿De nuevo con lo mismo? ¿No hablamos de ese tema .... unos días?
4 .... dos semanas estaré de vacaciones... ¡por fin!
5 .... 1996 me fui a vivir a Argentina.
6 .... mañana llegarán nuestros amigos colombianos.
7 ¿Tenéis los currículos de los candidatos que se presentaron .... día?
8 Vale. Te llamo el .... lunes y hablamos.

10 En pasado

Completa con la forma del verbo indicada.

a   Esta semana (*p. perfecto*, nosotros / verse) .... solo dos veces.

b   ¿Qué (*p. indefinido*, vosotros / hacer) .... el sábado por la noche?

c   ¿Dónde (*p. indefinido*, tú / poner) .... mi bolso?

d   Este verano (*p. perfecto*, nosotros / volver) .... al pueblo donde
     (*p. indefinido*, yo / nacer) ....

e   Todavía no me (*p. perfecto*, ellos / decir) .... cuándo se van a casar.

f   Es muy temprano. Las tiendas todavía no (*p. perfecto*, abrir) ....

g   Los jefes de departamento (*p. indefinido*, ir) .... a la reunión y todos
     (*p. indefinido*, decir) .... que están muy contentos con nuestro trabajo.

11 Me cambió la vida…

a   Subraya la opción adecuada.

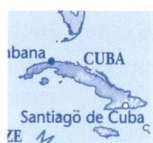

El actor cubano Jorge Perugorría *ha explicado/explicó* (1) hoy que interpretar a Diego en la película "Fresa y Chocolate", de su compatriota Tomás Gutiérrez Alea, cambió su vida y *supuso/había supuesto* (2) un importante giro en su carrera al abrirle las puertas del cine internacional, algo a lo que "no *ha aspirado/aspiraba*" (3).

"Mi única aspiración *ha sido/era* (4) trabajar en Cuba", ha recordado el actor más conocido de la isla caribeña, que mantiene su residencia en Santa Fe, a las afueras de La Habana.

Perugorría reconoce que la película cambió su vida, pero que ya antes esta *ha dado/había dado* (5) un giro de 180 grados cuando, en el preuniversitario, preparándose para estudiar Medicina, *asistió/asistía* (6) a una obra de teatro y se le metió en el cuerpo el "bichito de la actuación". "Ya no *pude/he podido* (7) pensar en otra cosa que en hacer teatro".

"Pichi", apodo por el que se conoce al actor, recuerda la "catarsis colectiva" que se *produjo/había producido* (8) entre el público que asistió al estreno en el Festival Internacional del Nuevo Cine Latinoamericano de La Habana (1993).

A partir de entonces, Perugorría, quien antes no *salió/había salido* (9) de Cuba, *empezó/empezaba* (10) un periplo exitoso por los festivales de cine internacionales.

**b   ¿Qué acontecimientos o experiencias crees que han cambiado tu vida?
Selecciona dos y explica por qué.**

12 Cosas que nos hacen felices

**a   ¿Qué verbos asocias con estas palabras? Puedes usar estos u otros.
Atención: algunos necesitan una preposición determinada.**

oler ❘ disfrutar (de) ❘ hacer ❘ leer ❘ tener ❘ estar ❘ escuchar ❘ vivir (cerca de / en / con) ver ❘ preparar ❘ ganar ❘ tocar ❘ quedar (con) ❘ pasear (con / por)

1   .... el mar

2   .... los amigos

3   .... deporte

4   .... el campo

5   .... música

6   .... una mascota

7   .... un instrumento musical

8   .... un buen libro

9   .... un viaje

10   .... el verano

11   .... mi pareja

12   .... mi familia

13   .... una cena

14   .... enamorada/-o

15   .... dinero

b Lee los siguientes fragmentos de un poema, ¿qué crees que hace feliz al autor?
  Marca la opción que consideres adecuada.

Al autor le hace feliz…   ☐ la soledad   ☐ estar en su ciudad favorita
                           ☐ estar junto a su pareja ☐ vivir a orillas del mar

Esta vez dejadme	(...)	dejadme	y su frescura.
ser feliz,	Tú a mi lado en la arena	en tu boca y en la arena	Hoy dejadme
nada ha pasado a nadie,	eres arena,	ser feliz,	a mí solo
no estoy en parte alguna,	tú cantas y eres canto,	ser feliz porque sí, porque respiro	ser feliz,
sucede solamente	el mundo	y porque tú respiras,	(...)
que soy feliz	es hoy mi alma,	ser feliz porque toco	
por los cuatro costados	canto y arena,	tu rodilla	
del corazón, andando,	el mundo	y es como si tocara	
durmiendo o escribiendo.	es hoy tu boca,	la piel azul del cielo	

c Los fragmentos anteriores son del poema "Oda al día feliz", del chileno Pablo Neruda.
  Infórmate sobre su biografía y anota tres acontecimientos que creas que fueron
  determinantes en su vida. Argumenta.

d ¿Y a ti, qué te hace feliz?
  Trata de resumirlo en diez frases.

A mí me hace feliz tener un empleo seguro. Me hace feliz que mis amigos se acuerden de mi cumpleaños...

13 Todo a su tiempo

a Completa según tus hábitos y actividades actuales.

1 Todos los días ....
2 Una vez / .... veces a la semana ....
3 Una vez / .... veces al mes ....
4 Una vez / .... veces al año ....
5 A veces ....
6 A menudo ....
7 Frecuentemente ....
8 De vez en cuando ....
9 Siempre ....
10 Nunca ....

b ¿Y cómo era antes? ¿Ha cambiado algo? ¿Por qué? Escríbelo.

Antes hacía algo de deporte todos los días. Ahora lo hago solo tres veces por semana, porque desde que cambié de trabajo tengo menos tiempo.

14 Una anécdota

Al largo de la vida se suceden acontecimientos (felices, tristes, ridículos, sorprendentes, extra-
ordinarios, etc.,) que por una razón u otra recordamos especialmente. Cuando contamos esos
acontecimientos a otras personas, solemos hacerlo en forma de anécdota. Escribe una breve
anécdota de un personaje conocido, o de la que tú misma/-o has sido protagonista.

15 La familia cubana

a Lee los comentarios de Gloria, una madre cubana, y complétalos con estas frases.

> "Lo importante no son los papeles, sino quererse y entenderse"
> "Nos apoyamos y nos cuidamos mucho los unos a los otros"
> "La familia tradicional todavía existe, pero está quedándose atrás"

.... (1), asegura
Gloria Fernández, una profesional de 42 años. "En mi casa vivieron
siempre seis personas. Pero después que murió mi abuela y mis padres se
divorciaron, quedamos solo mi mamá, mis dos hermanos y yo. Luego mis
hermanos se fueron de la casa: uno se casó y se fue a vivir con su esposa.
El otro emigró al extranjero. Y yo me quedé con mi mamá. Al poco
tiempo conocí a Lázaro y él vino a vivir con nosotras", cuenta.

Gloria nunca se ha casado, pero hace 13 años que vive con Lázaro, su
pareja, en La Habana. De la unión nació una niña que hoy tiene nueve
años. .... (2),
comenta Gloria. "A fin de cuentas, llevamos una vida igual a la de
cualquier matrimonio legalizado".

Ella trabaja en un hospital donde ejerce como enfermera, su compañero es pintor independiente
y su madre secretaria en una oficina. Los tres contribuyen a la economía familiar, además de la ayuda
económica que, cada vez que puede, le manda el hermano que "tiene afuera". Para los cubanos la
familia es muy importante. .... (3), asegura
Gloria.

**b Lee el siguiente texto y compara la información con la situación en tu país. ¿Qué es parecido
y qué es diferente? Escribe un comentario para el foro de la revista "Familias de hoy".**

"Dedicarle tiempo a la familia", "Estar en familia", "Ser como familia" o frases semejantes,
forman parte del lenguaje cotidiano de los cubanos.

Entre viejas y nuevas formas de hacer vida en familia, Cuba comparte muchas de las tendencias de
la institución familiar en el mundo y en América Latina y el Caribe, según el Servicio de Noticias
para la Mujer de la isla. Los especialistas identifican algunas características comunes en la región,
como la reducción del tamaño de los grupos familiares, el aumento de las relaciones prematrimo-
niales, el embarazo adolescente, los hogares monoparentales, las separaciones y las uniones sucesi-
vas, las familias reconstituidas, así como la coexistencia del matrimonio formal y las relaciones
consensuales.

Más uniones libres y mujeres jefas de hogar, pocos hijos y
cierta preferencia a vivir en pareja –no importa si es con boda
o sin ella– se han convertido en rasgos habituales de la familia
cubana.

El núcleo familiar se reduce, pero en Cuba, para muchos, la
familia es algo más que las personas que viven bajo el mismo
techo. Las relaciones entre parientes son muy estrechas; aun
cuando vivan lejos, los encuentros son generalmente frecuen-
tes y sistemáticos, no se limitan solo a determinados acontecimientos o fechas significativas. Los
cubanos también suelen tratar como "familia" a otras personas con las que no tienen vínculo de
sangre, como es el caso de amigos y vecinos.

16 a Lee las frases y subraya las palabras en mayúscula.

a   En Semana Santa vamos a recorrer el último tramo del Camino de Santiago hasta llegar a la Catedral de Santiago.

b   Este domingo en El País se publica un artículo muy interesante sobre la distancia entre la Luna y la Tierra.

c   Luis termina Psicología el próximo año.

d   El rey ha otorgado esta semana el Premio Cervantes al escritor chileno Nicanor Parra.

e   Han abierto una nueva tienda de Zara en la calle Serrano.

f   Durante el Campeonato Mundial de Fútbol la FIFA sancionó a varios jugadores.

g   El Guernica de Picasso, que representa el bombardeo de la ciudad del mismo nombre durante la Guerra Civil, se encuentra en el Reina Sofía.

h   Según informaciones del Gobierno, la Hacienda Pública recaudará este año más dinero.

i   En algunas religiones está prohibido representar a Dios en imágenes.

b Lee las explicaciones y busca ejemplos en 16a.

mayúsculas II

• En español se usa la <u>mayúscula</u> para indicar que un nombre o grupo de nombres designa algo o a alguien como único (singularizado); esto está claro en nombres de persona y apellidos o nombres de continentes, países y ciudades *Europa, Rusia, Berlín*.

• Pero ten en cuenta que también se escriben con <u>mayúscula</u>
  – nombres de materias y disciplinas: ....
  – entidades, organismos e instituciones: ....
  – marcas comerciales: ....
  – signos del zodiaco, nombres de constelaciones, estrellas y planetas; en el caso de *la Tierra, la Luna y el Sol* en contextos astronómicos: ....
  – títulos de obras literarias o artísticas (libros, películas o cuadros), artículos de prensa, nombres de publicaciones periódicas: ....
  – nombres de premios: ....
  – competiciones y equipos deportivos: ....
  – nombre de divinidades, así Dios como divinidad única: ....
  – regiones, barrios, calles, caminos y rutas turísticas: ....
  – referencias temporales, cronológicas o históricas: ....
  – establecimientos comerciales, recreativos o culturales como edificios y monumentos: ....

• Las siglas como RENFE o .... y la abreviatura de tratamientos (Sr., Dra. o Lic.) se escriben en mayúscula.

¡Fíjate!

c Elige la opción correcta.

a   Luis se cree un ☐ dios ☐ Dios.

b   Para mi gusto, la ☐ arquitectura ☐ Arquitectura del edificio es demasiado moderna.

c   Le cantó una canción a la luz de la ☐ luna ☐ Luna.

d   La ☐ bolsa ☐ Bolsa de Madrid se encuentra en un antiguo palacio de estilo neoclásico.

e   La nota de Selectividad para estudiar ☐ medicina ☐ Medicina es muy alta.

O
T
R
A

V
U
E
L
T
A

Marca la opción correcta.

1. ■ Esta escultura es una obra de arte.
   ¡Qué ....!
   ● Pues a mí no me gusta mucho, la verdad.
   ☐ a extraña
   ☐ b maravilla
   ☐ c aburrida

2. ■ ¡Las pirámides mayas son ....!
   ● Es verdad.
   ☐ a impresionantes
   ☐ b fantásticos
   ☐ c preciosidad

3. ■ ¡Qué extraño que no te .... sus cuadros!
   ● Bueno, el tema no me interesa mucho.
   ☐ a impresionen
   ☐ b impresione
   ☐ c impresionan

4. ■ ¿ .... visitamos a Javier?
   ● Sí, buena idea.
   ☐ a Qué te parece
   ☐ b Qué te parece que
   ☐ c Qué te parece si

5. ■ Fermín y yo hemos roto nuestra relación.
   ● ¡Vaya qué pena! ....
   ☐ a Entiendo que estés triste.
   ☐ b Estás muy harta.
   ☐ c Siento que estés celosa.

6. ■ Vivo en Sevilla .... tres meses.
   ● ¿De verdad?
   ☐ a desde
   ☐ b desde hace
   ☐ c hace

7. ■ Jaime y yo llevamos mucho tiempo .... vernos.
   ● ¡Vaya! No lo sabía.
   ☐ a llevando
   ☐ b sin que
   ☐ c sin

8. ■ .... Sra. Martínez:
   En respuesta a su anuncio en su página web, le envío mi currículum vitae...
   ☐ a Querida
   ☐ b Muy
   ☐ c Estimada

9. ■ En espera de sus .... se despide atentamente,
   Jaime Valdivia
   ☐ a saludos
   ☐ b noticias
   ☐ c diálogos

10. ■ Te enviamos el informe .... nos des tu opinión.
    ● De acuerdo.
    ☐ a para que
    ☐ b para
    ☐ c porque

11. ■ Los padres de mi madre son ....
    ☐ a mis abuelos paternos
    ☐ b mis abuelos fraternos
    ☐ c mis abuelos maternos

12. ■ El abrigo de la derecha es el ....
    Me lo regaló mi hermano.
    ● ¡Qué bonito!
    ☐ a mío.
    ☐ b tuyo.
    ☐ c suyo.

13. ■ ¡........................ el abrigo!
    ● ¡Pero si no hace frío!
    ☐ a Métete
    ☐ b Quítate
    ☐ c Ponte

14. ■ María, no quiero que te .... mis zapatos.
    ● Anda, déjamelos solo hoy.
    ☐ a coloques
    ☐ b metas
    ☐ c pongas

15. ■ ¡Estoy realmente ....!
    ● ¿Y por qué no cambias de trabajo?
    ☐ a harta
    ☐ b las narices
    ☐ c pesada

(Autoevaluación IV)

Esta autoevaluación te ayuda a seguir tus progresos en español según las destrezas *escuchar, leer, hablar* y *escribir.* Utiliza para ello los siguientes símbolos y ponlos en la columna de "Soy capaz":

++ Soy muy capaz.   + Soy capaz.   ! Me resulta difícil.

Si lo ves necesario puedes volver a hacer las ejercicios de las unidades indicadas del libro o utilizar otros materiales que se encuentran en www.hueber.de/ene

	Soy capaz	Unidad
Escuchar		
Soy capaz de comprender los detalles de lo que se dice en una charla breve, si dispongo de información sobre el tema y se habla de forma clara.		10
Soy capaz de captar lo esencial de las noticias de la radio si tratan temas conocidos.		11
Soy capaz de captar lo esencial de una conversación de cierta longitud, si se habla de forma clara y lenta, y dispongo de información sobre el tema.		12
Leer		
Soy capaz de comprender la información más relevante en textos breves, por ejemplo, la trama de un libro.		10
Soy capaz de comprender notas con información o indicaciones de la vida cotidiana, tanto en el ámbito personal como profesional.		11
Soy capaz de comprender los puntos esenciales de artículos de prensa o informes breves sobre temas conocidos o de actualidad, consultando si es necesario un diccionario.		12
Hablar		
Participar en conversaciones (interacción)		
Soy capaz de expresar sentimientos tales como consuelo, empatía, tristeza, interés, agrado, desagrado o extrañeza.		10
Soy capaz de desenvolverme en conversaciones generales sobre temas de mi especialidad, pidiendo ayuda a mis interlocutores si es necesario.		11
Soy capaz de expresar mis puntos de vista o dar informaciones personales sobre un tema de actualidad.		12
Hablar en contexto		
Soy capaz de describir sentimientos y reacciones, por ejemplo, frente a una obra de arte.		10
Soy capaz de relatar la trama de un libro y de describir mis reacciones.		11
Soy capaz de dar cuenta detallada de experiencias o acontecimientos, haciendo las pausas necesarias al hacerlo.		12
Escribir		
Soy capaz de expresar de forma escrita la trama de un libro, o de comentar una obra de arte.		10
Soy capaz de escribir una breve carta de solicitud y dar cuenta de los detalles más importantes de mi currículum vitae.		11
Soy capaz de escribir cartas personales a amigos o conocidos narrando acontecimientos que me han causado satisfacción o insatisfacción, por ejemplo en una carta dirigida a mi profesor.		12

Die systematische Grammatikübersicht umfasst die Grammatikinhalte von **eñe B1.1** (U1 – U6) und **eñe B1.2** (U7 – U12). Die neuen Grammatikthemen von **eñe B1.2** sind zur leichteren Auffindbarkeit mit einem blauen Seitenbalken gekennzeichnet.

Inhalt

1 Das Verb

1.1 Das Perfekt: Der Kontrast *Indefinido* – Perfekt U1, U12

ZU FORMEN UND GEBRAUCH DES PERFEKT SIEHE eñe A2, S. 220 – 221

◆ Das Perfekt wird verwendet, wenn der Sprecher die vergangene Handlung als noch aktuell betrachtet oder als in die Gegenwart reichend erlebt. Hat sich die vergangene Handlung in einem für den Sprecher abgeschlossenen Zeitraum ereignet, wird das *Indefinido* verwendet.

El año pasado hice un curso de sevillanas. Y este verano **he hecho** un taller de flamenco.
Letztes Jahr habe ich einen Sevillanas-Kurs belegt, diesen Sommer habe ich einen Flamenco-Workshop gemacht.

⚠ Wenn der Sprecher die Aktualität oder Unmittelbarkeit eines Ereignisses besonders betonen möchte, z.B. wenn der Sprecher eine besondere Neuigkeit berichten möchte, kann er sich jedoch durch die Wahl des Perfekts über die oben genannte Regel hinwegsetzen.

¿Sabes que la semana pasada **han abierto** un bar nuevo en tu calle?
Weißt du, dass letzte Woche eine neue Bar in deiner Straße geöffnet hat?

1.2 Das *Indefinido* El curso **fue** muy divertido. U1, U7, U12

ZU FORMEN UND GEBRAUCH DES *INDEFINIDO* SIEHE eñe A2, S. 221 – 223

◆ Das *Indefinido* wird auch verwendet, wenn der Sprecher ein vergangenes Ereignis oder eine vergangene Handlung bewerten möchte.

Mis años de escuela **fueron** muy positivos. **Tuve** unos profesores muy buenos y tolerantes, en general. *Die Jahre meiner Schulzeit waren sehr gut. Ich hatte im Allgemeinen ganz gute und tolerante Lehrer.*

⚠ In Berichten über historische Ereignisse können diese statt im *Indefinido* im Präsens erzählt werden, um das Geschehene dadurch in eine Zeitebene zu rücken, die dem Zuhörer oder Leser näher ist. Diese Verwendung des Präsens wird *presente histórico* genannt.

Miguel de Cervantes **nace** en 1547 en Alcalá de Henares.
Miguel de Cervantes wird 1547 in Alcalá de Henares geboren.
En el siglo XIII, Alfonso X **impone** el castellano como la lengua oficial del reino de Castilla y León.
Im 13. Jahrhundert verleiht Alfonso dem Spanischen den Rang der offiziellen Sprache des Königreichs Castilla und León.

1.3 Das *Imperfecto* En el recreo **solíamos** jugar mucho. U1, U7

ZU FORMEN UND GEBRAUCH DES *IMPERFECTO* SIEHE eñe A2, S. 223 – 224

Das *Imperfecto* wird verwendet
◆ wenn der Sprecher Situationen oder Umstände in der Vergangenheit beschreiben möchte.
Los maestros nos **dejaban** trabajar en grupos. *Die Lehrer ließen uns in Gruppen arbeiten.*

◆ wenn vergangene Handlungen vom Sprecher als gewohnte oder regelmäßig wiederholte Handlungen dargestellt werden.
Solíamos ir andando a la escuela. *Wir sind zu Fuß zur Schule gegangen.*

◆ wenn der Sprecher ausdrücken möchte, dass er eine Information nicht kannte.
¡**No sabía** que hoy es tu cumpleaños! ¡Felicidades! *Ich **wusste nicht**, dass du heute Geburtstag hast! Herzlichen Glückwunsch!*

1.4 Das Plusquamperfekt

Cuando llegó al restaurante, ella ya **se había ido.** **U3, U12**

1.4.1 Die Formen

◆ Das Plusquamperfekt wird gebildet mit einer Form des Hilfsverbs *haber* im Imperfekt und dem Partizip Perfekt des Hauptverbs. Das Partizip Perfekt steht unmittelbar nach der Form von *haber* und ist unveränderlich.

◆ Zur Bildung des Partizips, siehe eñe A2, S. 220.

	Imperfekt *haber*	Partizip
yo	había	
tú	habías	estudi**ado**
él, ella, usted	había	com**ido**
nosotros/-as	habíamos	sal**ido**
vosotros/-as	habíais	
ellos/-as, ustedes	habían	

1.4.2 Der Gebrauch

Mit dem Plusquamperfekt wird – ähnlich wie im Deutschen – ausgedrückt, dass eine Handlung oder ein Ereignis (im Plusquamperfekt) bereits vor einer anderen Handlung oder einem anderen Ereignis der Vergangenheit geschehen ist.

Llegué tarde a la cita, y Mari Carmen ya **se había ido**.   *Ich bin zu spät zur Verabredung gekommen, und Mari Carmen war schon gegangen (Sie war schon gegangen, bevor ich kam).*
Cuando quise ayudarle ya **había terminado** su trabajo.   *Er hatte seine Arbeit schon beendet, als ich ihm helfen wollte.*

1.5 Das Futur I *(El futuro simple)*

Pronto **desaparecerán** los glaciares. **U4**

1.5.1 Die Formen

◆ regelmäßig

Die Endungen für das Futur I sind für die drei Verbklassen gleich: **-é, -as, -a, -emos, -éis, -án**. Sie werden an den Infinitiv angehängt.		-ar bajar	-er perder	-ir subir
	yo	bajar**é**	perder**é**	subir**é**
	tú	bajar**ás**	perder**ás**	subir**ás**
	él, ella, usted	bajar**á**	perder**á**	subir**á**
	nosotros/-as	bajar**emos**	perder**emos**	subir**emos**
	vosotros/-as	bajar**éis**	perder**éis**	subir**éis**
	ellos/-as, ustedes	bajar**án**	perder**án**	subir**án**

◆ unregelmäßig
Einige Verben haben im Futur I eine unregelmäßige Stammform.
Die Endungen sind dieselben wie bei den regelmäßigen Formen.

	decir	hacer	poder	poner	querer	saber
yo	**dir**é	**har**é	**podr**é	**pondr**é	**querr**é	**sabr**é
tú	**dir**ás	**har**ás	**podr**ás	**pondr**ás	**querr**ás	**sabr**ás
él, ella, usted	**dir**á	**har**á	**podr**á	**pondr**á	**querr**á	**sabr**á
nosotros/-as	**dir**emos	**har**emos	**podr**emos	**pondr**emos	**querr**emos	**sabr**emos
vosotros/-as	**dir**éis	**har**éis	**podr**éis	**pondr**éis	**querr**éis	**sabr**éis
ellos/-as, ustedes	**dir**án	**har**án	**podr**án	**pondr**án	**querr**án	**sabr**án

Ebenso: salir → yo **saldr**é, tener → yo **tendr**é, venir → yo **vendr**é.

◆ Dieselben Unregelmäßigkeiten treten bei zusammengesetzten Verben auf, z.B. bei detener → yo de**tendr**é, proponer → yo pro**pondr**é.

◆ Die Futurform von **hay** lautet **habrá**.

1.5.2 Der Gebrauch

Das Futur I wird verwendet,

◆ um über Ereignisse und Handlungen zu sprechen, die in der Zukunft stattfinden und keinen unmittelbaren Bezug zur Gegenwart haben.
Si seguimos así, el hielo de los polos **se derretirá**.   *Wenn wir so weitermachen, wird das Eis an den Polen schmelzen.*

◆ um Vermutungen anzustellen.
Jordi no ha venido a trabajar... ¿no **estará** enfermo?   *Jordi ist heute nicht zur Arbeit gekommen ... Er wird doch nicht krank sein?*

1.5.3 Der Kontrast Futur I – *ir* + *a* + Infinitiv

Futur I	*ir* + *a* + Infinitiv
Der Sprecher verwendet diese Zeit, wenn er sich auf Ereignisse und Handlungen in der Zukunft bezieht oder etwas vermutet.	Der Sprecher wählt diese Zeit, wenn er das Kommende als etwas Unmittelbares darstellen möchte oder als eine zeitnahe Absicht oder festen Plan.
El próximo verano **iré** a México. *Nächsten Sommer werde ich nach Mexiko fahren.* → Der Sprecher informiert lediglich über ein zukünftiges Geschehen.	El próximo verano **voy a ir** a México. *Nächsten Sommer werde ich nach Mexiko fahren.* → Der Sprecher informiert darüber, dass er eine für ihn zeitnahe Reise geplant hat und er sie sicher ausführen wird, z.B. weil er die Reise schon gebucht hat.

1.6   Das Konditional I *(El condicional simple)*   Deberías hacer una viaje por el mundo.   U5

1.6.1 Die Formen

◆ regelmäßig

Wie beim Futur I sind die Endungen des Konditional I für alle Verbklassen gleich: **-ía, -ías, -ía, -íamos, -íais, -ían.** Sie werden an den Infinitiv des Verbs angehängt.		-ar bajar	-er perder	-ir subir
	yo	bajaría	perdería	subiría
	tú	bajarías	perderías	subirías
	él, ella, usted	bajaría	perdería	subiría
	nosotros/-as	bajaríamos	perderíamos	subiríamos
	vosotros/-as	bajaríais	perderíais	subiríais
	ellos/-as, ustedes	bajarían	perderían	subirían

◆ unregelmäßig

Einige Verben (vgl. Futur I) haben eine unregelmäßige Stammform im Konditional I.
Die Endungen sind dieselben wie bei den regelmäßigen Formen.

	decir	hacer	poder	poner	querer	saber
yo	**dir**ía	**har**ía	**podr**ía	**pondr**ía	**querr**ía	**sabr**ía
tú	**dir**ías	**har**ías	**podr**ías	**pondr**ías	**querr**ías	**sabr**ías
él, ella, usted	**dir**ía	**har**ía	**podr**ía	**pondr**ía	**querr**ía	**sabr**ía
nosotros/-as	**dir**íamos	**har**íamos	**podr**íamos	**pondr**íamos	**querr**íamos	**sabr**íamos
vosotros/-as	**dir**íais	**har**íais	**podr**íais	**pondr**íais	**querr**íais	**sabr**íais
ellos/-as, ustedes	**dir**ían	**har**ían	**podr**ían	**pondr**ían	**querr**ían	**sabr**ían

Ebenso: salir → yo **saldr**ía, tener → yo **tendr**ía, venir → yo **vendr**ía.

◆ Die Form des Konditional I von **hay** lautet **habría**.

1.6.2 Der Gebrauch

Das Konditional I wird verwendet
◆ um eine Empfehlung zu geben oder einen Vorschlag zu machen.
Oye, Manuela está enfadada. **Deberías** hablar con ella.
Hör mal, Manuela ist sauer. Du solltest mit ihr reden.

◆ um höfliche Bitten zu formulieren.
¿**Sería** posible pasar por aquí?   *Wäre es möglich, hier durchzugehen?*
¿**Podríamos** ver el cuarto?   *Könnten wir bitte das Zimmer sehen?*

◆ um Wünsche zu äußern.
¡Con un millón de euros me **compraría** un Ferrari rojo y una finca en Ibiza!
Mit einer Million Euro würde ich mir einen roten Ferrari und eine Finca in Ibiza kaufen!

◆ um Hypothesen aufzustellen.
Si el hielo polar se derrite, **aumentaría** el nivel del mar.
Wenn das Polareis schmilzt, wird wohl der Meeresspiegel steigen.

1.7 Der *Subjuntivo*

A Carlos le gusta que sus amigos lo **visiten** espontáneamente.   **U2**

1.7.1 Die Formen des *Subjuntivo* Präsens

◆ regelmäßig

◆ Bei der Bildung des Präsens des
Subjuntivo werden an den Verbstamm
der regelmäßigen Verben die *Subjuntivo*-
Endungen angehängt.
◆ Bei diesen ist der für die Verbklasse
typische Vokal geändert: bei den Verben
auf **-ar** steht ein **e**, bei den Verben auf
-ir und **-er** steht ein **a**.
◆ Die Endungen für die Verben auf **-er**
und **-ir** sind identisch.

	-ar hablar	-er leer	-ir prohibir
yo	habl**e**	le**a**	prohib**a**
tú	habl**es**	le**as**	prohib**as**
él, ella, usted	habl**e**	le**a**	prohib**a**
nosotros/-as	habl**emos**	le**amos**	prohib**amos**
vosotros/-as	habl**éis**	le**áis**	prohib**áis**
ellos/-as, ustedes	habl**en**	le**an**	prohib**an**

⚠ Die Stammformen des *Subjuntivo* im Präsens werden in der Regel vom Indikativ Präsens (1. Person)
abgeleitet. Dies gilt auch für viele unregelmäßige Verben:

◆ unregelmäßig: Verben auf **-ar** und **-er** mit Wechsel des Stammvokals

		o → ue **probar**	e → ie **querer**
Indikativ Präsens, 1. Person Sing.	yo	pru**e**bo	qu**ie**ro
Verben auf -ar und -ir die im Indikativ einen Stammvokalwechsel haben, behalten diesen für dieselben Formen im *Subjuntivo* bei.	yo tú él, ella, usted nosotros/-as vosotros/-as ellos/-as, ustedes	pru**e**be pru**e**bes pru**e**be probemos probéis pru**e**ben	qu**ie**ra qu**ie**ras qu**ie**ra queramos queráis qu**ie**ran

◆ unregelmäßig: Verben auf **-ir** mit Wechsel des Stammvokals

		o → ue **dormir**	**morir**	e → ie **vestir**	**sentir**
Indikativ Präsens, 1. Person Sing.	yo	d**ue**rmo	m**ue**ro	v**i**sto	s**ie**nto
Verben die im Indikativ einen Stammvokalwechsel haben, behalten diesen für alle Formen (auch 1. und 2. Person Plural) im *Subjuntivo* bei.	yo tú él, ella, usted nosotros/-as vosotros/-as ellos/-as, ustedes	d**ue**rma d**ue**rmas d**ue**rma d**u**rmamos d**u**rmáis d**ue**rman	m**ue**ra m**ue**ras m**ue**ra m**u**ramos m**u**ráis m**ue**ran	v**i**sta v**i**stas v**i**sta v**i**stamos v**i**stáis v**i**stan	s**ie**nta s**ie**ntas s**ie**nta s**i**ntamos s**i**ntáis s**ie**ntan

◆ unregelmäßig: 1. Person Singular

		conducir	**conocer**	**decir**	**hacer**
Indikativ Präsens, 1. Person Sing.	yo	condu**z**co	cono**z**co	di**g**a	di**g**a
Bei Verben, bei denen die 1. Person Singular des Indikativ Präsens unregelmäßig ist, werden alle Formen des *Subjuntivo* Präsens von dieser Form abgeleitet.	yo tú él, ella, usted nosotros/-as vosotros/-as ellos/-as, ustedes	condu**z**ca condu**z**cas condu**z**ca condu**z**camos condu**z**cáis condu**z**can	cono**z**ca cono**z**cas cono**z**ca cono**z**camos cono**z**cáis cono**z**can	di**g**a di**g**as di**g**a di**g**amos di**g**áis di**g**an	ha**g**a ha**g**as ha**g**a ha**g**amos ha**g**áis ha**g**an

Ebenso:

Infinitiv		Indikativ Präsens		*Subjuntivo* Präsens
poner	→	yo pongo	→	yo ponga
salir	→	yo salgo	→	yo salga
tener	→	yo tengo	→	yo tenga
venir	→	yo vengo	→	yo venga

◆ unregelmäßige Verben

	ser	ver	ir	estar
yo	sea	vea	**vaya**	est**é**
tú	seas	veas	**vayas**	est**és**
él, ella, usted	sea	vea	**vaya**	est**é**
nosotros/-as	seamos	veamos	**vayamos**	estemos
vosotros/-as	seáis	veáis	**vayáis**	estéis
ellos/-as, ustedes	sean	vean	**vayan**	est**én**

◆ Der *Subjuntivo* von **hay** lautet **haya**.

1.7.2 Gebrauch des *Subjuntivo*

Me gusta que mis amigos me **visiten.**   **U2–U5, U7–U12**

◆ Der *Subjuntivo* kann in seiner Verwendung nicht mit dem deutschen Konjunktiv gleichgesetzt werden, daher wird im folgenden der Begriff *Subjuntivo* verwendet.

◆ Der *Subjuntivo* wird hauptsächlich in Nebensätzen verwendet. Ausschlaggebend dafür ist, was der Sprecher im Hauptsatz ausdrücken will. Der nachfolgende Nebensatz wird in der Regel mit der Konjunktion **que** (*dass*) eingeführt.

Hauptsatz	**Nebensatz**
Marta no quiere	que su novio **vaya** a trabajar a otra ciudad.
Marta möchte nicht,	*dass ihr Freund zum Arbeiten in eine andere Stadt geht.*

◆ In der Regel wird Indikativ vom Sprecher verwendet, wenn der Sprecher das behaupten will, was er gerade sagt, die Aussage ist also seine Feststellung bzw. seine Annahme. Dies gilt natürlich auch, wenn andere Behauptungen machen.

Me gusta la clase de español.   *Mir **gefällt** der Spanischkurs.*
→ Der Sprecher behauptet die Aussage, dass ihm der Spanischkurs gefällt.

◆ Wenn der Sprecher etwas ausdrücken möchte, was für ihn keine Feststellung ist, sondern z. B. ein Wunsch oder eine Vermutung, etc. ist, setzt er das Verb in den *Subjuntivo*.

Me gusta que me **regalen** flores.   *Es gefällt mir, dass man mir Blumen schenkt.*
→ Der Sprecher behauptet, dass es ihm gefällt (me gusta → Indikativ), aber er behauptet nicht, dass ihm Blumen geschenkt werden (daher me regalen → *Subjuntivo*).

⚠ Die Verwendung des *Subjuntivo* findet keine direkte Entsprechung im Deutschen. Dieser besondere Perspektive des Sprechers (Behauptung – „nicht-Behauptung") wird im Deutschen mit anderen sprachlichen Mitteln wiedergegeben. Es ist daher empfehlenswert, den Gebrauch des *Subjuntivo* mit besonderer Sorgfalt zu studieren.

◆ In folgenden Kontexten wird der *Subjuntivo* verwendet:

1.7.2.1 Nach Ausdruck einer Gefühlsäußerung   **U2, U10**

◆ Wenn der Sprecher mit seiner Äußerung im Hauptsatz ein Gefühl (Freude, Ärger, Bedauern, Gefallen, Missfallen, Hoffen, Erstaunen ...) ausdrückt, steht im Nebensatz der *Subjuntivo*.

¡Es fantástico que Juan te **invite** a salir!   *Es ist toll, dass dich Juan zum Ausgehen einlädt!*
No me gusta nada que Pedro **sea** tan autoritario.   *Es gefällt mir gar nicht, dass Pedro so autoritär ist.*
Me molesta que mi vecino **fume** en el balcón.   *Es stört mich, dass mein Nachbar auf dem Balkon raucht.*

◆ Weitere Verben und Ausdrücke im Hauptsatz, die im Nebensatz den *Subjuntivo* auslösen, sind: *soportar, preocuparse, alegrarse, sorprender, enfadarse, temer, es estupendo que, es triste que, ...*

<u>Es divertido que</u> las figuras de los cuadros de Botero **sean** tan gordas.   *Es ist lustig, dass die Figuren in Boteros Bildern so dick sind.*
<u>Me duele que</u> no me **digas** toda la verdad.   *Es tut mir weh, dass du mir nicht die volle Wahrheit sagst.*
<u>Siento que</u> no **puedas** venir a la fiesta.   *Es tut mir leid, dass du nicht zur Feier kommen kannst.*

1.7.2.2 Nach Ausdruck eines Ratschlags, einer Empfehlung oder einer Anweisung

U3

◆ Wenn der Sprecher mit seiner Äußerung im Hauptsatz etwas verändern oder beeinflussen möchte, wie z. B. durch Ratschläge, Empfehlungen oder Anweisungen, steht im Nebensatz der *Subjuntivo*.

<u>Quiero que</u> me **digas** la verdad.   *Ich will, dass Du mir die Wahrheit sagst.*
En Tierra del Fuego hace mucho frío. <u>Te aconsejo</u> que **lleves** ropa de abrigo.   *In Tierra del Fuego ist es sehr kalt. Ich empfehle Dir, warme Kleidung mitzunehmen.*
<u>Es necesario</u> que **tengáis** vuestro equipaje de mano cerca.   *Es ist notwendig, dass ihr euer Handgepäck bei euch habt.*
<u>Te recomiendo que</u> **leas** prensa en español para ampliar tu vocabulario.
Ich empfehle dir spanische Zeitungen zu lesen, um deinen Wortschatz zu erweitern.

⚠ Wenn der Sprecher, einen Befehl oder eine Aufforderung (einer anderen Person oder von sich selbst) wiedergeben möchte, steht im Nebensatz der *Subjuntivo*.

Marta: <u>¡Cómprame</u> dos kilos de patatas, por favor! → Marta dice que le **compres** dos kilos de patatas.   *Marta: Kauf bitte zwei Kilo Kartoffeln! → Marta sagt, du sollst ihr zwei Kilo Kartoffeln kaufen.*

◆ Weitere Verben und Ausdrücke, die im Nebensatz den *Subjuntivo* auslösen, sind: *aconsejar, es mejor que, es conveniente que, es importante que, deseo que, espero que, no quiero que, es recomendable que...*

1.7.2.3 Nach Ausdruck einer Wertung

U4

◆ Im Hauptsatz wird vom Sprecher eine Absicht geäußert, in deren Folge er einen Sachverhalt bewertet oder einen wertenden Kommentar abgibt.

<u>Me parece imposible</u> que Marta **encuentre** a su gato.   *Es erscheint mir umöglich, dass Marta ihre Katze wieder findet.*
<u>Es asombroso</u> que Laura **tenga** tanta facilidad para aprender idiomas.   *Es ist erstaunlich, dass Laura so leicht Fremdsprachen lernen kann.*
<u>¡No es justo</u> que **paguemos** tantos impuestos!   *Es ist nicht gerecht, dass wir so viele Steuern zahlen!*

◆ Weitere Verben und Ausdrücke im Hauptsatz, die im Nebensatz den Subjuntivo auslösen, sind: *Es estupendo que, me parece bien/mal /... que, es normal que,..., no es lógico que,...*

1.7.2.4 Nach Ausdruck des Infragestellens, des Zweifelns und des Verneinens

U4, U7, U9

◆ Wenn der Sprecher mit seiner Äußerung im Hauptsatz etwas in Frage stellen, etwas bezweifeln oder etwas verneinen möchte, steht im Nebensatz der *Subjuntivo*.

<u>Puede ser</u> que **tengas** razón.   *Es kann sein, dass Du recht hast.*
Es muy tarde. <u>Dudo de</u> que Pachi **llegue** todavía a tiempo al examen.
Es ist sehr spät. Ich bezweifle, dass Pachi noch rechzeitig zur Prüfung kommt.
<u>No es que</u> el chico **sea** tonto, es que necesita un poco más de tiempo para entenderlo.
Der Junge ist nicht dumm, er braucht nur etwas länger um es zu verstehen.

<u>No estoy de acuerdo con que</u> los diccionarios bilingües sean más útiles que los monolingües para aprender español.   *Ich bin nicht damit einverstanden, dass zweisprachige Wörterbücher beim Lernen einer Sprache nützlicher als einsprachige sind.*
<u>No está claro que</u> la energía solar **sea** más barata.   *Es ist nicht bewiesen, dass die Solarenergie billiger ist.*
<u>No estoy seguro de que</u> estas medidas de ahorro **tengan** éxito.   *Ich bin mir nicht sicher, ob diese Sparmaßnahmen Erfolg haben werden.*

◆ Weitere Verben und Ausdrücke im Hauptsatz, die im Nebensatz den *Subjuntivo* auslösen, sind:
no es evidente que, no decir que, no es verdad que, no pensar que, no parecer que…

⚠ Auch bei geringem Zweifel steht das Verb des Nebensatzes in der Regel im *Subjuntivo*.

<u>Es bastante seguro</u> que Mónica **venga** a tu fiesta de cumpleaños.
Es ist ziemlich sicher, dass Mónica zu deiner Geburtstagsfeier komme.

⚠ Wenn im Hauptsatz jedoch die Absicht besteht, Behauptungen einzuführen, die geglaubt oder bestätigt werden, <u>steht das Verb des Nebensatzes im Indikativ,</u> wie z.B. bei *está claro que, es evidente que, está demostrado que.* Dies gilt auch für die Ausdrücke *creo que, imagino que* und *me parece que*, da sie im Spanischem in der Regel verwendet werden, um auf eine freundliche Weise eigene Meinungen einzuführen.

<u>Es evidente que</u> el petróleo algún día se **va a acabar**.   *Es ist offensichtlich, dass eines Tages das Erdöl ausgehen wird.*
<u>Es verdad</u> que el clima **está** cambiando.   *Es ist wahr, dass das Klima sich verändert. (→ Bestätigung)*
<u>Creo que/Me parece</u> que los jóvenes de hoy en día **tienen** más libertades.   *Ich denke, dass die Jugend heutzutage mehr Freiheiten hat.*
→ Der Sprecher äußert eine Meinung, die für ihn so feststeht. Daher verwendet er Indikativ.

Aber:

<u>No creo que/No me parece</u> que los jóvenes de hoy en día **tengan** más libertades.
Ich glaube nicht, dass die jungen Leute heute mehr Freiheiten haben.
→ Der Sprecher stellt die folgende Aussage in Frage, daher verwendet er *Subjuntivo*.

1.7.2.5   nach Ausdruck einer Vermutung

U5, U9

◆ Wenn der Sprecher mit seiner Aussage im Hauptsatz eine Vermutung einleiten will, steht im Nebensatz der *Subjuntivo*.
<u>Es muy probable</u> que en el futuro las energías renovables **se desarrollen** cada vez más.
Es ist durchaus möglich, dass sich in Zukunft die erneuerbaren Energien immer stärker entwickeln.

◆ Weitere Verben und Ausdrücke im Hauptsatz, die im Nebensatz den *Subjuntivo* auslösen sind:
puede ser que, (me) imagino que, supongo que, es posible que…

◆ In einem Hauptsatz, in dem mit den Adverbien **tal vez** oder **quizá(s)** eine Vermutung ausgedrückt wird, steht das Verb im *Subjuntivo*, wenn man die Aussage eher als unwahrscheinlich betrachtet.
Este pan me da alergia. **Tal vez/Quizá(s) contenga** nueces.   *Ich reagiere allergisch auf dieses Brot. Vielleicht sind Nüsse drin.*

⚠ *Quizá* oder *quizás*? Beide Formen sind gleichbedeutend und können beliebig eingesetzt werden.

◆ Mit den Ausdrücken *a lo mejor, seguramente* und *seguro que* werden auch Vermutungen eingeleitet. Das Verb danach steht dann im Indikativ.
<u>A lo mejor</u> el biocombustible **sustituirá** completamente a la gasolina.   *Vielleicht wird der Biosprit vollständig das Benzin ersetzen.*

1.7.2.6 Nach Ausdruck eines Wunsches oder einer Erwartung U8, U10

◆ Wenn der Sprecher mit seiner Aussage im Hauptsatz einen Wunsch oder Erwartung einleiten will, steht im Nebensatz der *Subjuntivo*.

Los trabajadores de la empresa desean que les **suban** el salario.   *Die Arbeiter im Unternehmen wünschen, dass ihnen das Gehalt erhöht wird.*

Los inmigrantes esperan que el país de acogida les **ofrezca** trabajo y una vida digna.
Die Einwanderer hoffen, dass das Gastland ihnen Arbeit und ein würdevolles Leben bietet.

¿Te apetece que **vayamos** al museo?   *Hast du Lust, ins Museum zu gehen?*

◆ Mit *ojalá* können auch Wünsche eingeleitet werden. Das Verb steht dann immer im *Subjuntivo*.

¡Ojalá **apruebe** mi hijo los exámenes en la universidad!   *Hoffentlich besteht mein Sohn die Prüfungen an der Universität!*

⚠ Im Spanischen gibt es viele feste Wendungen, die Wünsche wiedergeben und die stets mit dem *Subjuntivo* ausgedrückt werden. Hier die häufigsten:

¡Que lo **pases** bien! / ¡Que la **pases** bien! (Lateinamerika)   *Ich wünsche Dir eine schöne Zeit!*

¡Que te **diviertas**!   *Viel Spaß! Amüsiere Dich!*

¡Que **aproveche**!   *Guten Appetit!*

¡Que **tengas** mucha suerte!   *Viel Glück!*

¡Que te **vaya** muy bien!   *Auf dass es Dir gut gehe! Alles Gute!*

¡Que **tengas** un buen viaje!   *Gute Reise!*

¡Que **tengas** un buen día!   *Ich wünsche Dir einen schönen Tag!*

1.7.2.7 Nach Ausdruck einer Erlaubnis oder eines Verbots U12

◆ Wenn der Sprecher mit seiner Aussage im Hauptsatz ein Erlaubnis oder ein Verbot einleiten will, steht im Nebensatz der *Subjuntivo*.

¡No te permito que me **hables** en ese tono!   *Ich verbitte mir diesen Ton!*

◆ Weitere Verben und Ausdrücke im Hauptsatz, die im Nebensatz den *Subjuntivo* auslösen sind: *prohibir, permitir...*

ZUM WEITEREN GEBRAUCH DES *SUBJUNTIVO*, SIEHE AUCH 2.1.1 (*SUBJUNTIVO* IN RELATIVSÄTZEN) UND 2.2 (KONNEKTOREN).

1.7.3 Infinitiv oder *Subjuntivo?*

⚠ Wenn das Subjekt des Hauptsatzes und des Nebensatzes identisch ist, steht in der Regel das Verb des Nebensatzes im Infinitiv, so wie auch im Deutschen. Die Konjunktion *que* fällt dann weg.

Me encanta **regalar** flores a mis amigos.
Ich liebe es, meinen Freunden Blumen zu schenken.
→ Ich liebe es und ich schenke die Blumen.

Aber:

Me encanta que mis amigos me **regalen** flores.
Ich liebe es, wenn meine Freunde mir Blumen schenken.
→ Ich liebe es, aber meine Freunde schenken die Blumen.

1.7.4 Übersicht: Die Verwendung des *Subjuntivo*

Der *Subjuntivo* steht nach Verben oder Ausdrücken, die...		Beispiele
1. eine Bewertung ausdrücken	• nach Ausdruck einer Gefühlsäußerung = emotionale Bewertung (1.7.2.1)	*me gusta que, es fantástico que, es triste que, me molesta que...*
	• nach Ausdruck einer Wertung (1.7.2.3)	*es imposible que, me parece bien que, es lógico que...*
2. die Behauptung im Nebensatz abmildern	• nach Ausdrücken des Infragestellens, Zweifelns und des Verneinens (1.7.2.4)	*no creo que, dudo que, es imposible que, no está claro que...*
	• nach Ausdrücken der Vermutung, sie entsprechen einer „Verminderung" der Aussage (1.7.2.5)	*quizás, me puedo imaginar que... es probable que, es posible que...*
3. Einflussnahme oder Veränderung anzeigen	• nach Ausdruck eines Ratschlags, einer Empfehlung oder einer Anweisung (1.7.2.2)	*te aconsejo que, es mejor que, quiero que, te recomiendo que...*
	• nach Ausdruck eines Wunsches oder einer Erwartung (1.7.2.6)	*espero que, deseo que...*
	• nach Ausdrücken des Erlaubnis oder Verbots (1.7.2.7)	*te prohibo que, (no) te permito que ...*

1.8   Das Gerundio

Aprendo mucho español **viendo** la televisión.   **U1**

ZUR VERLAUFSFORM ESTAR + GERUNDIO SIEHE eñe A2, S. 229

1.8.1 Die Formen

◆   regelmäßig

Verben auf *-ar*	Verben auf *-er* und *-ir*	
bailar → bail**ando**	comer→ com**iendo**	escribir → escrib**iendo**

◆   unregelmäßig

Infinitiv	Gerundio	Infinitiv	Gerundio	Infinitiv	Gerundio
morir	muriendo	oír	oyendo	venir	viniendo
dormir	durmiendo	ir	yendo	pedir	pidiendo
poder	pudiendo	traer	trayendo	decir	diciendo
		leer	leyendo	servir	sirviendo
		caer	cayendo	mentir	mintiendo
		creer	creyendo		

1.8.2 Das *Gerundio* als Adverb

◆ Das *Gerundio* wird oft wie ein Adverb verwendet. Dann gibt es Informationen über das Wie bzw. über die Art und Weise, wie die Handlung des Hauptverbs ausgeführt wird.

Hicieron todo el camino **andando**.   *Sie sind den ganzen Weg zu Fuß gegangen.*
→ Wie sind sie gegangen? Zu Fuß.
Aprendí mucho francés **escuchando** las canciones de Edith Piaf.
Ich habe viel Französisch gelernt, indem ich die Lieder von Edith Piaf gehört habe.

1.9 Der Gebrauch von *ser, estar* und *hay*

Manuel **es** un hombre muy alegre. /
Manuel **está** hoy muy alegre.   **U2, U10**

ZUM GEBRAUCH VON *SER* UND *ESTAR* SIEHE AUCH eñe A2, S. 227

Zur Beschreibung von Personen verwendet man
◆ *ser*, wenn eine dauerhafte Eigenschaft angegeben wird.
Ana **es** muy simpática.   *Ana ist sehr sympathisch.*

◆ *estar*, wenn ein vorübergehender Zustand oder eine veränderliche Eigenschaft beschrieben wird.
Ana **está** muy cansada.   *Ana ist sehr müde.*

1.10 Unpersönliche Formen

Ayer me **robaron** el bolso.   **U3**

Um Unpersönlichkeit auszudrücken
◆ verwendet man **se** verbunden mit dem Verb in der 3. Person (siehe dazu eñe A2, S. 218).
Se busca secretaria.   *Sekretärin gesucht.*

◆ setzt man das Hauptverb in die **3. Person Plural** (*ellos, ellas*), ohne dabei den Urheber der Handlung zu nennen.

En el aeropuerto me **perdieron** la maleta.   *Im Flughafen haben sie (= unbestimmter Urheber) meinen Koffer verloren. Im Flughafen kam mein Koffer abhanden.*
En el barrio **han puesto** carriles bici por todas partes.   *Im Stadtviertel haben sie überall Radwege angelegt. Im ganzen Stadtviertel wurden Fahrradwege angelegt.*

1.11 Verbale Umschreibungen

U11

◆ **llevar + *Zeitraum* + *gerundio***: Die Dauer einer Handlung wird betont. Auf das Verb *llevar* folgt eine Zeitangabe, danach kann ein *gerundio* stehen. Im Deutschen wird dies durch eine Konstruktion mit *seit* wiedergegeben.

Llevo un año **estudiando** español.   *Ich lerne schon seit einem Jahr Spanisch.*

WEITERE VERBALE UMSCHREIBUNGEN SIEHE EÑE A2, S. 229

⚠ Zeitangaben können auch durch präpositionale Ausdrücke wiedergegeben werden:
Estudio español **desde hace** un año. / **Hace** un año **que** estudio español.   *Ich lerne seit einem Jahr Spanisch.*

Estudio español **desde** 2011.   *Ich lerne seit 2011 Spanisch.*
Empecé a estudiar español **hace** un año.   *Ich habe vor einem Jahr angefangen Spanisch zu lernen.*

SIEHE DAZU AUCH EÑE A2, S. 232

2   Der Satz

2.1   Der Relativsatz Tengo un profesor **que lo explica todo muy bien.**   U6, U7

◆ Relativsätze sind Nebensätze, die einen Begriff genauer definieren oder beschreiben.
He visto un bolso (= Bezugswort) **que costaba más de mil euros** (= Relativsatz).
Ich habe eine Tasche gesehen, die über 1000 Euro gekostet hat.

◆ Das Relativpronomen **que** leitet den Relativsatz ein. Es ist unveränderlich.
He visto una película **que** me ha gustado mucho.
Ich habe einen Film gesehen, der mir sehr gefallen hat.

◆ Wenn sich der Relativsatz auf eine Person bezieht, kann das Relativpronomen **que** auch durch **el/la cual**, **los/las cuales** ersetzt werden. In der Regel kommt dies eher im geschriebenen Spanisch vor.
Vino una señora a buscarle, **la cual** llevaba un vestido muy elegante.   *Es kam eine Dame um ihn abzuholen, die ein sehr elegantes Kleid trug.*

⚠ Relativsätze können auch mit einer Präposition eingeführt werden. Dann steht vor dem Relativpronomen **que** ein Artikel, der in Geschlecht und Zahl mit dem Bezugswort übereinstimmt: **Präposition + el/la/los/las + que.**
Vimos una película **en la que** actuaba mi actor favorito.
Ich habe einen Film gesehen, in dem mein Lieblingsschauspieler mitgespielt hat.
El artículo **al que** me refería estaba en la versión impresa del periódico.
Der Artikel, auf den ich mich bezogen habe, stand in der gedruckten Ausgabe der Zeitung.

⚠ Die Sequenz **en + el/la/los/las que** kann auch durch **donde** ersetzt werden.
Es una revista **en la que** hay muchas fotos de famosos. = Es una revista **donde** hay muchas fotos de famosos.   *Es ist eine Zeitschrift, in der es sehr viele Fotos von Prominenten gibt.*

◆ Mit **lo que** wird auf einen Sachverhalt oder einen zuvor genannten Satz Bezug genommen.
Lo que dices me parece estupendo.   *Was Du sagst finde ich toll.*

⚠ Um Inhalte oder Aussagen hervorzuheben, wird **lo que** oft in Verbindung mit dem Verb **ser** gebraucht.
Lo que más me gusta es leer.   *Was ich am liebsten mag, ist lesen.*

2.1.1 Relativsätze mit *Subjuntivo* Busco una casa que **tenga** jardín.   U8

◆ Man verwendet den *Subjuntivo* in einem Relativsatz, wenn das Bezugswort, auf das sich der Relativsatz bezieht, dem Sprecher nicht bekannt ist.
Busco un piso que **tenga** dos baños.   *Ich suche eine Wohnung die zwei Bäder hat.*
→ Die Wohnung ist dem Sprecher noch nicht bekannt, sie wird noch gesucht.

Los alumnos que **aprueben** el examen pasarán al siguiente curso.
Diejenigen Schüler, die die Prüfung bestehen, kommen in den nächsten Kurs.
→ Der Sprecher weiß noch nicht, welche Schüler bestehen werden.

Aber:
Los alumnos que **han aprobado** (Indikativ) el examen, pasarán al siguiente curso.
Die Schüler, die die Prüfung bestanden haben, kommen in den nächsten Kurs.
→ Der Sprecher weiß schon, welche Schüler bestanden haben.

2.2 Die Konnektoren

Konnektoren sind Wörter, die die Funktion haben, Sätze miteinander zu verbinden und sie in einen logischen Zusammenhang zu stellen. Einige Konnektoren erfordern im Nebensatz den *Subjuntivo*. Manche Konnektoren ändern ihre Bedeutung, je nachdem, ob im Nebensatz ein Indikativ oder *Subjuntivo* steht.

Folgerung	**por (lo) tanto**	*deshalb daher*	Ya he hecho mis deberes de español, **por (lo) tanto** puedo ahora ir contigo al cine. *Ich habe meine Spanisch-Hausaufgaben schon gemacht, deshalb kann ich jetzt ins Kino gehen.*
	así que	*also*	Marta estaba cansadísima, **así que** se quedó en casa. *Marta war sehr müde, also blieb sie zu Hause.*
Bedingung	**si**	*wenn, falls*	**Si** mañana hace buen tiempo, iré al trabajo en bici. *Falls morgen schönes Wetter ist, werde ich mit dem Fahrrad zur Arbeit fahren.*
Kontrast / Gegengrund	**aunque +** Indikativ	*obwohl (+ Feststellung)*	Ya puedo expresarme en español, **aunque** tengo que pensar mucho antes de hablar. *Ich kann mich schon auf Spanisch ausdrücken, obwohl ich noch viel überlegen muss, bevor ich etwas sage.*
	aunque + *Subjuntivo*	*selbst wenn, auch wenn*	Ya hablo español con la gente, **aunque** haga errores. *Ich rede schon mit den Leuten Spanisch, auch wenn ich Fehler mache.*
	pero sin embargo	*aber, jedoch*	Entiendo bien a la profesora, **pero/sin embargo** tengo problemas para entender el cedé. *Ich verstehe die Lehrerin gut, aber ich habe Schwierigkeiten, die CD zu verstehen.*
Kontrast	**en cambio, mientras que**	*hingegen*	A mi mujer le encanta el rock, **mientras que/en cambio** a mí me gusta más la música clásica. *Meine Frau liebt Rockmusik, ich hingegen mag lieber klassische Musik.*
Korrektur, Berichtigung	**sino sino que**	*sondern, vielmehr*	Hans no es alemán, **sino** austríaco. *Hans ist nicht Deutscher, sondern Österreicher.* Hans no ha dicho que deja el curso, **sino que** va a estar dos semanas de vacaciones. *Hans hat nicht gesagt, dass er den Kurs abbricht, sondern dass er zwei Wochen im Urlaub ist.*
Zeitlicher Bezug	**cuando***	*wenn, als, immer wenn*	**Cuando** terminó de limpiar, la ayudó. *Als er mit dem Putzen fertig war, half er ihr.* **Cuando** viene de visita, siempre nos trae un regalo. *Immer wenn er zu Besuch kommt, bringt er uns ein Geschenk mit.* **Cuando** termine de limpiar, te ayudo.* *Wenn ich mit dem Putzen fertig bin, helfe ich Dir.*

	tan pronto como*	sobald	**Tan pronto como** <u>terminó</u> sus estudios, empezó a trabajar en la empresa familiar.　*Sobald er mit seinem Studium fertig war, fing er an im Familienunternehmen zu arbeiten.*
			Tan pronto como <u>termine</u> sus estudios, empezará a trabajar en la empresa familiar.*　*Sobald er mit seinem Studium fertig ist, wird er anfangen im Familienunternehmen zu arbeiten.*
	hasta que*	bis	El niño no dejó de llorar **hasta que** no <u>tuvo</u> lo que quería.　*Das Kind hörte nicht auf zu weinen, bis es das hatte, was es wollte.* Esperaré **hasta que** <u>venga</u>.*　*Ich werde warten, bis er kommt.*
	una vez que*	nachdem / als, wenn	**Una vez que** <u>terminó</u> sus estudios, emprendió el viaje de sus sueños.　*Nachdem er sein Studium beendet hatte, machte er seine Traumreise.*
			Una vez que <u>termine</u> mis estudios, emprenderé el viaje de mis sueños.*　*Wenn ich mein Studium beendet habe, werde ich meine Traumreise machen.*
	siempre que*	1. immer wenn	1. **Siempre que** <u>vienen</u> mis padres de visita, me traen verduras del huerto.　*Immer wenn meine Eltern zu Besuch kommen, bringen sie mir Gemüse aus ihrem Garten mit.*
		2. vorausgesetzt dass (Bedingung)	2. Después de mis estudios quisiera buscar un piso propio, **siempre que** <u>encuentre</u> trabajo, claro.*　*Nach meinem Studium möchte ich eine eigene Wohnung suchen, vorausgesetzt natürlich, dass ich Arbeit finde.*
	antes de que + Subjuntivo	bevor	María prepara siempre el desayuno **antes de que** sus hijos se <u>levanten</u>.　*María bereitet das Frühstück vor, immer bevor die Kinder aufstehen.*
	después de que + Subjuntivo	damit	Yo me voy de vacaciones **después de que** <u>esté terminado</u> el proyecto.　*Ich werde in Urlaub fahren, nachdem das Projekt beendet ist.*
Zweck	para que +Subjuntivo	damit	**Para que** los productos se <u>vendan</u> bien, es necesario tener precios competitivos.　*Damit die Produkte sich gut verkaufen, ist es notwendig, konkurrenzfähige Preise zu haben.*

* wenn die Handlung im Nebensatz in der Zukunft stattfindet, steht das Verb im *Subjuntivo*.

WEITERE KONNEKTOREN SIEHE eñe A2, S. 234

⚠ Die Konnektoren **cuando** und **si** können beide im Deutschen mit *wenn* übersetzt werden. Aber **cuando** ist ein zeitliches Verbindungswort und **si** leitet Bedingungssätze ein. Kann im deutschen Satz *wenn* durch *falls* ersetzt werden, dann handelt es sich um einen Bedingungssatz, im Spanischen wird dann also **si** verwendet.

Si vienes a mi fiesta de cumpleaños, me darás una gran alegría.   *Wenn (Falls) du zu meiner*
Gebutstagsparty kommst, wirst du mir eine große Freude bereiten.
Siempre me siento raro **cuando** estoy en fiestas en las que no conozco a nadie.
Ich fühle mich immer seltsam, wenn ich auf Partys bin, auf denen ich niemanden kenne.

2.3 Die indirekte Rede *(El estilo indirecto)*   Francisco me ha dicho que **es** muy feliz.   **U5**

Wenn die Aussagen oder Fragen anderer Personen wiedergegeben werden, spricht man von
indirekter Rede.

◆ Die Aussage wird mit einem Satz eingeleitet, der ein Verb des Sagens enthält wie z.B. *decir,*
informar, explicar, … Der darauf folgende Nebensatz enthält die eigentliche Aussage, die mit
que eingeleitet wird.

Mónica: "Hoy no tengo tiempo".   Mónica **dice que** hoy no **tiene** tiempo.
Mónica: "Heute habe ich keine Zeit".   *Mónica sagt, dass sie heute keine Zeit hat.*

◆ Wird eine Frage in der indirekten Rede wiedergegeben, steht nach dem Einleitungssatz **si** oder
das entsprechende Fragewort.

Manolo: ¿Viene Mónica también?   Manolo pregunta **si** Mónica viene también.
Manolo: Kommt Mónica?   *Manolo fragt, ob Mónica auch kommt.*
Manolo: ¿Cuándo viene Mónica?   Manolo pregunta **cuándo** viene Mónica.
Manolo: Wann kommt Mónica?   *Manolo fragt, wann Mónica kommt.*

◆ Wenn das Verb, das die Redewiedergabe einführt, im Präsens oder Perfekt steht, bleibt die Zeit
des Verbs des Nebensatzes unverändert.

"No tengo tiempo para ayudarte".   **Dice que** no tiene tiempo para ayudarte.
"Ich habe keine Zeit, dir zu helfen."   *Er sagt, er hat keine Zeit, dir zu helfen.*
                                                Ha dicho que no tiene tiempo para ayudarte.
                                                Er hat gesagt, er hat keine Zeit, dir zu helfen.

◆ Bei der Umformung von der direkten in die indirekte Rede kann es folgende Veränderungen geben:

◆ bei den Subjekten
Pablo: "**Yo** tengo una solución."   Pablo dice que **él** tiene una solución.
Pablo: "Ich habe eine Lösung."   *Pablo sagt, er habe eine Lösung.*

◆ bei der Verbform
Paula: "**Tengo** una idea muy buena."   Paula dice que **tiene** una idea muy buena.
Paula: "Ich habe eine gute Idee."   *Paula sagt, sie habe eine gute Idee.*

◆ bei Demonstrativ- und Possessivpronomen
Paco: "Esta es **mi** propuesta."   Paco ha dicho que era es **su** propuesta.
Paco: "Das ist mein Vorschlag."   *Paco hat gesagt, dass das sein Vorschlag sei.*

◆ bei Orts- und Zeitangaben
Pilar: "**Mañana** se entrega **aquí** el premio."   Pilar ha dicho que **al día siguiente** se entrega
                                                allí el premio 2010.
Pilar: „**Morgen** wird **hier** der Preis überreicht."   *Pilar hat gesagt, dass **dort am nächsten Tag** der*
                                                Preis überreicht werde.

ZUM GEBRAUCH VON *SER* UND *ESTAR* SIEHE AUCH eñe A2, S. 227

◆ Die Possessivbegleiter können dem Nomen nachgestellt werden. Dadurch wir eine Auswahl aus einer Gruppe getroffen. Vor dem Nomen steht dann der unbestimmte Artikel.

Artikel	Nomen	nachgestellter Possessivbegleiter
un	amigo	mío, tuyo, suyo, nuestro, vuestro, suyo
una	amiga	mía, tuya, suya, nuestra, vuestra, suya
unos	amigos	míos, tuyos, suyos, nuestros, vuestros, suyos
unas	amigas	mías, tuyas, suyas, nuestras, vuestras, suyas

◆ Die Possessivbegleiter richten sich in Zahl und Geschlecht immer nach dem voranstehenden Nomen.

Un amigo mío ha abierto un restaurante en tu calle.   *Ein Freund von mir hat ein Restaurant in deiner Straße geöffnet.*
   → Gemeint ist ein Freund aus der Gruppe meiner Freunde.
Una vecina nuestra toca el violín en la ópera.   *Eine Nachbarin von uns spielt an der Oper Geige.*

Regelmäßige Verben

Infinitiv		Präsens	Indefinido	Imperfecto	Futur	Konditional	Präsens des Subjuntivo	Imperativ	Partizip Gerundio
-ar **hablar** *sprechen*	yo	hablo	hablé	hablaba	hablaré	hablaría	hable		hablado
	tú	hablas	hablaste	hablabas	hablarás	hablarías	hables	habla	
	él/ella, usted	habla	habló	hablaba	hablará	hablaría	hable	hable	*hablando*
	nosotros/-as	hablamos	hablamos	hablábamos	hablaremos	hablaríamos	hablemos		
	vosotros/-as	habláis	hablasteis	hablabais	hablaréis	hablaríais	habléis	hablad	
	ellos/-as, ustedes	hablan	hablaron	hablaban	hablarán	hablarían	hablen	hablen	
-er **comer** *essen*	yo	como	comí	comía	comeré	comería	coma		comido
	tú	comes	comiste	comías	comerás	comerías	comas	come	
	él/ella, usted	come	comió	comía	comerá	comería	coma	coma	*comiendo*
	nosotros/-as	comemos	comimos	comíamos	comeremos	comeríamos	comamos		
	vosotros/-as	coméis	comisteis	comíais	comeréis	comeríais	comáis	comed	
	ellos/-as, ustedes	comen	comieron	comían	comerán	comerían	coman	coman	
-ir **vivir** *leben*	yo	vivo	viví	vivía	viviré	viviría	viva		vivido
	tú	vives	viviste	vivías	vivirás	vivirías	vivas	vive	
	él/ella, usted	vive	vivió	vivía	vivirá	viviría	viva	viva	*viviendo*
	nosotros/-as	vivimos	vivimos	vivíamos	viviremos	viviríamos	vivamos		
	vosotros/-as	vivís	vivisteis	vivíais	viviréis	viviríais	viváis	vivid	
	ellos/-as, ustedes	viven	vivieron	vivían	vivirán	vivirían	vivan	vivan	

Unregelmäßige Verben

Infinitiv		Präsens	Indefinido	Imperfecto	Futur	Konditional	Präsens des Subjuntivo	Imperativ	Partizip Gerundio
1 **andar** *gehen*	yo	ando	**anduve**	andaba	andaré	andaría	**ande**		andado
	tú	andas	**anduviste**	andabas	andarás	andarías	**andes**	anda	
	él/ella, usted	anda	**anduvo**	andaba	andará	andaría	**ande**	ande	*andando*
	nosotros/-as	andamos	**anduvimos**	andábamos	andaremos	andaríamos	**andemos**		
	vosotros/-as	andáis	**anduvisteis**	andabais	andaréis	andaríais	**andéis**	andad	
	ellos/-as, ustedes	andan	**anduvieron**	andaban	andarán	andarían	**anden**	anden	
2 **caer** *(hin)fallen*	yo	**caigo**	caí	caía	caeré	caería	**caiga**		caído
	tú	caes	caíste	caías	caerás	caerías	**caigas**	cae	
	él/ella, usted	cae	**cayó**	caía	caerá	caería	**caiga**	**caiga**	*cayendo*
	nosotros/-as	caemos	caímos	caíamos	caeremos	caeríamos	**caigamos**		
	vosotros/-as	caéis	caísteis	caíais	caeréis	caeríais	**caigáis**	caed	
	ellos/-as, ustedes	caen	**cayeron**	caían	caerán	caerían	**caigan**	**caigan**	

Infinitiv		Präsens	Indefinido	Imperfecto	Futur	Konditional	Präsens des Subjuntivo	Imperativ	Partizip / Gerundio
3 conducir (zc) *fahren*	yo	**conduzco**	**conduje**	conducía	conduciré	conduciría	**conduzca**		conducido
	tú	conduces	**condujiste**	conducías	conducirás	conducirías	**conduzcas**	conduce	*conduciendo*
	él/ella, usted	conduce	**condujo**	conducía	conducirá	conduciría	**conduzca**	**conduzca**	
	nosotros/-as	conducimos	**condujimos**	conducíamos	conduciremos	conduciríamos	**conduzcamos**		
	vosotros/-as	conducís	**condujisteis**	conducíais	conduciréis	conduciríais	**conduzcáis**	conducid	
	ellos/-as, ustedes	conducen	**condujeron**	conducían	conducirán	conducirían	**conduzcan**	**conduzcan**	
4 conocer (zc) *kennen*	yo	**conozco**	conocí	conocía	conoceré	conocería	**conozca**		conocido
	tú	conoces	conociste	conocías	conocerás	conocerías	**conozcas**	conoce	*conociendo*
	él/ella, usted	conoce	conoció	conocía	conocerá	conocería	**conozca**	**conozca**	
	nosotros/-as	conocemos	conocimos	conocíamos	conoceremos	conoceríamos	**conozcamos**		
	vosotros/-as	conocéis	conocisteis	conocíais	conoceréis	conoceríais	**conozcáis**	conoced	
	ellos/-as, ustedes	conocen	conocieron	conocían	conocerán	conocerían	**conozcan**	**conozcan**	
5 construir (y) *bauen*	yo	**construyo**	construí	construía	construiré	construiría	**construya**		construido
	tú	**construyes**	construiste	construías	construirás	construirías	**construyas**	**construye**	**construyendo**
	él/ella, usted	**construye**	**construyó**	construía	construirá	construiría	**construya**	**construya**	
	nosotros/-as	construimos	construimos	construíamos	construiremos	construiríamos	**construyamos**		
	vosotros/-as	construís	construisteis	construíais	construiréis	construiríais	**construyáis**	construid	
	ellos/-as, ustedes	**construyen**	**construyeron**	construían	construirán	construirían	**construyan**	**construyan**	
6 contar (o → ue) *erzählen*	yo	**cuento**	conté	contaba	contaré	contaría	**cuente**		contado
	tú	**cuentas**	contaste	contabas	contarás	contarías	**cuentes**	**cuenta**	*contando*
	él/ella, usted	**cuenta**	contó	contaba	contará	contaría	**cuente**	**cuente**	
	nosotros/-as	contamos	contamos	contábamos	contaremos	contaríamos	contemos		
	vosotros/-as	contáis	contasteis	contabais	contaréis	contaríais	contéis	contad	
	ellos/-as, ustedes	**cuentan**	contaron	contaban	contarán	contarían	**cuenten**	**cuenten**	
7 continuar (u → ú) *fortsetzen*	yo	**continúo**	continué	continuaba	continuaré	continuaría	**continúe**		continuado
	tú	**continúas**	continuaste	continuabas	continuarás	continuarías	**continúes**	**continúa**	*continuando*
	él/ella, usted	**continúa**	continuó	continuaba	continuará	continuaría	**continúe**	**continúe**	
	nosotros/-as	continuamos	continuamos	continuábamos	continuaremos	continuaríamos	continuemos		
	vosotros/-as	continuáis	continuasteis	continuabais	continuaréis	continuaríais	continuéis	continuad	
	ellos/-as, ustedes	**continúan**	continuaron	continuaban	continuarán	continuarían	**continúen**	**continúen**	
8 creer *glauben*	yo	creo	creí	creía	creeré	creería	crea		creído
	tú	crees	creíste	creías	creerás	creerías	creas	cree	**creyendo**
	él/ella, usted	cree	**creyó**	creía	creerá	creería	crea	crea	
	nosotros/-as	creemos	creímos	creíamos	creeremos	creeríamos	creamos		
	vosotros/-as	creéis	creísteis	creíais	creeréis	creeríais	creáis	creed	
	ellos/-as, ustedes	creen	**creyeron**	creían	creerán	creerían	crean	crean	
9 dar *geben*	yo	**doy**	**di**	daba	daré	daría	**dé**		dado
	tú	das	**diste**	dabas	darás	darías	**des**	da	*dando*
	él/ella, usted	da	**dio**	daba	dará	daría	**dé**	**dé**	
	nosotros/-as	damos	**dimos**	dábamos	daremos	daríamos	demos		
	vosotros/-as	dais	**disteis**	dabais	daréis	daríais	deis	dad	
	ellos/-as, ustedes	dan	**dieron**	daban	darán	darían	den	den	

Infinitiv		Präsens	Indefinido	Imperfecto	Futur	Konditional	Präsens des Subjuntivo	Imperativ	Partizip / Gerundio
10 **decir** *sagen*	yo	**digo**	**dije**	decía	**diré**	**diría**	**diga**		**dicho**
	tú	**dices**	**dijiste**	decías	**dirás**	**dirías**	**digas**	**di**	*diciendo*
	él/ella, usted	**dice**	**dijo**	decía	**dirá**	**diría**	**diga**	**diga**	
	nosotros/-as	decimos	**dijimos**	decíamos	**diremos**	**diríamos**	**digamos**		
	vosotros/-as	decís	**dijisteis**	decíais	**diréis**	**diríais**	**digáis**	decid	
	ellos/-as, ustedes	**dicen**	**dijeron**	decían	**dirán**	**dirían**	**digan**	**digan**	
11 **dormir** (o → ue) *schlafen*	yo	**duermo**	dormí	dormía	dormiré	dormiría	**duerma**		dormido
	tú	**duermes**	dormiste	dormías	dormirás	dormirías	**duermas**	**duerme**	*durmiendo*
	él/ella, usted	**duerme**	**durmió**	dormía	dormirá	dormiría	**duerma**	**duerma**	
	nosotros/-as	dormimos	dormimos	dormíamos	dormiremos	dormiríamos	**durmamos**		
	vosotros/-as	dormís	dormisteis	dormíais	dormiréis	dormiríais	**durmáis**	dormid	
	ellos/-as, ustedes	**duermen**	**durmieron**	dormían	dormirán	dormirían	**duerman**	**duerman**	
12 **entender** (e → ie) *verstehen*	yo	**entiendo**	entendí	entendía	entenderé	entendería	**entienda**		entendido
	tú	**entiendes**	entendiste	entendías	entenderás	entenderías	**entiendas**	**entiende**	*entendiendo*
	él/ella, usted	**entiende**	entendió	entendía	entenderá	entendería	**entienda**	**entienda**	
	nosotros/-as	entendemos	entendimos	entendíamos	entenderemos	entenderíamos	entendamos		
	vosotros/-as	entendéis	entendisteis	entendíais	entenderéis	entenderíais	entendáis	entended	
	ellos/-as, ustedes	**entienden**	entendieron	entendían	entenderán	entenderían	**entiendan**	**entiendan**	
13 **estar** *sein*	yo	**estoy**	**estuve**	estaba	estaré	estaría	**esté**		estado
	tú	**estás**	**estuviste**	estabas	estarás	estarías	**estés**	**está**	*estando*
	él/ella, usted	**está**	**estuvo**	estaba	estará	estaría	**esté**	**esté**	
	nosotros/-as	estamos	**estuvimos**	estábamos	estaremos	estaríamos	**estemos**		
	vosotros/-as	estáis	**estuvisteis**	estabais	estaréis	estaríais	**estéis**	estad	
	ellos/-as, ustedes	**están**	**estuvieron**	estaban	estarán	estarían	**estén**	**estén**	
14 **haber** *haben / sein* (Hilfsverb)	yo	**he**	**hube**	había	**habré**	**habría**	**haya**		habido
	tú	**has**	**hubiste**	habías	**habrás**	**habrías**	**hayas**	*nicht gebräuchlich*	*habiendo*
	él/ella, usted	**ha / hay**	**hubo**	había	**habrá**	**habría**	**haya**		
	nosotros/-as	**hemos**	**hubimos**	habíamos	**habremos**	**habríamos**	**hayamos**		
	vosotros/-as	habéis	**hubisteis**	habíais	**habréis**	**habríais**	**hayáis**		
	ellos/-as, ustedes	**han**	**hubieron**	habían	**habrán**	**habrían**	**hayan**		
15 **hacer** *machen*	yo	**hago**	**hice**	hacía	**haré**	**haría**	**haga**		**hecho**
	tú	haces	**hiciste**	hacías	**harás**	**harías**	**hagas**	**haz**	*haciendo*
	él/ella, usted	hace	**hizo**	hacía	**hará**	**haría**	**haga**	**haga**	
	nosotros/-as	hacemos	**hicimos**	hacíamos	**haremos**	**haríamos**	**hagamos**		
	vosotros/-as	hacéis	**hicisteis**	hacíais	**haréis**	**haríais**	**hagáis**	haced	
	ellos/-as, ustedes	hacen	**hicieron**	hacían	**harán**	**harían**	**hagan**	**hagan**	
16 **incluir** *einschließen*	yo	**incluyo**	incluí	incluía	incluiré	incluiría	**incluya**		incluido
	tú	**incluyes**	incluiste	incluías	incluirás	incluirías	**incluyas**	**incluye**	*incluyendo*
	él/ella, usted	**incluye**	**incluyó**	incluía	incluirá	incluiría	**incluya**	**incluya**	
	nosotros/-as	incluimos	incluimos	incluíamos	incluiremos	incluiríamos	**incluyamos**		
	vosotros/-as	incluís	incluisteis	incluíais	incluiréis	incluiríais	**incluyáis**	incluid	
	ellos/-as, ustedes	**incluyen**	**incluyeron**	incluían	incluirán	incluirían	**incluyan**	**incluyan**	

Infinitiv		Präsens	Indefinido	Imperfecto	Futur	Konditional	Präsens des Subjuntivo	Imperativ	Partizip / Gerundio
17 **ir** *gehen, fahren*	yo	**voy**	**fui**	**iba**	iré	iría	**vaya**		ido
	tú	**vas**	**fuiste**	**ibas**	irás	irías	**vayas**	**ve**	
	él/ella, usted	**va**	**fue**	**iba**	irá	iría	**vaya**	**vaya**	
	nosotros/-as	**vamos**	**fuimos**	**íbamos**	iremos	iríamos	**vayamos**		*yendo*
	vosotros/-as	**vais**	**fuisteis**	**ibais**	iréis	iríais	**vayáis**	id	
	ellos/-as, ustedes	**van**	**fueron**	**iban**	irán	irían	**vayan**	**vayan**	
18 **jugar** (u → ue) *spielen*	yo	**juego**	**jugué**	jugaba	jugaré	jugaría	**juegue**		jugado
	tú	**juegas**	jugaste	jugabas	jugarás	jugarías	**juegues**	**juega**	
	él/ella, usted	**juega**	**jugó**	jugaba	jugará	jugaría	**juegue**	**juegue**	
	nosotros/-as	jugamos	jugamos	jugábamos	jugaremos	jugaríamos	juguemos		*jugando*
	vosotros/-as	jugáis	jugasteis	jugabais	jugaréis	jugaríais	juguéis	jugad	
	ellos/-as, ustedes	**juegan**	jugaron	jugaban	jugarán	jugarían	**jueguen**	**juegen**	
19 **oír** *hören*	yo	**oigo**	oí	oía	oiré	oiría	**oiga**		oído
	tú	**oyes**	oíste	oías	oirás	oirías	**oigas**	**oye**	
	él/ella, usted	**oye**	**oyó**	oía	oirá	oiría	**oiga**	**oiga**	
	nosotros/-as	oímos	oímos	oíamos	oiremos	oiríamos	**oigamos**		*oyendo*
	vosotros/-as	oís	oísteis	oíais	oiréis	oiríais	**oigáis**	oíd	
	ellos/-as, ustedes	**oyen**	**oyeron**	oían	oirán	oirían	**oigan**	**oigan**	
20 **oler** *riechen*	yo	**huelo**	olí	olía	oleré	olería	**huela**		olido
	tú	**hueles**	oliste	olías	olerás	olerías	**huelas**	**huele**	
	él/ella, usted	**huele**	olió	olía	olerá	olería	**huela**	**huela**	
	nosotros/-as	olemos	olimos	olíamos	oleremos	oleríamos	olamos		*oliendo*
	vosotros/-as	oléis	olisteis	olíais	oleréis	oleríais	oláis	oled	
	ellos/-as, ustedes	**huelen**	olieron	olían	olerán	olerían	**huelan**	**huelan**	
21 **pedir** (e → i) *bitten*	yo	**pido**	pedí	pedía	pediré	pediría	**pida**		pedido
	tú	**pides**	pediste	pedías	pedirás	pedirías	**pidas**	**pide**	
	él/ella, usted	**pide**	**pidió**	pedía	pedirá	pediría	**pida**	**pida**	
	nosotros/-as	pedimos	pedimos	pedíamos	pediremos	pediríamos	**pidamos**		*pidiendo*
	vosotros/-as	pedís	pedisteis	pedíais	pediréis	pediríais	**pidáis**	pedid	
	ellos/-as, ustedes	**piden**	**pidieron**	pedían	pedirán	pedirían	**pidan**	**pidan**	
22 **pensar** (e → ie) *denken*	yo	**pienso**	pensé	pensaba	pensaré	pensaría	**piense**		pensado
	tú	**piensas**	pensaste	pensabas	pensarás	pensarías	**pienses**	**piensa**	
	él/ella, usted	**piensa**	pensó	pensaba	pensará	pensaría	**piense**	**piense**	
	nosotros/-as	pensamos	pensamos	pensábamos	pensaremos	pensaríamos	pensemos		*pensando*
	vosotros/-as	pensáis	pensasteis	pensabais	pensaréis	pensaríais	penséis	pensad	
	ellos/-as, ustedes	**piensan**	pensaron	pensaban	pensarán	pensarían	**piensen**	**piensen**	
23 **poder** *können*	yo	**puedo**	**pude**	podía	**podré**	**podría**	**pueda**		podido
	tú	**puedes**	**pudiste**	podías	**podrás**	**podrías**	**puedas**	*nicht gebräuchlich*	
	él/ella, usted	**puede**	**pudo**	podía	**podrá**	**podría**	**pueda**		
	nosotros/-as	**podemos**	**pudimos**	podíamos	**podremos**	**podríamos**	podamos		*pudiendo*
	vosotros/-as	**podéis**	**pudisteis**	podíais	**podréis**	**podríais**	podáis		
	ellos/-as, ustedes	**pueden**	**pudieron**	podían	**podrán**	**podrían**	**puedan**		

Infinitiv		Präsens	Indefinido	Imperfecto	Futur	Konditional	Präsens des Subjuntivo	Imperativ	Partizip / Gerundio
24 poner *legen, setzen, stellen*	yo	**pongo**	**puse**	ponía	**pondré**	**pondría**	**ponga**		**puesto**
	tú	pones	**pusiste**	ponías	**pondrás**	**pondrías**	**pongas**	pon	*poniendo*
	él/ella, usted	pone	**puso**	ponía	**pondrá**	**pondría**	**ponga**	**ponga**	
	nosotros/-as	ponemos	**pusimos**	poníamos	**pondremos**	**pondríamos**	**pongamos**		
	vosotros/-as	ponéis	**pusisteis**	poníais	**pondréis**	**pondríais**	**pongáis**	poned	
	ellos/-as, ustedes	ponen	**pusieron**	ponían	**pondrán**	**pondrían**	**pongan**	**pongan**	
25 preferir (e → ie) *bevorzugen*	yo	**prefiero**	preferí	prefería	preferiré	preferiría	**prefiera**		preferido
	tú	**prefieres**	preferiste	preferías	preferirás	preferirías	**prefieras**	**prefiere**	*prefiriendo*
	él/ella, usted	**prefiere**	**prefirió**	prefería	preferirá	preferiría	**prefiera**	**prefiera**	
	nosotros/-as	preferimos	preferimos	preferíamos	preferiremos	preferiríamos	**prefiramos**		
	vosotros/-as	preferís	preferisteis	preferíais	preferiréis	preferiríais	**prefiráis**	preferid	
	ellos/-as, ustedes	**prefieren**	**prefirieron**	preferían	preferirán	preferirían	**prefieran**	**prefieran**	
26 querer *wollen, mögen*	yo	**quiero**	**quise**	quería	**querré**	**querría**	**quiera**	*nicht gebräuchlich*	querido
	tú	**quieres**	**quisiste**	querías	**querrás**	**querrías**	**quieras**		*queriendo*
	él/ella, usted	**quiere**	**quiso**	quería	**querrá**	**querría**	**quiera**		
	nosotros/-as	queremos	**quisimos**	queríamos	**querremos**	**querríamos**	queramos		
	vosotros/-as	queréis	**quisisteis**	queríais	**querréis**	**querríais**	queráis		
	ellos/-as, ustedes	**quieren**	**quisieron**	querían	**querrán**	**querrían**	**quieran**		
27 saber *wissen*	yo	**sé**	**supe**	sabía	**sabré**	**sabría**	**sepa**		sabido
	tú	sabes	**supiste**	sabías	**sabrás**	**sabrías**	**sepas**	sabe	*sabiendo*
	él/ella, usted	sabe	**supo**	sabía	**sabrá**	**sabría**	**sepa**	**sepa**	
	nosotros/-as	sabemos	**supimos**	sabíamos	**sabremos**	**sabríamos**	**sepamos**		
	vosotros/-as	sabéis	**supisteis**	sabíais	**sabréis**	**sabríais**	**sepáis**	sabed	
	ellos/-as, ustedes	saben	**supieron**	sabían	**sabrán**	**sabrían**	**sepan**	**sepan**	
28 salir *weggehen, ausgehen*	yo	**salgo**	salí	salía	**saldré**	**saldría**	**salga**		salido
	tú	sales	saliste	salías	**saldrás**	**saldrías**	**salgas**	**sal**	*saliendo*
	él/ella, usted	sale	salió	salía	**saldrá**	**saldría**	**salga**	**salga**	
	nosotros/-as	salimos	salimos	salíamos	**saldremos**	**saldríamos**	**salgamos**		
	vosotros/-as	salís	salisteis	salíais	**saldréis**	**saldríais**	**salgáis**	salid	
	ellos/-as, ustedes	salen	salieron	salían	**saldrán**	**saldrían**	**salgan**	**salgan**	
29 ser *sein*	yo	**soy**	**fui**	**era**	seré	sería	**sea**		sido
	tú	**eres**	**fuiste**	**eras**	serás	serías	**seas**	**sé**	*siendo*
	él/ella, usted	**es**	**fue**	**era**	será	sería	**sea**	**sea**	
	nosotros/-as	**somos**	**fuimos**	**éramos**	seremos	seríamos	**seamos**		
	vosotros/-as	**sois**	**fuisteis**	**erais**	seréis	seríais	**seáis**	sed	
	ellos/-as, ustedes	**son**	**fueron**	**eran**	serán	serían	**sean**	**sean**	

Infinitiv		Präsens	Indefinido	Imperfecto	Futur	Konditional	Präsens des Subjuntivo	Imperativ	Partizip / Gerundio
30 **tener** *haben*	yo	**tengo**	**tuve**	tenía	**tendré**	**tendría**	**tenga**		tenido
	tú	**tienes**	**tuviste**	tenías	**tendrás**	**tendrías**	**tengas**	**ten**	
	él/ella, usted	**tiene**	**tuvo**	tenía	**tendrá**	**tendría**	**tenga**	**tenga**	*teniendo*
	nosotros/-as	tenemos	**tuvimos**	teníamos	**tendremos**	**tendríamos**	**tengamos**		
	vosotros/-as	tenéis	**tuvisteis**	teníais	**tendréis**	**tendríais**	**tengáis**	tened	
	ellos/-as, ustedes	**tienen**	**tuvieron**	tenían	**tendrán**	**tendrían**	**tengan**	**tengan**	
31 **traer** *(hierher) bringen*	yo	**traigo**	**traje**	traía	traeré	traería	**traiga**		traído
	tú	traes	**trajiste**	traías	traerás	traerías	**traigas**	trae	
	él/ella, usted	trae	**trajo**	traía	traerá	traería	**traiga**	**traiga**	*trayendo*
	nosotros/-as	traemos	**trajimos**	traíamos	traeremos	traeríamos	**traigamos**		
	vosotros/-as	traéis	**trajisteis**	traíais	traeréis	traeríais	**traigáis**	traed	
	ellos/-as, ustedes	traen	**trajeron**	traían	traerán	traerían	**traigan**	**traigan**	
32 **venir** *(hierher) kommen*	yo	**vengo**	**vine**	venía	**vendré**	**vendría**	**venga**		venido
	tú	**vienes**	**viniste**	venías	**vendrás**	**vendrías**	**vengas**	**ven**	
	él/ella, usted	**viene**	**vino**	venía	**vendrá**	**vendría**	**venga**	**venga**	*viniendo*
	nosotros/-as	venimos	**vinimos**	veníamos	**vendremos**	**vendríamos**	**vengamos**		
	vosotros/-as	venís	**vinisteis**	veníais	**vendréis**	**vendríais**	**vengáis**	venid	
	ellos/-as, ustedes	**vienen**	**vinieron**	venían	**vendrán**	**vendrían**	**vengan**	**vengan**	
33 **ver** *sehen*	yo	**veo**	**vi**	**veía**	veré	vería	**vea**		**visto**
	tú	ves	**viste**	**veías**	verás	verías	**veas**	ve	
	él/ella, usted	ve	**vio**	**veía**	verá	vería	**vea**	**vea**	*viendo*
	nosotros/-as	vemos	**vimos**	**veíamos**	veremos	veríamos	**veamos**		
	vosotros/-as	veis	**visteis**	**veíais**	veréis	veríais	**veáis**	ved	
	ellos/-as, ustedes	**ven**	**vieron**	**veían**	verán	verían	**vean**	**vean**	
34 **volver** *(o → ue)* *zurückkehren*	yo	**vuelvo**	volví	volvía	volveré	volvería	**vuelva**		**vuelto**
	tú	**vuelves**	volviste	volvías	volverás	volverías	**vuelvas**	**vuelve**	
	él/ella, usted	**vuelve**	volvió	volvía	volverá	volvería	**vuelva**	**vuelva**	*volviendo*
	nosotros/-as	volvemos	volvimos	volvíamos	volveremos	volveríamos	volvamos		
	vosotros/-as	volvéis	volvisteis	volvíais	volveréis	volveríais	volváis	volved	
	ellos/-as, ustedes	**vuelven**	volvieron	volvían	volverán	volverían	**vuelvan**	**vuelvan**	

◆ Durch *(o → ue)* wird der Wechsel des Stammvokals angezeigt.
◆ Die Ziffern verweisen auf das entsprechende Konjugationsmodell der Verbtabelle ab S. 145.
◆ Nicht aufgeführt sind Verben mit rein orthografischen Veränderungen,
  wie z. B. comunicar → *indef.* yo comuniqué, modernizar → *indef.* yo modernicé,
  pagar → *indef.* yo pagué

abrir *(part.* abierto)
acordarse *(o → ue, 6)*
acostarse *(o → ue, 6)*
actuar *(u → ú, 7)*
adquirir *(i → ie)*
advertir *(e → ie, 25)*
almorzar *(o → ue, 6)*
andar 1
anteponer (24)
aparecer (zc, 4)
apetecer (zc, 4)
apostar *(o → ue, 6)*
aprobar *(o → ue, 6)*
atender *(e → ie, 12)*
atraer (2)
caer 2
calentar *(e → ie, 22)*
cerrar *(e → ie, 22)*
cocer *(o → ue, 20)*
colgar *(o → ue, 6)*
comenzar *(e → ie, 22)*
competir *(e → i, 21)*
comprobar
  (o → ue, 6)
concebir *(e → i, 21)*
concertar *(e → ie, 22)*
conducir 3
confesar *(e → ie, 22)*
conocer 4
conseguir *(e → i, 21)*
construir 5
contar 6
contener (30)
continuar 7
contribuir *(y, 5)*
convenir (32)
convertir *(e → ie, 25)*
corregir *(e → i, 21)*

costar *(o → ue, 6)*
crecer (zc, 4)
creer 8
cubrir *(part.* cubierto)
dar 9
decir 10
defender *(e → ie, 12)*
demostrar *(o → ue, 6)*
derretir *(e → i, 21)*
desaparecer (zc, 4)
describir
  (part. descrito)
escribir *(part.* escrito)
descubrir
  (part. descubierto)
desmentir
  (e → ie, 25)
despedir *(e → i, 21)*
despertarse
  (e → ie, 22)
destruir *(y, 5)*
detener (30)
devolver (34)
diluir *(y, 5)*
disminuir *(y, 5)*
disponer (24)
distribuir *(y, 5)*
divertirse *(e → ie, 25)*
doler *(o → ue, 20)*
dormir 11
elegir *(e → i, 21)*
empezar *(e → ie, 22)*
encontrar *(o → ue, 6)*
endurecer (zc, 4)
entender 12
entorpecer (zc, 4)
envolver *(o → ue, 34)*
escribir *(part.* escrito)

establecer (zc, 4)
estar 13
favorecer (zc, 4)
fluctuar *(u → ú, 7)*
haber 14
hacer 15
huir *(y, 5)*
impedir *(e → i, 21)*
imponer (24)
incluir 16
introducir (zc, 3)
ir 17
jugar 18
leer (2)
llover *(o → ue, 20)*
maldecir (10)
mantener (30)
morir *(o → ue, 11)*
mostrar *(o → ue, 6)*
mover *(o → ue, 20)*
nacer (zc, 4)
nevar *(e → ie, 22)*
ofrecer (zc, 4)
oír 19
oler 20
parecer (zc, 4)
pedir 21
pensar 22
perder *(e → ie, 12)*
pertenecer (zc, 4)
perseguir *(e → i, 21)*
poder 23
poner 24
predecir (10)
preferir 25
probar *(o → ue, 6)*
producir (zc, 3)
prohibir *(i → í)*

promover *(o→ue, 20)*
proponer (24)
provenir (32)
querer 26
recomendar
  (e → ie, 22)
reconocer (zc, 4)
recordar *(o → ue, 6)*
reducir (zc, 3)
reír *(e → i, 21)*
resolver *(o → ue, 34)*
reunir *(u → ú)*
revolver *(o → ue, 34)*
rogar *(o → ue, 6)*
romper *(part.* roto)
saber 27
salir 28
seguir *(e → i, 21)*
sentarse *(e → ie, 22)*
sentir *(e → ie, 25)*
ser 29
servir *(e → i, 21)*
situar *(u → ú, 7)*
sonar *(o → ue, 6)*
soñar *(o → ue, 6)*
sonreír *(e → i, 21)*
suponer (24)
sustituir *(y, 5)*
tener 30
traducir (zc, 3)
traer 31
valer (28)
venir 32
ver 33
vestirse *(e → i, 21)*
verter *(e → ie, 25)*
volver 34

Begriff	spanisch	deutsch	Beispiel
Adjektiv	adjetivo	Eigenschaftswort	Die **alte** Stadt.
Adverb	adverbio	Umstandswort	**Heute** gehe ich ins Kino.
Akkusativ	acusativo	4. Fall (Wenfall)	Daniel kauft **den Wagen**.
Akkusativobjekt	objeto directo	direktes Objekt	Ich rufe den Arzt an.
Artikel	artículo	Geschlechtswort	**Der** Fußball ist neu.
Dativ	dativo	3. Fall (Wemfall)	Wir schenken **Michael** ein Fahrrad.
Dativobjekt	objeto indirecto	indirektes Objekt	Er kauft **seiner Frau** Blumen.
Demonstrativ-pronomen	pronombre demostrativo	hinweisendes Fürwort	Ich kaufe **diesen**.
Demonstrativ-begleiter	determinante demostrativo	hinweisender Begleiter	Ich nehme **dieses** Sofa.
feminin	femenino	weiblich	Sie ist **eine gute Lehrerin**.
Futur	futuro	Zukunft	María **wird kommen**.
Gerundium	gerundio	Verlaufsform	Er **schläft gerade**.
Imperativ	imperativo	Befehlsform	**Gib** mir bitte Schokolade.
Imperfecto	imperfecto	Präteritum (Vergangenheitsform)	Meine Mutter **spielte** gerne Klavier.
Indefinido	indefinido	Historische Vergangenheit	Pablo Picasso **starb** 1973.
Indefinitbegleiter	determinante indefinido	unbestimmter Begleiter	Bringst du mir bitte **irgendeine** Zeitschrift?
Indefinitpronomen	pronombre indefinido	unbestimmtes Fürwort	Ich finde **keine**.
Indirekte Rede	estilo indirecto	ndirekte Rede	Paul sagt, **er komme** um 20 Uhr.
Infinitiv	infinitivo	Grundform des Verbs	Er kann nicht **sprechen**.
Komparativ	comparativo	Vergleichs- und 1. Steigerungsform	Carola ist **älter** als Julia.
Konditional	condicional	Bedingungsform	**Du könntest** dir eine Woche Urlaub nehmen.
Konjugation	conjugación	Beugung des Verbs	Ich gehe, du geh**st**, ...
Konnektor	conector	Verbindungswort	Max ging spazieren, **weil** schönes Wetter war.
Konsonant	consonante	Mitlaut	**b, c, d, f,** usw.
maskulin	masculino	männlich	Herr Naumann ist **ein reicher Mann**.
Modalverb	verbo modal	Verb, das die Bedeutung eines Vollverbs modifiziert	**Kannst** du englisch sprechen?

Begriff	spanisch	deutsch	Beispiel
Negation	negación	Verneinung	Wir gehen morgen **nicht** in die Arbeit.
Nominativ	nominativo	1. Fall (Werfall)	Peter ist **Arzt.**
Objekt	objeto	Ergänzung des Verbs	Markus liest die **Zeitung.**
direktes Objektpronomen	pronombre de objeto directo	Fürwort als Ergänzung des Verbs im 4. Fall	Ich sehe **ihn.**
indirektes Objektpronomen	pronombre de objeto indirecto	Fürwort als Ergänzung des Verbs im 3. Fall	Gefällt **dir** meine neue Bluse?
Ordinalzahl	número ordinal	Ordnungszahl	**erster, zweiter** usw.
Perfekt	pretérito perfecto	Vergangenheit	**gegessen, gekauft** usw.
Personalpronomen	pronombre personal	persönliches Fürwort	**Er** fragt **sie** um Rat.
Plural	plural	Mehrzahl	**Häuser, Röcke**
Plusquamperfekt	pluscuamperfecto	vollendete Vergangenheit	Nachdem **sie** die Prüfung **abgelegt hatten**, wurde das Wetter gut.
Possessivbegleiter	determinante posesivo	besitzanzeigender Begleiter	**Meine** Eltern heißen José und Silke.
Possessivpronomen	pronombre posesivo	besitzanzeigendes Fürwort	Das Fahrrad? Das ist **meines!**
Prädikat	predicado	Satzaussage	Der Bus **fährt** zum Bahnhof.
Präposition	preposición	Verhältniswort	Sie steht **an** der Haltestelle.
Präsens	presente	Gegenwart	Ich **fahre** heute nach Murcia.
Pronomen	pronombre	Fürwort	Du gibst **es ihr.**
reflexives Verb	verbo reflexivo	rückbezügliches Tätigkeitswort	Karin **freute sich** sehr über die Blumen.
Reflexivpronomen	pronombre reflexivo	rückbezügliches Fürwort	Wir freuen **uns.**
Subjektpronomen	pronombre de sujeto	Fürwort als Satzgegenstand	**Er** schwimmt.
Subjuntivo	subjuntivo	–	*Me alegro que te* ***guste.***
Substantiv	sustantivo	Hauptwort	**Name, Stadt**
Superlativ	superlativo	2. Steigerungsform	**Der höchste** Berg Spaniens ist der Teide.
Verb	verbo	Tätigkeitswort	**schreiben, besuchen**
verbale Umschreibung	perífrasis verbal	Umschreibung mit einem Zeitwort	Die Kinder **spielen gerade** im Sand.
Vokal	vocal	Selbstlaut	**a, e, i** usw.

◆ Die Wörter sind in der Reihenfolge ihres Vorkommens mit deutscher Bedeutung im jeweiligen Kontext aufgeführt.

◆ Wörter, die ausschließlich auf der CD und im Arbeitsbuchteil, vorkommen, sind nicht aufgenommen.

Verwendete Abkürzungen

Adv = Adverb *Pl* = Plural *ugs* = umgangssprachlich *mex* = mexikanisch

Unidad 7

Hablando se entiende la gente

	la soberanía	Souveränität
	el vocablo	Wort, Vokabel
	el giro	Redewendung
	fonético/-a	phonetisch
	semántico/-a	semantisch
	peculiar	eigen, besonders
	el bistec	Beefsteak
	confeccionar	erstellen

A

	el usuario	Benutzer
1a	consultar	nachschlagen
	ilustrado/-a	bebildert
1b	la entrada	Eintrag
	el extranjerismo	Fremdwort
	el neologismo	Neologismus, neues Wort
	la normativa	Regelung
	la acepción	Ausnahme
	el topónimo	Ortsname
	avalado/-a	verbürgt
	pragmático/-a	pragmatisch
	la fraseología	Phraseologie
	el apéndice	Anhang
	la voz	*hier:* Wort
	el tecnicismo	Fachausdruck
	la precisión	Genauigkeit
2	monolingüe	einsprachig
2a	el ajonjolí	Sesam
	herbáceo/-a	krautartig
	la obtención	Gewinnung
	el guiso	Schmorgericht
	enmarañar	zerzausen
	enredar	verstricken, verwickeln
3a	el manuscrito	Manuskript
	el dominio	Internet-Domain
	inequívoco	eindeutig
3b	la virgulilla	Tilde
	el mono	Affe
	la cana	weißes/graues Haar
	el moño	Haarknoten
	la caña	Rohr, Halm
	ordeñado/-a	gemolken

	condensar	verkürzen
	el/la copista	Kopist/in
	la grafía	Schreibweise
	ñoño/-a	fade, langweilig
	el ostracismo	Verbannung
	aducir	begründen
	la traba	Hindernis
	la cabida	Aufnahme

B

5a	la trayectoría	Werdegang
	celta	keltisch
	el/la fenicio/-a	Phönizier/in
	costero/-a	an der Küste gelegen
	atravesar	durchqueren
	invadir	einfallen
	el alguacil	Gemeindediener
	el quilate	Karat
	la alcantarilla	Abwasserkanal
	la azotea	Dachterrasse
5b	predominante	vorherrschend
	componer	zusammenstellen, verfassen
	el reino	Königreich
	dicho/-a	besagt
	impulsar	anschieben, veranlassen
	procedente	abstammend
6a	el origen	der Ursprung
7a	el mantel	Tischdecke
7b	embarazoso	peinlich

Entre culturas

a	la diversidad	Vielfalt
	la homogeneidad	Homogenität
	el tratamiento	*hier:* Anrede
b	tratar de usted	siezen
	el cariño	Zuneigung
d	¡Bueno!	Hallo (*mex, um sich am Telefon zu melden*)
	¡Quiubo! (*ugs, mex*)	Was gibt Neues?

la flojera	Faulheit
¡Qué flojera! *(ugs)*	Wie langweilig!
el chorro *(ugs)*	Menge, Haufen
la chamba *(ugs)*	Arbeit
¿Qué onda? *(ugs, mex)*	Wie geht es Dir?
platicar *(mex)*	reden
la lana *(ugs)*	Geld
el tianguis *(mex)*	Markt
antojito *(mex) m*	kleine warme Speise, Snack
el jitomate *(mex)*	Tomate
¡Órale! *(ugs, mex)*	Okay!
¡Sale! *(ugs, mex)*	Einverstanden!

Unidad 8

Un mundo sin fronteras

afín	ähnlich
decisivo/-a	entscheidend

A

1a	el triple	Dreifache
	el tercio	Drittel
	el quinto	Fünftel
1b	la patera	Holzboot
	recolectar	sammeln, ernten
	de sol a sol	von frühmorgens bis spätabends
2c	chapurrear	radebrechen
	el mediador	Vermittler
	el/la figurante	Statist/in
	dar el salto	vorwärtskommen
	regularizar	regeln
	el rumbo	Kurs
	errático/-a	umherziehend
	limítrofe	Grenz-
	austero/-a	einfach
	resignado/-a	resigniert
	el sacrificio	Opfer
	advertir	hinweisen
	plantear	angehen
	aterrizar	landen
	el encanto	Reiz, Charme
	el guiri *(ugs)*	Ausländer
	el gueto	Ghetto
	a su juicio	seiner Meinung nach
	la urbe	Großstadt
	nato/-a	geboren
	la escala	Skala, Leiter
	el salto	Sprung
3d	escenificar	inszenieren

B

4a	la transferencia	Überweisung
	abordar	anschneiden
	el empadronamiento	Eintragung in das Einwohnerregister
	el trámite	Formalität
	el reto	Herausforderung
	proveer	beliefern
	vacante	frei
	la divisa	Divise
	la sanidad	Gesundheitswesen
	sanitario/-a	Gesund-
	surgir	erscheinen
	la cobertura	Abdeckung
	el terreno	Gebiet
	rentar	mieten
	módico/-a	angemessen
5b	la recámara *(mex)*	Schlafzimmer
	el conserje	Hausmeister
	el mantenimiento	Wartung
	la alberca *(mex)*	Schwimmbecken
	cocina integral	Einbauküche
	el estacionamiento	Parkplatz
	el patio de lavado y tendido	Waschraum
	el clóset	Einbauschrank
	la mascota	Haustier

Entre culturas

a	independizarse	sich unabhängig machen
	la inconformidad	fehlende Übereinstimmung
	la prevención	Vorbereitung
	la precaución	Vorsicht
	consolidarse	sich einleben
	la remuneración	Bezahlung, Vergütung
	aislarse	sich isolieren
	la confusión	Durcheinander
	el síntoma	Anzeichen
	la negociación	Verhandlung
c	cauteloso/-a	vorsichtig
	emprender	angehen

Unidad 9

La máquina del futuro

el microondas	Mikrowelle
la tableta electrónica	Tablet-PC
el lavaplatos	Geschirrspüler

	el navegador	Navigationsgerät
	el libro electrónico	E-Book
	el televisor plasma	Plasma-Fernseher
	el secador de pelo	Haarfön
	la máquina de afeitar	Rasiergerät
	el escepticismo	Skepsis
	la probabilidad	Wahrscheinlichkeit
	la hipótesis	Hypothese

A

1a	el aluminio	Aluminium
	disponible	verfügbar
	el acero	Stahl
	inoxidable	rostfrei
	el filtro	Filter
	el émbolo	Kolben
2a	el funcionamiento	Funktionieren, Inbetriebnahme
	el depósito	Speicher
	el panel de mandos	Steuertafel
	el aroma	Aroma
	el suministro	Lieferung
	interrumpirse	sich unterbrechen
	el tubo	Rohr, Düse
	el vapor	Dampf
	la espuma	Schaum
2d	una vez que	sobald
3a	averiarse	gestört sein, kaputt sein
	quedar colgado	aufgehängt bleiben (Computer)
4b	auricular	Ohren-
	el robot salvavidas	Lebensrettungs-Roboter
	el control remoto	Fernsteuerung
	el dispositivo	Gerät
	cazar	jagen
	el mosquito	Mücke
	dañar	schaden
	la hélice	Propeller
	biplaza	zweisitzig
	el ala	Flügel
	plegable	klappbar
	volar	fliegen
	la silicona	Silikon
	reparar	reparieren
	personalizar	personalisieren

B

6a	aislar	isolieren
	el acristalamiento	Verglasung
	el termostato	Temperaturregler
	regular	regeln
	la iluminación	Beleuchtung

	afeitarse	sich rasieren
	enjabonarse	sich einseifen
	desconectar	ausstecken
	el mando a distancia	Fernbedienung
	el interruptor	Schalter
7	convencional	konventionell
	renovarse	sich erneuern
7a	la fuente de energía	Energiequelle
	la central nuclear	Atomkraftwerk
	proceder	abstammen
	el embalse	Stausee
	eólico/-a	Wind-
	la plataforma	Plattform
	el parque de energía solar	Solarenergiepark
7b	afear	verschandeln
	abastecer	versorgen
	generar	erzeugen
	la biomasa	Biomasse
	rentable	lohnend
8a	fluorescente	fluoreszierend
	reemplazar	ersetzen
	incandescente	weiß glühend
	el costo	Ausgabe, Kosten
	la electricidad	Elektrizität
	lanzar	auf den Markt bringen
	híbrido/-a	hybrid
	derivar	sich herleiten
	el caballo	Pferd
	la granja solar	Solarpark
	el combustible	Kraftstoff
	renovable	erneuerungsfähig

Entre culturas

a	capacitarse	sich weiterbilden
	consciente	bewusst
	la privacidad	Privatsphäre
	la red social	soziales Netzwerk
	confiar	vertrauen
	disparar	schießen, *hier*: in die Höhe schießen
d	difundir	ausbreiten
	la cestería	Korbflechtkunst
	el/la toba	*Mitglied der Bevölkerungsgruppe Toba*

Otra vuelta III
Literatura

	la polución	Verschmutzung

1	imbancable	unerträglich
	la burra	Eselin
2	sereno/-a	gelassen
	hacer gracia	lustig finden
	la penitencia	Strafe
	la efusión	Vergießen
	el semen	Samen, Sperma
	la simiente	Samen
	la reproducción	Fortpflanzung
4	restaurar	wiederherstellen
	apresado/-a	gefangen

Frontera

3	la bandera	Flagge
	la cigarra	Zikade
	el acorde	Akkord
	el forastero	Fremder, Ausländer
	el alba	Morgendämmerung
	la vanidad	Eitelkeit
	el desterrado	Verbannter

Unidad 10

¡Es una obra maestra!

consolar	trösten
la extrañeza	Erstaunen

A

1a	la preciosidad	Kostbarkeit
	la obra maestra	Meisterwerk
1b	la determinación	Bestimmung, Beschluss
	emotivo/-a	bewegend
	la uniformidad	Gleichmäßigkeit
	cromático/-a	chromatisch, farbgesättigt
	tirar	*hier:* gehen
	la estela	Stele
	el altar	Altar
	el palacio	Palast
	el aliento	Atem
	el enclave	Gebiet
1c	fantasear	fantasieren
	la maternidad	Mütterlichkeit
1d	el peine	Kamm
2b	¡Qué aburrimiento!	Wie langweilig!
	¡Qué asco!	Wie eklig!
3a	de sobremesa	Tisch-
	la adoración	Anbetung
	el pastor	Hirte
	la porcelana	Porzellan
	el broche	Brosche

B

5a	la lectura	Lektüre
	el ensayo	Essay
	el manual	Handbuch
	la autoayuda	Selbsthilfe
5b	pese a	trotz
	intacto/-a	rein
	rendirse	aufgeben
	prestigioso/-a	angesehen
	transmitir	über-, vermitteln
	lúcido/-a	klar
	la batalla	Schlacht
	librar una batalla	sich eine Schlacht liefern
	conquistar	erobern
	aislado/-a	isoliert
	alerta	wachsam
	el apocalipsis	Apokalypse
	sobrevivir	überleben
	sospechar	vermuten
	la red	Netz
	el superintendente	Hauptkommissar
	semejante	ähnliche
	indeterminado/-a	unbestimmt
	anciano/-a	betagt
	la viuda	Witwe
	la renovación	Erneuerung
	la declaración	Erklärung
6	el sentimiento	Gefühl
6a	besar	küssen
	siquiera	zumindest
	la tontería	Dummheit
	la ocasión	Moment
	el juramento	Schwur
	la fidelidad	Treue
	maldecir	verfluchen
	la profanación	Entweihung
	largarse	abhauen
	el impulso	Antrieb
6b	la seducción	Verführung
	el abandono	Verlassen
	la decepción	Enttäuschung
	furioso/-a	wütend
	estar harto	etwas satt haben
	enfadarse	sich ärgern
	la empatía	Empathie
6c	el desamor	Lieblosigkeit
	la caricia	Liebkosung, Streicheln
7a	la rima	Reim
	el sentido	Sinn
	la imaginación	Vorstellungskraft

7b	el plenilunio	Vollmond
	inefable	unbeschreiblich
	la ladera	Abhang
	solemne	majestätisch
	frígido/-a	kalt
	el rebaño	Herde
	rocalloso/-a	steinig, voller Geröll
	el desamparo	Schutzlosigkeit
	rozar	leicht berühren
	el belfo	Unterlippe
7d	reflejar	widerspiegeln
	la brisa	Brise

Entre culturas

a	la gardenia	Gardenie
	adorar	anbeten
	el atardecer	Abenddämmerung
	cursi	kitschig
	melodramático/-a	melodramatisch
	la fusión	Verbreitung
	la camelia	Kamelie
	la castidad	Keuschheit
	el clavel	Nelke
	la distinción	Vornehmheit
	el lirio	Lilie

Unidad 11

¡Trabaja con nosotros!

	el carpintero	Tischler
	tratar	umgehen
	el acuerdo	Vereinbarung
	asesorar	beraten
	ensayar	versuchen
	la solicitud	Bewerbung

A

1a	costearse	bezahlen
2a	Muy señores míos	Sehr geehrte Damen und Herren
	el anexo	Anhang
	adjuntar	beilegen
	los estudios de Derecho	Jurastudium
	la consonancia	Harmonie
	quedar a disposición	zur Verfügung stehen
2b	reiterar	betonen
2d	el/la caricaturista	Karikaturist/in
	el/la doble	Double
	el decorador	Dekorateur
	el mago	Zauber
	el payaso	Clown
	la defensa	Verteidigung
	el pilar	Säule

	extrovertido/-a	extrovertiert
	la vocación	Berufung
	labrar	bearbeiten
	aportar	beitragen
	disminuir	vermindern
	acompañar	begleiten
	la campaña	Kampagne
	el/la agente	Vertreter/in
	el recaudador	Steuereinnehmer
	los fondos (Pl)	Geldmittel
2e	A quien corresponda	"An die zuständige Person" (über einen Brief)
	Estimado/-a señor/a…	Sehr geehrte/r Frau … / Herr …
3c	el/la canguro	Babysitter
	especificar	angeben

B

4	el caramelo	Bonbon
	el palito	Stöckchen
4b	ocasionalmente (Adv)	gelegentlich
	ocultar	verstecken
	el fundador	Gründer
	el tenedor	Gabel
	elevado/-a	hoch
	pegadizo/-a	anhaftend, hier: eingängig
	comercializar	vermarkten
	propiciar	verschaffen, ermöglichen
	chupar	lutschen
	desenfadado/-a	ungezwungen
	la margarita	Gänseblümchen
5a	la publicidad	Werbung
	manchar	schmutzig machen
	el muñeco	Puppe
5c	la fregona	Wischmopp
6a	satisfecho/-a	zufrieden
	el logro	Erfolg
	investigar	forschen
	ambicioso/-a	ehrgeizig
	reflexivo/-a	nachdenklich, besonnen
	armonioso/-a	friedliebend
6b	capaz	fähig
	cumplidor/-a	pflichtbewusst
	conciliador/-a	versöhnlich, verbindlich
	aliviar	mildern, erleichtern
	aferrar	festhalten
	cordial	herzlich
	impopular	unbekannt

el sentido común	gesunder Menschenverstand	
dar vueltas a algo	sich einen Kopf über etwas machen	
la fama	Ruf	
precipitado/-a	vorschnell	
el consenso	Übereinstimmung	

Entre culturas

A

el turno de palabra	Sprecherwechsel
la falta de respeto	Respektlosigkeit
suavizar	abmildern
preservar	halten
la realización	Verwirklichung
interpersonal	zwischen den Personen
la palmada	*leichter Schlag mit der Handfläche*

Unidad 12

¡Qué viva la vida!

la infancia	Kindheit
la adolescencia	frühe Jugend
adulto/-a	erwachsen
la vejez	Alter
trasnochar	spät schlafen gehen
basado/-a en	gestützt auf
el parentesco	Verwandtschaft

A

1a	el abuelo político	Großvater des Ehepartners
	la abuela política	Großmutter des Ehepartners
	el suegro	Schwiegervater
	la suegra	Schwiegermutter
	el/la cónyuge	Ehemann, Ehefrau
	el yerno	Schwiegersohn
	la nuera	Schwiegertochter
1e	materno/-a	mütterlicherseits
	paterno/-a	väterlicherseits
	el hermanastro	Stiefbruder
	el padrastro	Stiefvater
	el/la pariente	Verwandte/r
2a	el apego	Zuneigung
	el precepto	Gebot
	el daño	Schaden
	INE *(Instituto Nacional de Estadística y Geografía)*	Nationales Institut für Statistik und Geographie

	la postura	Einstellung
	flexibilizar	flexibler machen
	reconstituir	neu gründen
	al menos	wenigstens
	cabe destacar	es ist hervorzuheben
	monoparental	*bezogen auf eine Familie mit nur einem Elternteil*
	el censo	Volkszählung
	extendido/-a	ausgedehnt
	el progenitor	Erzeuger
	el/la investigador/a	Forscher/in
3a	la puntualidad	Pünktlichkeit
	colgar	auflegen *(Telefonhörer)*
	descolgar	abnehmen *(Telefonhörer)*
3b	el volumen	Lautstärke
	pesado/-a	aufdringlich
	estar hasta las narices	etwas satt haben
	¡No es para tanto!	Das ist nicht so schlimm!
4	menudo/-a *(ugs)*	toll, super

B

5a	el/la novelista	Romanautor/in
	el/la guionista	Drehbuchautor/in
	ligado/-a	gebunden
	la Sorbona	Sorbonne
	deportado/-a	deportiert
	el campo de concentración	Konzentrationslager
	la liberación	Befreiung
	expulsar	vertreiben
	el seudónimo	Künstlername
	el desplazamiento	Ortsveränderung, Reise
	fallecer	sterben
	trasladarse	umziehen
	el/la concertista	Konzertpianist/in
	el/la diputado/-a	Abgeordnete/r
	el gremio	Gremium
	los derechos de autor *(Pl)*	Urheberrecht
	la piratería	Piraterie
6b	gozar	genießen, sich erfreuen
	el revés	Rückschlag
	la fortuna	Glück
	la escasez	Fehlen
	insatisfacción	Unzufriedenheit
	desgraciado/-a	unglücklich

	determinar	feststellen
	el avance	Fortschritt
	notorio/-a	erkennbar
	la esperanza	Hoffnung
6c	triplicarse	sich verdreifachen
6d	el seguro antirriesgo	Risikoabsicherung
	de vez en cuando	manchmal

Entre culturas

a	poner de manifiesto	zum Ausdruck bringen
	notable	bemerkenswert
	progresivo/-a	fortschrittlich
	la disminución	Senkung
	envejecido/-a	gealtert
	el decenio	Jahrzehnt
	la distribución	Verteilung
	el estancamiento	Stillstand
c	centenario/-a	hundertjährig
	tramitar	durchführen
	el/la descendiente	Nachkomme

Otra vuelta IV
Literatura

1	repentino/-a	plötzlich
	eterno/-a	ewig
	pasajero/-a	vorübergehend
	el tapón	Korken
	el carril	Schiene
2	el tallarín	Bandnudel
3	la pulga	Floh
	el jorobado	Buckelige

Juego

	la mezquita	Moschee

Canción

	chiquito/-a	klein
	caprichoso/-a	eigensinnig

◆ Die Wörter sind in alphabetischer Reihenfolge aufgeführt.
◆ Nach der deutschen Bedeutung ist die Stelle des ersten Vorkommens angegeben.
  Folgende Abkürzungen wurden dafür verwendet.

e	= Einstiegsseite	**ov III** *jg*	= otra vuelta I, Spiel
7 3a	= Unidad 7, Aktivität 3a	♪	= Lied
8 *ec* b	= Unidad 8, entre culturas, Aktivität b		

A

abandono *m* – Verlassen **10** 6b
abastecer – versorgen **9** 7b
abordar – anschneiden **8** 4a
abuela política *f* – Großmutter des
   Ehepartners **12** 1a
abuelo político *m* – Großvater des
   Ehepartners **12** 1a
acepción *f* – Ausnahme **7** 1b
acero *m* – Stahl **9** 1a
acompañar – begleiten **11** 2d
acorde *m* – Akkord **ov III** ♪
acristalamiento *m* – Verglasung **9** 6a
acuerdo *m* – Vereinbarung **11** *e*
adjuntar – beilegen **11** 2a
adolescencia *f* – frühe Jugend **12** *e*
adoración *f* – Anbetung **10** 3a
adorar – anbeten **10** *ec* a
aducir – begründen **7** 3b
adulto/-a – erwachsen **12** *e*
advertir – hinweisen **8** 2c
afear – verschandeln **9** 7b
afeitarse – s. rasieren **9** 6a
aferrar – festhalten **11** 6b
afín – ähnlich **8** *e*
agente *m/f* – Vertreter/in **11** 2d
aislado/-a – isoliert **10** 5b
aislar – isolieren **9** 6a
aislarse – sich isolieren **8** *ec* a
ajonjolí *m* – Sesam **7** 2a
al menos – wenigstens **12** 2a
ala *m* – Flügel **9** 4b
alba *m* – Morgendämmerung **ov III** ♪
alberca *f* – Schwimmbecken **8** 5b
alcantarilla *f* – Abwasserkanal **7** 5a
alerta – wachsam **10** 5b
alguacil *m* – Gemeindediener **7** 5a
aliento *m* – Atem **10** 1b
aliviar – mildern, erleichtern **11** 6b
altar *m* – Altar **10** 1b
aluminio *m* – Aluminium **9** 1a
ambicioso/-a – ehrgeizig **11** 6a
anciano/-a – betagt **10** 5b

anexo *m* - Anhang **11** 2a
antojito *m* – kleine warme Speise,
   Snack **7** *ec* d
apego *m* – Zuneigung **12** 2a
apéndice *m* – Anhang **7** 1b
apocalipsis *m* – Apokalypse **10** 5b
aportar – beitragen **11** 2d
apresado/-a – gefangen **ov III**
 armonioso/-a – friedliebend **11** 6a
aroma *m* – Aroma **9** 2a
asesorar – beraten **11** *e*
atardecer *m* – Abenddämmerung **10** *ec* a
aterrizar – landen **8** 2c
atravesar – durchqueren **7** 5a
auricular – Ohren- **9** 4b
austero/-a – einfach **8** 2c
autoayuda *f* – Selbsthilfe **10** 5a
avalado/-a – verbürgt **7** 1b
avance *m* – Fortschritt **12** 6b
averiarse – gestört sein, kaputt sein **9** 2a
azotea *f* – Dachterrasse **7** 5a

B

bandera *f* – Flagge **ov III** ♪
basado/-a – gestützt auf **12** *e*
batalla *f* – Schlacht **10** 5b
belfo *m* – Unterlippe **10** 7b
besar – küssen **10** 6a
biomasa *f* – Biomasse **9** 7b
biplaza – zweisitzig **9** 4b
bistec *m* – Beefsteak **7** *e*
brisa *f* – Brise **10** 7d
broche *m* – Brosche **10** 3a
burra *f* – Eselin **ov III**

C

caballo *m* – Pferd **9** 8a
cabe destacar – es ist hervorzuheben
   12 2a
cabida *f* – Aufnahme **7** 3b
camelia *f* – Kamelie **10** *ec* a
campaña *f* – Kampagne **11** 2d
campo de concentración
   m – Konzentrationslager **12** 5a

caña *f* – Rohr, Halm **7** 3b
cana *f* – weißes/graues Haar **7** 3b
canguro *m/f* – Babysitter **11** 3c
capacitarse – s. weiterbilden **9** *ec* a
capaz – fähig **11** 6b
caprichoso/-a – eigensinnig **ov IV** ♪
caramelo *m* – Bonbon **11** 4
caricaturista *m/f* – Karikaturist/in **11** 2d
caricia *f* – Streicheln **10** 6c
cariño *m* – Zuneigung **7** *ec* b
carpintero *m* – Tischler **11** *e*
carril *m* – Schiene **ov III**
castidad *f* – Keuschheit **10** *ec* a
cauteloso/-a – vorsichtig **8** *ec* c
cazar – jagen **9** 4b
celta – keltisch **7** 5a
censo *m* – Volkszählung **12** 2a
centenario/-a – hundertjährig **12** *ec* c
central nuclear *f* – Atomkraftwerk **9** 7a
cestería *f* – Korbflechtkunst **9** *ec* d
chamba *f* – Arbeit **7** *ec* d
chapurrear – radebrechen **8** 2c
chiquito/-a – klein **ov IV** ♪
chorro *m* – Menge, Haufen **7** *ec* d
chupar – lutschen **11** 4b
cigarra *f* – Zikade **ov III** ♪
clavel *m* – Nelke **10** *ec* a
clóset *m* – Einbauschrank **8** 5b
cobertura *f* – Abdeckung **8** 4a
cocina integral – Einbauküche **8** 5b
colgar – auflegen (*Telefonhörer*) **12** 3a
combustible *m* – Kraftstoff **9** 8a
comercializar – vermarkten **11** 4b
componer – zusammenstellen,
   verfassen **7** 5b
concertista *m/f* – Konzertpianist/in **12** 5a
conciliador/a – versöhnlich, verbindlich
   11 6b
condensar – kürzen **7** 3b
confeccionar – erstellen **7** *e*
confiar – vertrauen **9** *ec* a
confusión *f* – Durcheinander **8** *ec* a
conquistar – erobern **10** 5b
consciente – bewusst **9** *ec* a

consenso *m* – Übereinstimmung **11** 6b
conserje *m* – Hausmeister **8** 5b
consolar – trösten **10** *e*
consolidarse – sich einleben **8** *ec* a
consonancia *f* – Harmonie **11** 2a
consultar – nachschlagen **7** 1a
control remoto *m* – Fernsteuerung **9** 4b
convencional – konventionell **9** 7
cónyuge *m/f* – Ehemann, Ehefrau **12** 1a
copista *m/f* – Kopist/in **7** 3b
cordial – herzlich **11** 6b
costearse – bezahlen **11** 1a
costero/-a – an der Küste gelegen **7** 5a
costo *m* – Ausgabe, Kosten **9** 8a
cromático/-a – chromatisch,
    farbgesättigt **10** 1b
cumplidor/-a – pflichtbewusst **11** 6b
cursi – kitschig **10** *ec* a

hermanastro *m* – Stiefbruder **12** 1e
híbrido/-a – hybrid **9** 8a
hipótesis *f* – Hypothese **9** *e*
homogeneidad *f* – Homogenität **7** *ec* a

I

iluminación *f* – Beleuchtung **9** 6a
ilustrado/-a – bebildert **7** 1a
imaginación *f* – Vorstellungskraft **10** 7a
imbancable – unerträglich **ov III**
impopular – unbekannt **11** 6b
impulsar – anschieben, veranlassen **7** 5b
impulso *m* – Antrieb **10** 6a
incandescente – weiß glühend **9** 8a
inconformidad *f* – fehlende
    Übereinstimmung **8** *ec* a
independizarse – s. unabhängig machen **8**
    ec a
indeterminado/-a – unbestimmt **10** 5b
inefable – unbeschreiblich **10** 7b
inequívoco – eindeutig **7** 3a
infancia *f* – Kindheit **12** *e*
inoxidable – rostfrei **9** 1a
insatisfacción – Unzufriedenheit **12** 6b
intacto/-a – rein **10** 5b
interpersonal – zwischen den Personen **11**
    ec a
interrumpirse – s. unterbrechen **9** 2a
interruptor *m* – Schalter **9** 6a
invadir – einfallen **7** 5a
investigador/a *m/f* – Forscher/in **12** 2a
investigar – forschen **11** 6a

J

jitomate *m* – Tomate **7** *ec* d
jorobado *m* – Buckelige **ov III**
juicio *m* – Meinung **8** 2c
juramento *m* – Schwur **10** 6a

L

labrar – bearbeiten **11** 2d
ladera *f* – Abhang **10** 7b
lana *f* – Geld **7** *ec* d
lanzar – auf den Markt bringen **9** 8a
largarse – abhauen **10** 6a
lavaplatos *m* – Geschirrspüler **9** *e*
lectura *f* – Lektüre **10** 5a
liberación *f* – Befreiung **12** 5a
librar una batalla – sich eine Schlacht
    liefern **10** 5b
libro electrónico *m* – E-Book **9** *e*
ligado/-a – gebunden **12** 5a

limítrofe – Grenz- **8** 2c
lirio *m* – Lilie **10** *ec* a
logro *m* – Erfolg **11** 6a
los estudios de Derecho- Jurastudium
    11 2a
lúcido/-a – klar **10** 5b

M

mago *m* – Zauber **11** 2d
maldecir – verfluchen **10** 6a
manchar – schmutzig machen **11** 5a
mando a distancia *m* – Fernbedienung
    9 6a
mantel *m* – Tischdecke **7** 7a
mantenimiento – Wartung **8** 5b
manual *m* – Handbuch **10** 5a
manuscrito *m* – Manuskript **7** 3a
máquina de afeitar *f* – Rasiergerät **9** *e*
margarita *f* – Gänseblümchen **11** 4b
mascota *f* – Haustier **8** 5b
maternidad *f* – Mütterlichkeit **10** 1c
materno/-a – mütterlicherseits **12** 1e
mediador *m* – Vermittler **8** 2c
melodramático/-a – melodramatisch
    10 *ec* a
menudo/-a – toll, super **12** 4
mezquita *f* – Moschee **ov III**, *jg*
microondas *m* – Mikrowelle **9** *e*
módico/-a – angemessen **8** 4a
mono *m* – Affe **7** 3b
moño *m* – Haarknoten **7** 3b
monolingüe – einsprachig **7** 2
monoparental – Familie mit einem
    Elternteil **12** 2a
mosquito *m* – Mücke **9** 4b
muñeco *m* – Puppe **11** 5a

N

nato/-a – geboren **8** 2c
navegador *m* – Navigationsgerät **9** *e*
negociación *f* – Verhandlung **8** *ec* a
neologismo *m* – Neologismus, neues
    Wort **7** 1b
ñoño/-a – fade, langweilig **7** 3b
normativa *f* – Regelungen **7** 1b
notable – bemerkenswert **12** *ec* a
notorio/-a – erkennbar **12** 6b
novelista *m/f* – Romanautor/in **12** 5a
nuera *f* – Schwiegertochter **12** 1a

O

obra maestra *f* – Meisterwerk **10** 1a
obtención *f* – Gewinnung **7** 2a

ocasión *f* – Moment **10** 6a
ocasionalmente – gelegentlich **11** 4b
ocultar – verstecken **11** 4b
ordeñado/-a – gemolken **7** 3b
origen *m* – der Ursprung **7** 6a
ostracismo *m* – Verbannung **7** 3b

P

padrastro *m* – Stiefvater **12** 1e
palacio *m* – Palast **10** 1b
palito *m* – Stöckchen **11** 4
palmada *f* – *leichter Schlag mit der
    Handfläche* **11** *ec* a
panel de mandos *m* – Steuertafel **9** 2a
parentesco *m* – Verwandtschaft **12** *e*
pariente *m/f* – Verwandte/r **12** 1e
parque de energía solar *m* –
    Solarenergiepark **9** 7a
pasajero/-a – vorübergehend **ov III**
pastor *m* – Hirte **10** 3a
patera *f* – Holzboot **8** 1a
paterno/-a – väterlicherseits **12** 1e
patio de lavado y tendido *m* –
    Waschraum **8** 5b
payaso *m* – Clown **11** 2d
peculiar – eigen, besonders **7** *e*
pegadizo/-a – anhaftend, eingängig **11** 4b
peine *m* – Kamm **10** 1d
penitencia *f* – Strafe **ov III**
personalizar – personalisieren **9** 4b
pesado/-a – aufdringlich **12** 3b
pese a – trotz **10** 5b
pilar *m* – Säule **11** 2d
piratería *f* – Piraterie **12** 5a
plantear – angehen **8** 2c
plataforma *f* – Plattform **9** 7a
platicar – reden **7** *ec* d
plegable – klappbar **9** 4b
plenilunio *m* – Vollmond **10** 7b
polución *f* – Verschmutzung **ov III**
poner de manifiesto – zum Ausdruck
    bringen **12** *ec* a
porcelana *f* – Porzellan **10** 3a
postura *f* – Einstellung **12** 2a
pragmático/-a – pragmatisch **7** 1b
precaución *f* – Vorsicht **8** *ec* a
precepto *m* – Gebot **12** 2a
preciosidad *f* – Kostbarkeit **10** 1a
precipitado/-a – vorschnell **11** 6b
precisión *f* – Genauigkeit **7** 1b
predominante – vorherrschend **7** 5b
preservar – erhalten **11** *ec* a
prestigioso/-a – angesehen **10** 5b

Die Transkriptionen zu den Hörverständnisübungen finden Sie im eñe-Lehrwerkservice im Internet unter **www.hueber.de/ene**

Unidad 7

1 a **anglicismos**: chatear, cáterin, váter, jazz, escáner;
americanismos: tomate, hamaca, canoa;
galicismos: bricolaje, portafolio, ballet

1 b *freie Lösung*

1 c chalet (a), tomatl (a), chat (a), bricolage (a), catering (a), portefeuille (b), hamaka (a), water-close (a), kanoa (a), jazz (c), scanner (a), ballet (c)

2 a **1.** b, **2.** d, **3.** a, **4.** c

2 b **1.** Un diccionario de dificultades o dudas, **2.** Un diccionario bilingüe, **3.** Un diccionario de sinónimos y antónimos, **4.** Un diccionario enciclopédico

3 a **1.** v, **2.** f, **3.** v, **4.** v, **5.** f

3 b **1.** sustantivo, **2.** coloquial, **3.** conjugación, **4.** verbo, **5.** femenino, **6.** gramática, **7.** latín, **8.** verbo transitivo, **9.** masculino, **10.** nombre, **11.** sinónimo, **12.** antónimo, **13.** adjetivo, **14.** en Hispanoamérica, **15.** en América

4 **a.** un diccionario electrónico
b. pesa muy poco
c. no están de acuerdo con Marta

5 **1.** b, **2.** c, **3.** g, **4.** a, **5.** f, **6.** e, **7.** d

6 a **1.** razón, **2.** mismo, **3.** verdad, **4.** Comparto, **5.** qué, **6.** Estoy, **7.** igual, **8.** eso

Expresan acuerdo: 1, 3, 4, 6, 7; Expresan desacuerdo: 2, 5, 8

6 b **1.** ● expresiones 2 u 8; ◆ expresiones 1, 3, 4, 6, 7
2. ● expresiones 1, 3, 4, 6, 7; ◆ expresiones 2, 5 u 8

7 a **1.** sean, **2.** dan, **3.** sean, **4.** es, **5.** facilitan

8 *freie Lösung*

9 a **2.** ¿Cuándo conquistaron…, **3.** ¿Dónde fundaron…, **4.** ¿Cuánto tiempo se quedaron…, **5.** ¿Qué escribieron…, **6.** ¿Quién publicó…, **7.** ¿Cómo se incorporaron…

9 b **a.** 3, **b.** 6, **d.** 5, **e.** 7, **f.** 2, **g.** 4

10 a **1.** empezó, **2.** se graduó, **3.** viajó, **4.** se inscribió, **5.** se dedicó, **6.** volvió, **7.** estaba, **8.** perseguía, **9.** se dedicó, **10.** se llamaba, **11.** recibió, **12.** permaneció, **13.** decidió, **14.** inspiró, **15.** murió

10 b *freie Lösung*

11 **2.** f, **3.** h, **4.** a, **5.** b, **6.** d, **7.** c, **8.** g

12 a No corresponden: **1.** ganso (germanismo), **2.** amateur (galicismo), **3.** alcohol (arabismo), **4.** claxon (anglicismo), **5.** dilema (helenismo)

12 b *freie Lösung*

13 a **1.** f, **2.** v, **3.** v, **4.** f, **5.** v

13 b *Musterlösung:*
Se ha equivocado porque ha usado la palabra nieta por *Nichte,* que en español significa sobrina (falsos amigos).

13 c **2.** incorrecta: b, el director; **3.** incorrecta: a, la caja fuerte; **4.** incorrecta: b, la chimenea; **5.** incorrecta: b, una nota

14 a *freie Lösung*

14 b *freie Lösung*

15 *freie Lösung*

16 a 2

16 b **1.** Está de acuerdo: a mí me parece que efectivamente…
2. No está de acuerdo: Yo no creo que tutear al profesor sea…

16 c *freie Lösung*

17 a **1.** Avda. = Avenida, **2.** págs. = páginas, p. ej. = por ejemplo, **3.** Dra. = Doctora, a. C. = antes de Cristo, d. C. = después de Cristo, **4.** Tel.= teléfono, Farm. = farmacia; Lda. = Licenciada, Pza. = Plaza, **5.** Sr. = Señor, Ud. = Usted, Rep. = República

17 b *Musterlösung*
- **Pza.** (→ **Plaza**) y **Avda.** (→ **Avenida**)
- **Sr.**
- **págs**.
- **Avda**. ... **pág**. ... **tel**. ... **pza**. ...

17 c **1.** Usted, **2.** siguientes, **3.** calle, **4.** Versión original subtitulada, **5.** Directora, **6.** Atentamente, **7.** Remitente, **8.** Firmado

17 d *freie Lösung*

Unidad 8

1 **a.** incorrecta: Inglaterra recibió más del triple que Francia. **b.** incorrecta: Suiza recibió un tercio menos de inmigrantes que Alemania. **c.** incorrecta: España recibió siete veces más inmigrantes que Austria. **d.** incorrecta: Francia recibió casi la misma cantidad de inmigrantes que Suiza. **e.** correcta

2 a **1.** estancia de prácticas, **2.** intención de quedarse, **3.** algún trabajo, **4.** aprender otra lengua, **5.** calidad de vida, **6.** abierta y cálida, **7.** cultura materna

2 b **1.** f, **2.** v, **3.** v, **4.** f

3 a **1.** En México: historia, comida, la gente es cariñosa y superalegre. **2.** En Costa Rica: sus padres vivieron allí y no lo olvidan, dicen que es un paraíso, el coste de la vida es bajo, los ticos tienen una gran conciencia ecológica. **3.** En algún lugar del Mediterráneo: el sol, las temperaturas cálidas, la dieta mediterránea. **4.** En Argentina: vida cultural, variedad de paisajes

3 b *freie Lösung*

4 **a.** Blanca Espinosa, española, informática, está en Alemania para trabajar (aquí las condiciones de trabajo son mejores), piensa quedarse tres o cuatro meses.
b. Martin Lorenz, alemán, diseñador gráfico, está en Barcelona porque aquí puede tener éxito con un taller recién creado y aportar cosas nuevas al mundo del diseño, la ciudad le da más oportunidades, piensa quedarse indefinidamente.

5 **1.** d, **2.** b, **3.** a, **4.** e, **5.** c

6 a **1.** se cumplan, **2.** aporte, **3.** tengáis, **4.** nos reunamos, **5.** vaya

6 b *freie Lösung*

7 a **1.** c, **2.** b, **3.** e, **4.** d, **5.** a

7 b Opción correcta: 3, por razones profesionales

8 *Musterlösung*
Documentación: permiso de trabajo, permiso de residencia, visa, currículo...
Empleo: condiciones laborales, salario, permiso de trabajo, plaza vacante, currículo...
Finanzas: salario, venta, cuenta, divisa, banco...
Sanidad: seguro sanitario, centro de salud, paciente, servicios médicos...
Inmobiliaria: departamento, venta, vivienda, terreno, alquiler...

9 a Se anuncia empleo.

9 b **1.** colegios privados, **2.** profesoras y profesores, **3.** francés, **4.** niños, **5.** dos

9 c *Musterlösung:*
No es adecuado, porque todavía no se ha graduado (no tiene titulación).

10 a **1.** busca, cueste, pueda, sea; **2.** tenga; **3.** están, sea, tenga; **4.** Vive, Quiere, esté; **5.** sea, sea, está, tenga; **6.** va, sea, esté, tenga

10 b *Musterlösung:*
A. Carolina - habitación en piso compartido con cocina totalmente equipada, menos de 400 euros.
B. Karin y Maximilian - el piso está en Santander (norte de España) y tiene una amplia terraza.
C. Paolo - el piso está en Barcelona (costa del Mediterráneo), apto para una persona.

10 c *Musterlösung:*
1. El departamento se renta (se alquila). **2.** No. Es una finca nueva. **3.** Tiene 2 recámaras (habitaciones) con clósets (armarios empotrados). **4.** Sí. Cocina americana totalmente equipada. **5.** Sí. Se puede alquilar una plaza de parking en el mismo edificio. **6.** Sí. Tiene alberca (piscina).

11 **a.** hablen, escriban; **b.** trabajen, **c.** tengan, **d.** sean, **e.** estén, **f.** participen

12 *freie Lösung*

13 a **1.** D, **2.** A, **3.** C, **4.** B

13 b *Musterlösung:*
1. La vivienda se puede acreditar con el contrato de alquiler, una factura de agua, gas o teléfono. **2.** Sí te sirve, pero solo por 6 meses. **3.** Debes solicitarla en el plazo de un mes. **4.** El permiso de trabajo y residencia.

14 a **1.** la velocidad con la que transcurre la vida, **2.** Las personas en general son muy cerradas, **3.** allá todo es mucho más desorganizado e informal, **4.** La gente es más abierta, más alegre, tiene otros valores, **5.** es más agradable vivir la vida de esa forma

14 b *freie Lösung*

15 a *Musterlösung*
• más suave
• la pronunciación cambia en algunas palabras

15 b *Musterlösung*
• ... por ejemplo *tenor*, **tabaco**, **tos**
• ... por ejemplo *pato*, **nata**
• ... por ejemplo *interés*, **intentar**

La letra *d* se pronuncia
• ... por ejemplo, *divino*, *soldado*, **Damasco**, **dos**, **inducir**
• ... como en *cantado*, **nada**, **marido**

La pronunciación de la *t* y *d* se hace todavía más relajada
• **al final de sílaba**, por ejemplo *étnico*, *adjetivo*, **ritmo**, **admiración**
• **a final de palabra**, como en *robot*, *pared*, **debut**, **ciudad**

15 c *freie Lösung*

15 d *freie Lösung*

Unidad 9

1 a **2.** televisor, **3.** lavadora, **4.** máquina de afeitar, **5.** libro electrónico, **6.** reproductor MP3, **7.** microondas, **8.** tableta electrónica, **9.** aspirador, **10.** secador de pelo

1 b **1.** libro electrónico, **2.** reproductor MP3, **3.** navegadores (GPS), **4.** microondas, **5.** televisor, **6.** lavadora, **7.** secador de pelo

1 c *freie Lösung*

2 a **1.** acero inoxidable, **2.** corriente eléctrica, **3.** jugar, traducir, encender y apagar

2 b *freie Lösung*

2 c *freie Lösung*

2 d *freie Lösung*

3 a **1.** encender, **2.** pulsar / presionar, **3.** soltar, **4.** apagar, **5.** pulsar / presionar

3 b correctas: 3 y 4

3 c **1.** c, **2.** d, **3.** b, **4.** a

4 a **1.** vayáis, **2.** está, **3.** vayas, **4.** salgas, **5.** esté

4 b *freie Lösung*
(todas con subjuntivo)

5 a **A.** 4, **B.** 1, **C.** 2, **D.** 3

5 b **1.** El ordenador no enciende. **2.** El lavaplatos se ha roto. **3.** Se ha ido la luz. **4.** El reproductor de CD's no "lee" el disco.

5 c *freie Lösung*

6 a **2.** g, **3.** f, **4.** c, **5.** b, **6.** a, **7.** d

6 b *freie Lösung*

6 c *freie Lösung*

7 **2.** eólica, **3.** marina, **4.** nuclear, **5.** hidráulica – renovables

8 **a.** Seguro, **b.** no estoy seguro de, **c.** Está claro, **d.** Puede que, **e.** Está demostrado

9 *freie Lösung*

10 *freie Lösung*

11 *freie Lösung*

12 *freie Lösung*

13 *freie Lösung*

14 a *freie Lösung*

14 b *Musterlösung*
GNV: Gas Natural Vehicular
El cartel promueve Autogas.
Es un cartel venezolano.

14 c **1.** f, **2.** f, **3.** v, **4.** v, **5.** v

14 d *freie Lösung*

15 b • **ONG** o **COI. EE.UU.**
  • – **ONG, FBI**
    – **ONU**; **ovni** o **láser**
    – **CD-ROM**
  • **la ONG** (la organización) o **los EE.UU.** (los estados)

15 c **1** UNAM, **2** RENFE , **3** AVE, **4** ONCE, **5** ESO, **6** UBA, **7** IVA

15 d *freie Lösung*

Otra vuelta III (Test Unidades 7-9)
1. a, **2.** b, **3.** c, **4.** b, **5.** a, **6.** c, **7.** b, **8.** b, **9.** a, **10.** a, **11.** c, **12.** a, **13.** c, **14.** b, **15.** b

Unidad 10

1 *Musterlösung*
pintura: acuarela, óleo, paisaje, línea, colores, cuadro, curvas,...
escultura: figura, línea, curvas,...
arquitectura: edificio, construcción, espacio, paisaje, línea, curvas,...
danza: coreografía, bailarina, escenario, vestuario, melodía,...
música: partitura, melodía, sinfonía, coro, escenario,...
cine: actor, escena, protagonista, guión, vestuario, comedia,...

2 a *Musterlösung*
1. Wirken, **2.** Bauarbeiten, **3.** Arbeit (ist sehr arbeitsaufwendig) (lleva mucha obra), **4.** Werk

2 b **1.** de arte / artística, **2.** de construcción, **3.** de caridad / caritativas, **4.** mano, **5.** social

3 a *freie Lösung*

3 b **1.** d, **2.** b, **3.** c, **4.** a

3 c *freie Lösung*

4 a **1.** d, **2.** e, **3.** c, **4.** a, **5.** b

4 b **2.** Es extraordinario que Dalí pinte con tanto detalle.
3. Me encanta que Botero pinte y esculpa figuras humanas voluminosas. **4.** Me parece divertidísimo que Joan Miró pinte motivos muy sencillos y con mucho color. **5.** Es emocionante que los actores hablen con el público. **6.** ¡Qué extraño que en la colección no estén sus mejores fotos!.

5 a Correcta: 2

5 b 3, 1, 2

5 c *Musterlösung*
negativas: no es agradable, algo me inquieta, lo encuentro muy violento,
positivas: es fantástico, me gusta su sencillez..., qué trajes tan bonitos, es magnífico, extraordinario que..., lo encuentro sincero, optimista...

5 d *freie Lösung*

6 *freie Lösung*

7 a sí se propone: **1, 3, 5**
no se propone: **2, 4, 6**

7 b **1.** Yo, **2.** Y si, **3.** Os apetece que, **4.** no me perdería

8 *Musterlösung*
Narrativa: novela de ciencia ficción, novela de aventuras, novela histórica, novela policíaca, novela romántica
Ensayo: manual de autoayuda, libro sobre política, libro sobre ecología
Infantil y juvenil: libro de cuentos, tebeo o cómic
Humor: tebeo o cómic
Literatura de viajes: guía de viajes
Prensa: revista de actualidad

9 a   1. c, 2. a, 3. b

9 b   1. capítulo, historia, contar, narrador, descripción: narrativa
2. acto, aplauso, actores, escenario, público: teatro
3. poema, rima, verso, estrofa, poeta: poesía

9 c   *freie Lösung*

10 a   *freie Lösung*

10 b   1. un libro de aventuras, 2. un libro de horror, 3. un libro de poesía

10 c   1. espada, soldado, intriga
2. zombis, miedo, terror
3. amor, musicalidad, alma

11 a   1. se titula, 2. escritor, 3. aventura, 4. fantástica, 5. cuenta,
6. cautivó, 7. entretenido, 8. recomiendo

11 b   1. libro, novela, poemario, historia de..., cómic
2. cuenta, se trata de..., narra
3. aburrido/-a, emocionante, entretenido/-a, divertido/-a, apasionante, triste

11 c   *freie Lösung*

12 a   1. a, 2. c, 3. b

12 b   *Musterlösung*
1. no llores, ..., 2. Tranquilízate, ..., 3. no te enfades, ...

12 c   *freie Lösung*

12 d   *freie Lösung*

13 a   La Semana Santa

13 b   1. religioso, 2. folclore, 3. tradición, 4. flamenca,
5. procesiones, 6. figuras, 7. desfilan, 8. altares,
9. costaleros

13 c   1. f, 2. v, 3. v, 4. v, 5. f, 6. v

13 d   *Musterlösung*
1. le grite a la virgen. 2. puedan cargar los pasos durante tanto tiempo. 3. vayan descalzos y lleven cadenas en los pies.

13 e   *freie Lösung*

14 a   2
Un señor gordito/,
muy coloradito/;
no toma/ café/,
siempre toma/ té.
3
La han hecho/ de metal/,
de madera/ o/ de cristal/
y golpes/ siempre recibe/
cuando/ la entrada/ prohíbe.

14 b   • **la entrada**
• **de madera**
• **han hecho**
• **lo pinto**
• **señor gordito**
• **siempre toma**
• **muy coloradito**

14 c   1. el vino, 2. el tomate, 3. la puerta

15 b   Querido Óscar:
<u>M</u>e he enterado de que te han dado el trabajo que tanto deseabas. ¡<u>E</u>nhorabuena! <u>M</u>e alegro mucho. Ya lo decía mi madre: "<u>C</u>uanto mayor sea el esfuerzo, mayor es la gloria". ¿<u>C</u>uándo vas a trasladarte aquí? Saludos a toda tu familia.
<u>U</u>n abrazo,
Isabel

Unidad 11

1 a

1 b *freie Lösung*

2 **1.** ser, **2.** ser, **3.** ser, **4.** ser, **5.** saber, **6.** tener, **7.** ser, **8.** saber, **9.** tener, **10.** ser, **11.** saber, **12.** saber, **13.** saber / dominar, **14.** tener

3 a *Musterlösung*

Profesión	¿Le gusta?	Aspectos positivos	Aspectos negativos
1. cocinero	sí	Es muy creativo y gratificante.	Hay que ser muy competitivo, trabajas bajo presión, muchas horas, poco descanso.
2. médico	sí	Te da satisfacción ver que un paciente recupera su salud o gana en calidad de vida.	Pocas horas de sueño, preocupaciones constantes, no hay horarios fijos. Es un trabajo de mucho sacrificio.
3. camionero	no	ninguno	Siempre lejos de casa, se trabaja día y noche, conduces horas y horas, te aburres, el estrés.

3 b *freie Lösung*

4 a **1.** Desde, **2.** Hace, **3.** desde, **4.** Hace, **5.** Desde hace, **6.** hace

4 b **1.** Llevo tres meses viniendo a esta biblioteca.
2. ¿Cuánto tiempo lleva trabajando en este sector?
3. ¿Cuánto tiempo hace que hacéis (/estáis de) prácticas aquí?
4. Lleva unos días sin venir a la oficina.
5. Hace mucho tiempo que no hablo francés.
6. ¿Cuánto tiempo hace que no recibes respuesta?

4 c *freie Lösung*

5 a

	En correos informales	En correos formales
Saludos	Querido Pedro: Querida amiga: Hola Paco: / Estimada Yola:	Señoras y señores: Señor Vázquez: A quien corresponda: Muy señoras/-es mías -os: Estimada señora Villalba: Estimados señores:

Despedidas	(Muchos/Mil) Besos Un beso/besazo Te quiere Un (fuerte) abrazo	(Muy) Atentamente, Cordialmente, (Reciba/-n) Un atento/ cordial saludo, Les saluda atentamente, Se despide atentamente.

5 b **1.** d, **2.** a, **3.** c, **4.** b

6 a **1.** C, **2.** G, **3.** D, **4.** F, **5.** B, **6.** A, **7.** E

6 b *freie Lösung*

6 c *Musterlösung*

> **Estimado** señor **director**:
> Le escribo en respuesta al anuncio publicado el día 25 de junio en el periódico regional "Al día", en el que se ofrece un puesto de Director de Ventas en su empresa.
> Me interesa especialmente trabajar en su empresa ya que me consta que se trata de una de las entidades con mayor prestigio y renombre dentro del sector.
> Mi experiencia profesional puede verla en el Currículum Vitae adjunto, pero puedo adelantarle que soy Licenciado en Marketing y Comunicación por la Universidad de Navarra, y que poseo un nivel alto de alemán por haber vivido y trabajado en ese país durante cuatro años.
> Me agradaría mucho mantener una conversación con usted si **lo considera oportuno** y poder mostrarle mis capacidades.
> Para ello podría localizarme con facilidad a través del número de teléfono o la dirección de correo electrónico que aparecen en el encabezamiento
> **En espera** de **sus** noticias, **le** saluda atentamente,
>
> Carmelo **Sánchez González**

7 a **1.** precisa, **2.** experiencia, **3.** dinámica, **4.** en línea, **5.** brindar, **6.** ofrece, **7.** presencia, **8.** mínima, **9.** remuneración, **10.** especializada, **11.** titulación, **12.** dispuesta

7 b 1 anuncio B, 2 anuncio C, 3 anuncio A, 4 anuncio D.

7 c Se refiere a la oferta 3.

8 a *freie Lösung*

8 b Correcta: 3

8 c *freie Lösung*

9 a 1 y 2: bota, 3 y 4: bombilla

9 b *Musterlösung*
1. una bota. España…, para beber vino… 2. una bombilla. Argentina…, preparar y beber mate…

9 c *freie Lösung*

10 a 1. guste, 2. para que, 3. llegar, 4. para, 5. optar, 6. para viajar

10 b *freie Lösung*

11 a *freie Lösung*

11 b 1. creativa, 2. optimista, 3. y 4. seria / organizada, 5. y 6. actualizada / abierta, 7. trabajadora, 8. multidisciplinar, 9. y 10. natural / amable

12 a 1. Manuel, habla de los alemanes. 2. Ralf, habla de los españoles. 3. Ralf, habla de los alemanes. 4. Manuel, habla de los españoles. 5. Manuel, habla de los alemanes. 6. Manuel, habla de los alemanes. 7. Ralf, habla de los alemanes. 8. Ralf, habla de los españoles. 9. Manuel

12 b *freie Lösung*

13 a. [siquiatra], b. [sustancias], c. [abstracto], d. [sicólogo], [obsesión], e. [ostáculos], [sicomotrices], f. [absolutamente], [observaciones]

13 b como s
- o **psiquiatría**
- **obsesión**, **absolutamente**;
  obstáculo, **abstracto**, **substancia**

1 a 1. d, 2. c, 3. b, 4. a

1 b 1. infancia, 2. adolescencia, 3. juventud, 4. vejez

1 c *freie Lösung*

1 d *freie Lösung*

2 a 1. marido, 2. primos, 3. abuela, 4. cuñado, 5. nuera, 6. sobrina, 7. parientes

2 b 1. v, 2. f, 3. f, 4. v, 5. v

3 a 1. reconstituida, 2. monoparental

3 b 1ª esposa—∞—José—Lourdes—∞—1er esposo

Marina   Vera   Jana   Helio

Jana, Marina, Vera y Helio son hermanastros.

4 1. mía, 2. mis, 3. tuya, 4. tus, 5. tus, 6. míos, 7. tuyos, 8. tuyos, 9. mis, 10. tus, 11. tus, 12. tu, 13. su, 14. mi, 15. tuya

5 a 1. Este cuadro me lo regaló una amiga mía. 2. Este es Gonzalo, un tío nuestro. 3. ¿Quién es este? ¿Un primo vuestro? 4. Aquí tiene un mensaje de un cliente suyo. 5. Van a exponer una de sus pinturas.

5 b 2. Una colega mía se va a casar pronto. 3. Tamara me ha dejado una bicicleta suya. 4. Ayer vino mi hija con un compañero suyo. 5. Dos nietos nuestros viven en Argentina. 6. Un hijo suyo es adoptado. 7. ¿Algún hijo vuestro está casado?

6 *freie Lösung*

7 a 1. salgas, 2. os llevéis, discutáis, 3. prestemos, 4. hables, 5. os vayáis, 6. pueda, 7. dejen, 8. te ocupes, 9. vengan

7 b
7 c 8. A, 7. B, 9. C, 6. D, 1. E, 4. F

8 a 1. murió, 2. se trasladó / se fue, 3. fue, 4. se licenció, 5. estuvo, 6. fue, 7. tuvo, 8. se trasladó / se fue, 9. se dedicó, 10. comenzó, 11. emprendió, 12. descubrió, 13. recibió, 14. Dejó, 15. Se jubiló

8 b *freie Lösung*

9 **1.** pasada, **2.** que viene, **3.** hace, **4.** Dentro de, **5.** En, **6.** Pasado, **7.** el otro, **8.** próximo

10 **a.** nos hemos visto, **b.** hicisteis, **c.** pusiste, **d.** hemos vuelto, nací, **e.** han dicho, **f.** han abierto, **g.** fueron, dijeron

11 a **1.** ha explicado, **2.** supuso, **3.** aspiraba, **4.** era, **5.** había dado, **6.** asistió, **7.** pude, **8.** produjo, **9.** había salido, **10.** empezó

11 b *freie Lösung*

12 a *freie Lösung*

12 b Correcta: estar junto a su pareja

12 c *freie Lösung*

12 d *freie Lösung*

13 a *freie Lösung*

13 b *freie Lösung*

14 *freie Lösung*

15 a **1.** "La familia tradicional todavía existe, pero está quedándose atrás" **2.** "Lo importante no son los papeles, sino quererse y entenderse" **3.** "Nos apoyamos y nos cuidamos mucho los unos a los otros"

15 b *freie Lösung*

16 b • – nombres de materias y disciplinas: **Psicología**
  – entidades, organismos e instituciones: **el Gobierno**, **la Hacienda Pública**
  – marcas comerciales: **Zara**
  – signos del zodiaco, nombres de constelaciones, estrellas y planetas; en el caso de *la Tierra, la Luna* y *el Sol* en contextos astronómicos: **la Luna**, la **Tierra**
  – títulos de obras literarias o artísticas (libros, películas o cuadros), artículos de prensa, nombres de publicaciones periódicas: **El Guernica**, **El País**
  – nombres de premios: **Premio Cervantes**
  – competiciones y equipos deportivos: **Campeonato Mundial de Futbol**
  – nombre de divinidades, así Dios como divinidad única: **Dios**
  – regiones, barrios, calles, caminos y rutas turísticas: el **Camino de Santiago**, calle **Serrano**
  – referencias temporales, cronológicas o históricas: la **Semana Santa**, la **Guerra Civil**
  – establecimientos comerciales, recreativos o culturales como edificios y monumentos: la **Catedral de Santiago**, el **Reina Sofía**
  • o **FIFA**

16 c dios, b. arquitectura, c. luna, d. Bolsa, e. Medicina

Otra vuelta IV (Test Unidades 10-12)

1. b, **2.** a, **3.** a, **4.** c, **5.** a, **6.** b, **7.** c, **8.** c, **9.** b, **10.** a, **11.** c, **12.** a, **13.** b, **14.** c, **15.** a

Quellenverzeichnis

Umschlag vorne: *links* © Getty Images/Photographer's Choice, rechts © Strandperle/Purestock/Superstock
Karten im Umschlag: © Cartomedia Karlsruhe, www.cartomedia-karlsruhe.de
S. 7: "Mafalda" 8, Editorial Lumen, año 2004 © Joaquín S. Lavado (QUINO)/Caminito S.a.s. Literary Agency, Texte: aus dem "Diccionario de la lengua española" © Real Academia Española/Espasa Calpe **S. 8:** *Cover von links oben:* © Espasa Calpe, "Diccionario Manual de Sinónimos y Antónimos de la Lengua Española Vox" © Larousse Editorial, © Grupo Santillana, © Oceano **S. 9:** *Lexikon-Einträge links:* aus "Diccionario básico español-alemán" © Oceano; rechts © "Diccionario Manual de Sinónimos y Antónimos de la Lengua Española Vox" **S. 11:** *Fotos von links:* © panthermedia/Martin G. (maurisch), fotolia/anscario2005 (römisch), © Raquel Muñoz (Visigodo und Iberer) **S. 17:** © ITeM, 2003
S. 18: *oben:* nach Daten aus "Informe Trimestral del Observatorio Permanente de la Inmigración". Ministerio de Trabajo e Inmigración, *Fotos unten* © El Mundo **S. 19:** *Text* © El Mundo, "El mapa de los extranjeros", 05.11.2010 **S. 20:** *oben* © fotolia/Peter Atkins, *unten* © panthermedia/JCBProd **S. 21:** *von oben:* © panthermedia/Michael Novelo, © panthermedia/Andres Rodriguez, © iStockphoto/MikeyLPT, © panthermedia/Jan Haas, © fotolia/AndyDean; *Text* www.justlanded.com **S. 22:** *von oben:* © fotolia/VeSilvio, © fotolia/jomare, © iStockphoto/ExcellentPhoto **S. 23:** Cancún © fotolia/Mike Liu, Quetzaltenango © fotolia/binax, Toledo © fotolia/Solodovnikova Elena **S. 24:** *Test:* Übernommen von der Homepage MeQuieroIr.com. Alle Rechte vorbehalten. **S. 27:** *von links oben:* © fotolia/trmt, © fotolia/Scanrail, © fotolia/seen, © fotolia/ambrits, © iStockphoto/3alexd, © fotolia/cemil adakale, © iStockphoto/galdzer, © fotolia/kai-creativ, © fotolia/300dpi, © fotolia/Martina Berg, © fotolia/Dragan Radojkovic, © panthermedia/Fabio Alcini, © fotolia/ Franz Pfluegl, © fotolia/by-studio, © panthermedia/Marc Dietrich **S. 28:** *oben von links:* © panthermedia/Oliver Hoffmann, © iStockphoto/duckycards, © fotolia/mesmerizer, © fotolia/Valeriy Ivashchenko, © panthermedia/Reinhold Föger; unten © Philips **S. 30:** *von links:* © The Plastiki team, © Intellectual Ventures, LLC., © action press/FERRARI PRESS AGENCY, © action press/Unimediaimages, Inc., © FormFormForm Ltd., www.sugru.com, © Loxxcie Inc., Text "Los mejores inventos" aus http://www.muyinteresante.es/los-50-mejores-inventos-segun-times, Elena Sanz **S. 31:** *von links:* © iStockphoto/lizchen, © fotolia/brinker_m, © fotolia/sdvonmb, © ddp images/AP, © panthermedia/Daniel Schoenen **S. 32:** *Text* "Predicciones hasta 2030" und *Banner* erenovable © erenovable.com **S. 33:** *von links oben:* © iStockphoto/ejs9, © iStockphoto/manx_in_the_world, © panthermedia/Christoph Filnkößl, © www.alsol.es **S. 34:** *von oben:* © fotolia/chris74, © iStockphoto/ProArtWork, Text d nach einem Text aus www.educ.ar **S. 37:** © iStockphoto/Grafissimo, *Text aus:* "Primavera con una esquina rota" von Mario Benedetti, *Liedtext:* "Frontera", Drexler, Jorge Abner(CA), Ediciones Sea, S.L. (SGAE), All rights administered by Neue Welt Musikverlag GmbH & Co. KG **S. 41:** *Fotos von oben links:* © fotolia/FRANK1957, © panthermedia/Rodolphe Dellsperger, © MHV-Archiv, © panthermedia/Juergen Buettner, © iStockphoto/lydiabilbi, © iStockphoto/GibasDigiPhoto, © panthermedia/Eugen Auer, © MHV-Archiv, © iStockphoto/Carl Hancock, © panthermedia/Francisco Javier Gil Oreja, © MHV-Archiv **S. 42:** *von links:* © panthermedia/Michael Dietrich, © panthermedia/Ingram Vitantonio Cicorella, © Salvador Dalí, Fundació Gala-Salvador Dalí/VG Bild-Kunst, Bonn 2011 (Bilddaten © Interfoto), © Banco de México Diego Rivera Frida Kahlo Museums Trust/VG Bild-Kunst, Bonn 2011 (Bilddaten © AKG-Images) **S. 43:** *oben von links:* © panthermedia/Thomas Kakalik, © panthermedia/Francisco Javier Gil Oreja, © AKG-Images, © panthermedia/Jörg Gamroth; *unten:* 1 © 2011 culture-images/Museum of Fine Arts, Boston, 2 © panthermedia/Jozef, 3 © Aron Yhat, 4 © AKG-Images **S. 44:** *Fotos* © www.tiendaprado.com **S. 45:** *Cover von links:* © Anaya, Gestaltung: Manuel Estrada, © Ediciones temas de hoy, © Ferran López/Random House Mondadori, © Ediciones B, S.A., © Random House Mondadori **S. 46:** *Text* aus "Tres sombreros de copa" von Miguel Mihura © Herederos de Miguel Mihura, *Text* aus "El amor en los tiempos de cólera" von Gabriel García Márquez © Gabriel García Márquez, 1985 **S. 47:** *von links:* © fotolia/photo-dave, © fotolia/Sylwia Schreck, © fotolia/Christoph Dyroff, © fotolia/cphoto, © panthermedia/Andrea Haase, © fotolia/XXV; *Text* "El día que me quieras von" Amado Nervo aus "El arquero divino", 1915, *Text* "El Aconcagua" von Nicolás Guillén **S. 48:** © iStockphoto/Dewitt, *Text* "Dos gardenias para tí" von Isolina Carrillo © Copyright by Peer International Corporation. Für Deutschland: Peermusic (Germany) GmbH **S. 51:** *von oben links:* © iStockphoto/STEFANOLUNARDI, © iStockphoto/kate_sept2004, © iStockphoto/jfrobinson, © iStockphoto/sjlocke, © panthermedia/Yuri Arcurs, © fotolia/tiplyashina, © fotolia/contrastwerkstatt
S. 52: *von oben links:* © fotolia/Uwe Bumann, © iStockphoto/asiseeit, © fotolia/Alterfalter, © iStockphoto/jacomstephens **S. 54:** Logo mit freundlicher Genehmigung von Greenpeace España **S. 55:** *Illustrationen* © Perfetti Van Melle SpA **S. 56:** *von links:* © iStockphoto/nicolas_, © fotolia/dudek, © MHV-Archiv, © iStockphoto/JoeBiafore **S. 57:** *von links:* © fotolia/AVAVA, © fotolia/Yuri Arcurs, © fotolia/Dusan Zidar, © fotolia/Yuri Arcurs **S. 61:** *links von oben:* © fotolia/Phase4Photography, © iStockphoto/TerryJ, © panthermedia/Maximilian Boschi; *rechts von oben:* © iStockphoto/tunart, © fotolia/Cristale, © panthermedia/Iris Woldt **S. 62:** © Marina Hernández Zárate
S. 63: *Text* "México" aus "Revista psicología" Nr. 1, August 2004; *Text* "Chile" von Fabiola Mutis aus http://www.mailxmail.com/curso-trabajo-infantil-familia/antecedentes-actuales-2; *Text* "España" aus http://www.20minutos.es/noticia/458077/0/familia/neofamilias/madrid (Creative Commons) **S. 64:** © fotolia/laurent hamels **S. 65:** *links* © action press/+Foto, *rechts* © ddp images/AP **S. 66:** *Text* "Un estudio del Centro de Investigaciones Sociológicas" von Mercedes Manjavacas/INE, aus http://www.revistaindice.com/numero14/p6.pdf **S. 68:** Grafik *oben:* nach Informationen des U.S. Census Bureau, *Grafik unten:* nach Informationen aus dem CIA, World Factbook (2011) **S. 71:** © iStockphoto/jonathansloane, "Greguerías" von Ramón Gómez de la Serna mit freundlicher Genehmigung von Gladys Ghioldi **S. 74:** *Liedtext:* "Felicidad" von Arístides Moreno © Caja de Ritmos S.A. **S. 76:** "Botero" aus "Nuevo Espasa Ilustrado" (2005), Espasa Calpe; "chulo" aus "Diccionario Manual de Sinónimos y Antónimos de la Lengua Española", Vox; "siezen" aus "PONS Wörterbuch für Schule und Studium Spanisch", Stuttgart 2007; "mar" aus "Diccionario de dificultades de la lengua española", Santillana, 1995 **S. 78:** "Breve historia del diccionario" von Esther López-Portillo, http://sepiensa.org.mx/contenidos/2005/histDicc/histDicc_1.htm **S. 79:** © fotolia/tupungato **S. 83:** © fotolia/manu **S. 84:** © panthermedia/Silvina Rusinek; Grafik nach Informationen von Eurostat **S. 85:** *links* © panthermedia/Bernd Kröger; *rechts* © fotolia/iceteastock
S. 89: "Para futuros residentes" aus "Guía de Primeros Pasos de la Comunidad de Madrid" **S. 90:** *oben* © iStockphoto/hidesy, *unten* © panthermedia/Jasper Grahl; Text "¿Choques culturales?" aus "Una estancia de estudio en el extranjero. Experiencias en tres continentes" in

eñe

B1.2
Der Spanischkurs
CD

Inhalt CD
Kursbuch

Track	Aktivität
Unidad 7	
[1]	6b
[2]	8b
[3]	ec a
[4]	ec b
Unidad 8	
[5-8]	2e
[9]	4b
[10]	5a
Unidad 9	
[11-13]	3b
[14]	6c
[15]	7d
Otra vuelta III	
[16]	canción

Track	Aktivität
Unidad 10	
[17]	2c
[18]	3b
[69]	ec b
Unidad 11	
[19-22]	1b
[23-25]	2a
[26]	5a
Unidad 12	
[27]	1b
[28-30]	3a
Otra vuelta IV	
[31]	canción, 2
[32]	canción, 4

Arbeitsbuch

Track	Übung
Unidad 7	
[33]	4
[34]	13
Unidad 8	
[35-38]	3a
[39]	9
[40]	15a
Unidad 9	
[41]	3b
[42-45]	5a
[46]	15a
Unidad 10	
[47-50]	3b
[51]	5a
[52-54]	10b
[55]	13a
[56]	13c
[57]	14a

Track	Übung
Unidad 11	
[58-60]	3a
[61]	13a
Unidad 12	
[62]	2b
[63-68]	7c

Die Texte der Hörverständnisübungen sind im Internet-Lehrwerkservice www.hueber.de/ene zu finden.

Gesamtlaufzeit: 78 Minuten
© 2012 Hueber Verlag, Ismaning

Sprecher: Carlos Aparicio, Cecilia Bolaños, Elias Bogner, Neus Carbó, Nydia Contreras, Beate Dorner, Loreto González Osses, Marina Hernández Zárate, Giancarlo Sánchez, Alexis Soto Ferrera, Gina Vera de Schönauer
Gesang: Augusto Aguilar, Arístides Moreno, Abraham Sánchez Martín
Musik (Instrumente, Arrangement und Aufnahme): Augusto Aguilar
Produktion: Tonstudio Langer, Ismaning